Jan Ilhan Kizilhan | Claudia Klett
Psychologie für die Arbeit mit Migrant*innen

Psychologie für Soziale Berufe

Herausgegeben von
Eva Wunderer | Christiane Heigermoser

Psychologie ist die Lehre vom Verhalten, Erleben und den mentalen Prozessen des Menschen. Sie schaut auf das Individuum, begreift den Menschen jedoch auch in seinen sozialen Zusammenhängen, als aktiven Teil eines größeren Systems. Psychologie beschreibt und erklärt, wie Menschen denken, fühlen, handeln und sich in Gruppen und Systemen bewegen; wie sie Probleme zu lösen versuchen und sich daraus möglicherweise Störungsbilder ergeben. Sie entwickelt Interventionen und versucht Vorhersagen über zukünftiges Verhalten zu treffen.
In sozialen Berufen Tätige haben mit Menschen zu tun – was also liegt näher als die Psychologie? Sei es in der Diagnostik, in der Erklärung von Erleben, Verhalten, Problemen und Störungen, in der Beratung und Behandlung, in der Anwendung von Forschungsmethoden oder bei der professionellen Selbstsorge, überall fließt psychologisches Wissen ein. Neben der Lebenslage nehmen soziale Berufe die Lebensweise ihrer Klient*innen in den Blick. Diese Reihe führt beide Sichtweisen gewinnbringend zusammen und macht die Psychologie für soziale Berufe nutzbar. Dies geschieht durch die Auswahl der Bände der Reihe wie auch durch didaktische Mittel: Anknüpfungen an die Praxis, Fallskizzen und Handlungsempfehlungen als Grundlage für Reflexionsanstöße für in sozialen Berufen Tätige.

Und so hoffen wir als Reihenherausgeberinnen, dass Sie als Leser*in psychologische Sachverhalte, die Sie aus dem Berufs- oder Studienalltag kennen, einordnen können, zugleich aber neue entdecken und neugierig werden, Menschen zu verstehen; dass Sie Erlebnisse und Ereignisse aus verschiedenen psycho-sozialen Perspektiven betrachten, reflektieren und hinterfragen; dass Sie Ihre „professionelle Brille“ durch eine psychologische Färbung anreichern.

Jan Ilhan Kizilhan | Claudia Klett

Psychologie für die Arbeit mit Migrant*innen

Die Autor_innen

Prof. Dr. Dr. Jan Ilhan Kizilhan ist international anerkannter Experte der Transkulturellen Psychiatrie, kultursensiblen Psychotherapie, Traumatologie, Migration und Minderheitenreligionen.

Claudia Klett, Dipl.-Päd., ist wissenschaftliche Mitarbeiterin am Institut für Transkulturelle Gesundheitsforschung der Dualen Hochschule Baden-Württemberg. Ihre Forschungsschwerpunkte sind Gewaltprävention für Familien und Kinder und Traumapädagogik in transkulturellen Kontexten.

Dieses Buch ist erhältlich als:
ISBN 978-3-7799-6137-6 Print
ISBN 978-3-7799-5437-8 E-Book (PDF)

1. Auflage 2021

in der Verlagsgruppe Beltz · Weinheim Basel
Werderstraße 10, 69469 Weinheim

Illustrationen Innenteil: © gettyimages/undefined undefined, Gwens Graphic Studio, prezent, Anna Semenchenko
Herstellung: Myriam Frericks
Satz: text plus form, Dresden
Druck und Bindung: Beltz Grafische Betriebe, Bad Langensalza
Printed in Germany

Weitere Informationen zu unseren Autor_innen und Titeln finden Sie unter: www.beltz.de

Inhalt

Einleitung

Wenn wir psychologisches Wissen über migrationsspezifische und transkulturelle Aspekte einbeziehen, können wir die Arbeit mit zugewanderten Menschen in sozialen Berufen erheblich verbessern – dies ist Ziel dieses Bandes. Die ausgewählten grundlegenden und vertiefenden psychologischen Themen werden theoretisch dargestellt und durch Fallbeispiele und Handlungsempfehlungen für die Praxis veranschaulicht. Im dritten Teil liegt der Schwerpunkt auf Ansätzen, Methoden und Techniken sowie Anwendungsempfehlungen dazu für die praktische Arbeit mit zugewanderten Menschen.

Die zunächst dargestellte *psychologische Perspektive auf Migration* wird bestimmt durch den Blick auf die modernen Gesellschaften und die Wanderungsbewegungen seit dem Zweiten Weltkrieg. Sie ermöglicht ein Verständnis für die in einer modernen, durch Migration geprägten Gesellschaft immer existierenden unterschiedlichen kulturellen Lebenskonzepte und deren wechselseitige und dynamische Beeinflussung. Und sie regt zu einer Auseinandersetzung mit dem eigenen und mit fremden Lebenskonzepten an, was auch als „Interkulturalität" bezeichnet wird.

Für die einzelne Person bedeutet Migration viel mehr als nur einen ökologischen Übergang von einem Wohnort zum anderen. Sie bringt tiefgreifende Veränderungen in unterschiedlichsten Lebensbereichen mit sich und stellt somit eine mehrdimensionale Herausforderung dar. Im zweiten Kapitel sind verschiedene Theorien und Modelle der *Psychologie der Migration* dargestellt, die helfen, die Anforderungen und Auswirkungen einer Migration auf der emotionalen, kognitiven und behavioralen Ebene nachvollziehen zu können. Insbesondere der Blick auf die „Migrationstypologie" und die „Phasen der Migration" ermöglicht ein tieferes Verständnis für die Lebenslagen, die Bewältigungsstrategien und die Ressourcen von zugewanderten Menschen. Die besonderen Herausforderungen für Menschen mit Fluchterfahrung werden dabei deutlich.

Mit Migration verknüpft ist die Akkulturation, die Auseinandersetzung mit dem Zusammentreffen von Herkunftskultur und neuer Kultur im Aufnahmeland. Sie ist Thema des dritten Kapitels. Sitten, Werte, Regeln und Normen werden in der neuen Umgebung auf den Prüfstand gestellt, und es muss ein neuer Umgang mit ihnen gefunden werden. Bedeutsam ist dabei *Identitätsarbeit* im Sinne einer persönlichen Auseinandersetzung und Identifikation mit kulturellen Vorgaben, insbesondere in Bezug auf die ethnische oder religiöse Identität.

Kapitel vier widmet sich den *familiären Beziehungen*. Für sie bringt der Migrations- und Akkulturationsprozess dauerhafte Belastungen und Spannungsfelder mit sich, die in der psychosozialen Arbeit immer direkt oder indirekt als Themen auftauchen. So ist Identitätsarbeit nicht nur für die erste Generation erforderlich, sondern auch für die zweite und dritte, die im Konflikt zwischen elterlicher kultureller Identität und der außerfamiliär erfahrenen Sozialisation im Migrationsland stehen. Der anhaltende Annäherungs-Vermeidungs-Konflikt zwischen diesen unterschiedlichen Wertvorstellungen zieht hohe psychosoziale Belastungen der jüngeren Generationen nach sich, die sich dauerhaft auf den schulischen oder beruflichen Erfolg auswirken können.

Spezifische psychologische Themen, die insbesondere bei der psychosozialen Arbeit mit zugewanderten Menschen aus traditionell-familienorientierten Gesellschaften eine transkulturelle Perspektive erfordern, sind *Emotionalität* und *Sexualität* (Kapitel fünf und sechs). Das Wissen über die kulturellen Bedeutungen, Wertvorstellungen, Zusammenhänge und Spannungsfelder ist für das Verständnis der Lebenswelt und für die adäquate Begleitung und soziale Unterstützung notwendig. Es hilft, Missverständnisse und Tabuverletzungen zu verstehen bzw. zu vermeiden und mögliche Gefährdungen, die wir aus dem westlich geprägten Kulturkreis nicht kennen, zu erkennen und einschätzen zu können. Weiter ist ein Grundwissen über *psychische Störungen* und die damit verbundenen Symptome und Therapiemöglichkeiten, unter Berücksichtigung der transkulturellen Besonderheiten, wichtig. Nur so können möglicherweise vorliegende psychische Erkrankungen erkannt und Fehldeutungen von Verhaltensweisen, z. B. zur Motivation für ein Unterstützungsangebot, verhindert werden. Psychische und somatische Symptome werden in traditionellen Gesellschaften sozialisationsbedingt anders erlebt und ausgedrückt, als wir es gewohnt sind. Dieses Grundwissen wird in Kapitel sieben vermittelt. Da Migration für die Lebensphase *Alter* spezifische Anforderungen, aber auch Ressourcen, mit sich bringt, ist den Lebenslagen und Unterstützungsmöglichkeiten von älteren zugewanderten Menschen Kapitel acht gewidmet.

Psychologisch fundierte Ansätze und Methoden sowie Anregungen und *Handlungsempfehlungen für die Praxis sozialer Berufe*, zur Gesprächsführung und zum Umgang mit Sprachbarrieren sowie zur Unterstützung bei der Bewältigung traumatischer Erlebnisse, werden im dritten Teil veranschaulicht und diskutiert.

I Grundlegende psychologische Perspektiven auf Migration

1. Migration und Transkulturalität

„Wir sehen die Dinge nicht, wie sie sind, wir sehen sie so, wie wir sind." (Anais Nin)

Im Jahr 2019 hatten über 20 Millionen Menschen in Deutschland, also ca. jede*r Vierte, einen Migrationshintergrund (vgl. Statistisches Bundesamt 2020a, S. 35f.). Wenn von Menschen mit Migrationshintergrund gesprochen wird, dann kann nicht von einer homogenen Gruppe ausgegangen werden. Neben Unterschieden in Bezug auf den sozioökonomischen Status (z.B. Bildungsabschluss? arm oder wohlhabend?), das Lebensalter oder genderspezifische Aspekte (z.B. wie ist die sexueller Orientierung?) – die auch bei Menschen ohne Migrationshintergrund bestehen – unterscheiden sich Menschen mit Migrationshintergrund zusätzlich in Bezug auf die Aufenthaltsdauer im Aufnahmeland (um welche Generation handelt es sich?), die Wanderungsmotive (freiwillig oder erzwungen?), den rechtlichen Status (geduldet, asylberechtigt, mit Aufenthaltsgenehmigung?) und den kulturellen Hintergrund (z.B. aus einer ländlich-traditionell oder einer städtisch-modern geprägten Gesellschaft?) (vgl. Kizilhan/Bermejo 2009, S. 509).

Über 13,5 Millionen Menschen in Deutschland sind selbst zugewandert, also fast jede*r Sechste (vgl. Statistisches Bundesamt 2020a, S. 35f.). Die häufigsten Gründe für Flucht und Migration sind (weltweit betrachtet):

- Krieg und Gewalt, staatliche und halbstaatliche Kriegsgefahr und Kriegszustände, ethnische und religiöse Konflikte
- Unterdrückung demokratischer Bewegungen, Diskriminierung und Verfolgung
- Modernisierung in Entwicklungsländern, Rohstoffhandel und Landraub
- weltwirtschaftliche Globalisierung, einhergehend mit Perspektivlosigkeit, Armut und kulturellen Konflikten
- Umweltzerstörung und Klimawandel (vgl. Kizilhan 2011a, S. 21; Medico International 2019)

Migration kann die psychosoziale Struktur der aufnehmenden Gesellschaft erheblich verändern. Sie wirkt sich u.a. auf die soziökonomische Schichtung, die Politik, die Kultur und die Versorgungssysteme aus. Auch die Vielfalt der verschiedenen Lebenskonzepte in einer Gesellschaft kann sich vergrößern, wenn infolge von Migration Menschen mit unterschiedlichen kulturellen Hintergründen zusammenleben. Dabei beeinflussen sich die Lebenskonzepte wechselseitig, Migration verändert sowohl die Wahrnehmung der Zugewanderten als auch die der Einheimischen. Als ein Beispiel für die gegenseitige Beeinflussung können wir sehen, dass sich in der Jugendszene, verstärkt auch bei deutschen Jugendlichen, arabische, türkische, kurdische oder russische Wörter verbreiten und in der mündlichen Kommunikation ein Bestandteil der deutschen Sprache geworden sind. Auch lässt sich eine Veränderung der Essenskultur in Deutschland im Zuge der Zuwanderung beobachten, z. B. durch Döner, Pizza oder chinesisches Essen.

Kurz zusammengefasst

Menschen allein durch ihren sogenannten Migrations- oder Fluchthintergrund zu kategorisieren, wird der Vielfalt dieser Menschen nicht gerecht. Die verschiedenen Lebensentwürfe einheimischer und zugewanderter Menschen beeinflussen sich wechselseitig, oft ohne dass dies bewusst wahrgenommen wird.

Durch die Migrationsbewegungen, aber auch die Globalisierung, vernetzen und durchdringen sich die verschiedenen Gesellschaften zunehmend und in wechselseitiger Abhängigkeit voneinander (vgl. Welsch 1994, o. S.). Der Einfluss und die Anforderungen der Migration werden auch für „Nicht-Migrierte" spürbar. In diesem Zusammenhang wird oft auf die Bedeutung von „interkultureller Kompetenz" hingewiesen. Was genau darunter zu verstehen ist, wird erst deutlich, wenn geklärt ist, wie der Begriff „Kultur" definiert wird.

1.1 Bedeutung von Kultur bei Migration

Unter „Kultur" kann allgemein der „Rahmen" für die Lebensgestaltung der einzelnen Mitglieder einer Gesellschaft verstanden werden, der Möglichkeiten des Verhaltens, des Denkens und des Fühlens anbietet. Sie umfasst somit grundsätzlich das gesamte „Gewebe" der Lebensformen, welches eine Gesellschaft von anderen unterscheidet. Kultur prägt das menschliche Zusammenleben, gleichzeitig hat jeder Mensch jedoch auch eine eigene Kultur, die Teil seiner persönlichen Identität ist. Einen bewussten Zugang zu den eigenen kulturellen Normen, oder zu denen anderer, haben wir in der Regel nicht (vgl. Lersner/Kizilhan 2017, S. 2).

Die wissenschaftliche Diskussion um den Begriff „Kultur" ist recht komplex. Wie er genau definiert wird, ist abhängig von der jeweiligen fachlichen bzw. historischen Perspektive. Der folgende Abschnitt gibt einen kurzen Überblick über die wichtigsten Definitionen und diskutiert die Bedeutung für soziale Berufe.

Dem *klassischen Verständnis* zufolge ist Kultur bzw. die Zugehörigkeit zu einer bestimmten Kultur quasi ein Wesenszug einer Person, auf deren Basis

Verhalten vorhergesagt werden kann (z. B. die Deutschen sind pünktlich und zuverlässig, die Italiener*innen sind kommunikativ und lebensfroh). Es wird davon ausgegangen, dass Kultur kollektiv wirkt und das Leben eines ganzen, in sich einheitlichen Volkes prägt. Die Kulturgrenzen verlaufen nach diesem Verständnis entlang der nationalen Grenzen (vgl. Lersner/Kizilhan 2017, S. 2).

Um die verschiedenen Kulturen, dem klassischen Kulturbegriff entsprechend, zu erfassen und um unterschiedliches Verhalten und Erleben von Menschen in den jeweiligen Kulturen abzubilden, wurden von Hofstede (2011, S. 8) sechs *Kulturdimensionen* herausgearbeitet. Diese sind:

- Machtdistanz
- Unsicherheitsvermeidung
- Individualismus vs. Kollektivismus
- Maskulinität vs. Femininität
- lang- bzw. kurzfristige Orientierung
- Nachsicht vs. Einschränkung

Sie basieren auf konzeptuellen Überlegungen und Forschungsergebnissen und wurden zu einem Paradigma für den Vergleich von Kulturen. Hofstede, Hofstede und Minkov (2010) betonen, dass mit den Dimensionen keine Bewertungen über einzelne Personen oder Personengruppen verbunden seien.

Zum Zeitpunkt seiner Entstehung war der klassische Ansatz richtungsweisend. In einigen Fachgebieten finden Hofstedes Dimensionen bis heute Anwendung. Auch unserem Alltagsdenken entspricht dieses Denken in festen Kategorien, zumal es den Umgang mit unbekannten Situationen und Personengruppen scheinbar erleichtert. Es birgt jedoch auch einige Probleme. So wird häufig angemerkt, dass Hofstedes Dimensionen den Eindruck vermittelten, Kultur könne mittels solcher Skalen tatsächlich abgebildet werden, was ihrer Komplexität jedoch nicht gerecht werde. Individuelle Unterschiede würden nicht angemessen berücksichtigt und es werde eine größere Homogenität unter Angehörigen einer Kultur (eines Volkes, einer Nation) angenommen, als dies in der Realität der Fall sei (McSweeney 2002).

Neuere Ansätze berücksichtigen stärker die aktuellen Gegebenheiten der globalisierten Welt und verabschieden sich von der Idee der sogenannten „Monokulturen“ des klassischen Kulturbegriffs, bei dem der Fokus auf Erklärungen über Menschen aus anderen Kulturen und auf Integrations- und Abgrenzungskriterien für kulturelle Zugehörigkeit lag. Sie beschreiben vielmehr übergeordnete Eigenschaften von Kultur und verstehen diese als intersubjektives, vielschichtiges Symbolsystem, das Lebenswirklichkeiten und Abläufe in Gemeinschaften strukturiert. Kultur wird hier als Prozess verstanden, der Traditionen aufrechterhält, aber auch gemeinsame Bedeutungsräume, z. B. Orte, Sprachen, Weltbilder oder Erlebnisse, schafft (Salman 2015; Benoit/El-

Menouar/Helbling 2018). Nach Geertz (1987/2015, S. 15) können sich diese Bedeutungsräume überlappen oder ineinander verflochten sein, so dass es keine klar abgrenzbaren Kulturen gibt. Die regionale Herkunft einer Person – oder ihrer Eltern bzw. Großeltern – stellt dabei nur einen Aspekt kultureller Zugehörigkeit dar. Weitere Aspekte sind der religiöse Hintergrund, das soziale Milieu sowie der städtische oder ländliche Lebensraum mit all seinen Besonderheiten.

Die Bedeutungsräume zusammengenommen bilden ein „selbstgesponnenes Bedeutungsgewebe" (Geertz 1987/2015, S. 9), das die Kultur eines Menschen ausmacht. In dieses „Bedeutungsgewebe", das zu einer bestimmten Zeit an einem bestimmten Ort existiert, werden wir hineingeboren und wachsen darin auf. Gleichzeitig gestalten wir es durch unsere zwischenmenschlichen Interaktionen aktiv mit (vgl. Schellhammer 2013, S. 91).

Dieses neue Verständnis von Kultur ist für die Arbeit in sozialen Berufen hilfreicher, da es sowohl die Individualität als auch die Gruppenzugehörigkeit von fremdkulturellen Menschen angemessen berücksichtigt (vgl. Lersner/Kizilhan 2017, S. 4). Es bewahrt vor einer zu schnellen Beurteilung oder Einordnung des Gegenübers und verdeutlicht die erforderliche Offenheit und Vorsicht bei der Beobachtung und Deutung des „Bedeutungsgewebes" des*r anderen. Stellen wir uns zum Beispiel vor, wir führen als Fachkraft ein Hilfegespräch und unser Gegenüber schaut uns im gesamten Gespräch nicht in die Augen. Handelt es sich um eine muslimische Frau, dann würden wir dies vielleicht als Schüchternheit oder Unsicherheit deuten, bei einem „afrikanischstämmigen" Mann vielleicht als Desinteresse oder abwertende Geste und bei einer Person aus dem asiatischen Raum als Höflichkeit. Letztlich handelt es sich immer um die gleiche Geste und warum sich diese Person genau in dieser Situation so verhält, wissen wir zunächst nicht. Unsere Deutungen können jedoch einen großen Einfluss auf den Gesprächsverlauf haben.

Was den *Zusammenhang von Kultur mit Migration* betrifft, werden in der Literatur verschiedene Begrifflichkeiten verwendet, die auf den unterschiedlichen Verständnissen von Kultur basieren (vgl. Lersner/Kizilhan 2017, S. 5):

- *Bikulturalität* beschreibt die Sozialisation einer Person in zwei (abgrenzbaren) Kulturen, zu denen sie sich gleichermaßen zugehörig fühlt.
- *Multikulturalität* geht davon aus, dass in einer Gesellschaft mehrere Kulturen nebeneinander bestehen, die in sich homogen sind und klar voneinander abgegrenzt werden können. Es können sich sogenannte Parallelgesellschaften innerhalb eines Landes entwickeln.
- *Interkulturalität* geht ebenfalls von abgegrenzten, in sich homogenen Kulturen aus, betont dabei jedoch die Notwendigkeit des Dialogs bzw. der Kommunikation untereinander.
- *Transkulturalität* betrachtet Kulturen nicht als abgeschlossene Einheiten, sondern geht von stetigen Vermischungsprozessen aus. Im Vordergrund

steht der hybride prozesshafte Charakter einer Kultur, entsprechend den neueren Ansätzen. „Trans-“ steht hier für „jenseits“, „darüber hinaus“. Betrachtungsebenen sind sowohl regionale Zuordnungen als auch weitere kulturelle Kategorien (z. B. Herkunft, Sprache, Religion, sexuelle Orientierung).

Kurz zusammengefasst

Begegnungen im Rahmen der Arbeit in sozialen Berufen lassen sich, unabhängig von der regionalen Herkunft, im Grunde immer als transkulturelle Begegnungen verstehen. Für die Praxis bedeutet dies, dass nie ein gemeinsames Verständnis oder gemeinsame Werte, Normen, etc. als selbstverständlich vorausgesetzt werden können, selbst bei gleicher regionaler Herkunft. „Selbstgesponnene Bedeutungsgewebe“ entsprechend den neueren Definitionsansätzen von Kultur sind immer auch individuell und müssen als solche explizit erfragt, nachvollzogen bzw. verstanden werden.

Anregungen zur (Selbst-)Reflexion

- Wie verwenden Sie für sich den Begriff „Kultur“? (als Unterscheidungsmerkmal Ihrer eigenen und einer fremden Kultur? oder als etwas Übergeordnetes, das unser Menschsein ausmacht? als etwas Klassifizierbares? oder als etwas Individuelles?)
- Wie sind Ihre persönlichen „Deutungsmuster“, welche Eigenschaften oder Verhaltensweisen sind für Sie „typisch“ für einen bestimmten kulturellen Hintergrund? Was könnte Ihnen helfen, im Kontakt mit Menschen mit einem anderen kulturellen Hintergrund eine Offenheit zu bewahren und vorschnelle kulturbezogene Interpretationen zu vermeiden?

1.2 Diskriminierung, Vorurteile und Stereotypisierung

Im Zusammenhang mit Zuwanderung und den damit verbundenen gesellschaftlichen Veränderungen spielt auch das Thema Vorurteile und Stereotypisierung eine wichtige Rolle, sowohl auf individueller als auch auf kollektiver, gesellschaftlicher Ebene. Ein Verständnis dafür ermöglicht es, die Lebenslage von Menschen mit Migrationshintergrund besser zu erfassen und gleichzeitig eigene bzw. gegenseitige Zuschreibungen in der psychosozialen Arbeit verstehen und reflektieren zu können. Außerdem können Diskriminierung und strukturelle Machtverhältnisse erkannt und ihnen entgegenwirkt werden. Hierbei kann die Psychologie einen wertvollen Beitrag liefern, durch theoretische Hintergründe und Forschungsergebnisse, die die Funktionsweise von Stereotypen, Vorurteilen und Diskriminierung verdeutlichen und Ansatzpunkte für eine (langfristige) Veränderung aufzeigen.

1.2.1 Diskriminierung

Diskriminierung umfasst jede Form der ungerechtfertigten Ungleichbehandlung von Einzelnen oder Gruppen, die „auf Unterschieden sozialer oder natürlicher Art beruht, die keine Beziehung zu individuellen Fähigkeiten oder Verdiensten haben noch zu dem wirklichen Verhalten der individuellen Person" (Allport 1954, zit. nach Petersen/Six 2008, S. 161). Beispiele hierfür finden sich u. a. bei Bewerbungsverfahren, wenn eine Sandra Schmidt zum Bewerbungsgespräch eingeladen wird, eine Maryam Mbala trotz vergleichbarer Qualifikation jedoch nicht, oder am Eingang von Diskotheken, wenn einem jungen Mann mit dunkler Hautfarbe der Zugang verwehrt wird.

Zeitlich und räumlich begrenzte soziokulturelle Norm- und Wertvorstellungen der sogenannten Mehrheitsgesellschaft führen oft dazu, dass Menschen wenig oder kaum Verständnis für diejenigen haben, die „anders" sind. Schon immer wurden Menschen infolgedessen ausgegrenzt und benachteiligt. Kultur als Herkunftskultur, im Verständnis des klassischen Kulturbegriffs, wird im Alltagsdenken nach wie vor als Unterscheidungskategorie verwendet, die eine Abgrenzung der „anderen" (der Nicht-Deutschen) und damit deren Ausschluss von Macht und Mitbestimmung ermöglicht (vgl. Ehret 2011, S. 49).

Zur Erklärung, wie Diskriminierung und Vorurteile entstehen, gibt es unterschiedliche psychologische Ansätze. Den *persönlichkeitszentrierten Ansätzen* zufolge lässt sich zusammenfassend sagen, dass Vorurteile zwischen Mitgliedern verschiedener Gruppen mehr von politischen Konflikten oder Bindungen sowie von ökonomischer Abhängigkeit usw. abhängen, als von den familiären, persönlichkeitsprägenden Verhältnissen, in denen die einzelnen Menschen aufgewachsen sind (vgl. Werth/Seibt/Mayer 2020, S. 234 ff.).

Ein weiterer Ansatzpunkt ist der Blick auf die jeweiligen *Gruppen* (wie auch immer diese sich zusammensetzen), auf deren Interessen und Ziele. Sind z. B. die Interessen oder Ziele unvereinbar, so dass die der einen Gruppe zu Lasten der anderen gehen, führt dies, so die These, zu einem Wettbewerb mit der konkurrierenden Gruppe. Dies wiederum kann Vorurteile bis hin zu offenem feindseligen Verhalten fördern. Sind die Ziele und Interessen von Gruppen jedoch miteinander vereinbar, so dass beide Gruppen auf dasselbe Ziel hinarbeiten können und dabei sogar aufeinander angewiesen sind, ist es für die einzelnen Mitglieder sinnvoller, eine kooperative und freundliche Einstellung zur Fremdgruppe einzunehmen. Beruht dies auf Gegenseitigkeit, so ist ein positives gemeinsames Ergebnis wahrscheinlich (vgl. Kizilhan 2015a, S. 178).

Aus Versuchen, ethnische Vorurteile zu reduzieren, resultierte die sogenannte *Kontakthypothese.* Ganz allgemein formuliert unterstellt diese, dass Kontakt zwischen Mitgliedern verschiedener (ethnischer) Gruppen – unter entsprechenden Bedingungen – Vorurteile und Feindseligkeit zwischen diesen Gruppen reduziert. Diese Theorie lieferte die Begründung für die Politik, die

„Rassentrennung" („desegregation") in den Bereichen Wohnen, Beschäftigung und Erziehung aufzuheben, die in den Vereinigten Staaten und andernorts teilweise verwirklicht wurde. Ein wichtiger Aspekt ist bei der Kontakthypothese zu beachten: Kontakt zwischen Gruppen alleine – ohne Kooperation für ein gemeinsames Ziel – reduziert Vorurteile nicht, sondern verschärft sie z. T. noch (vgl. Pettigrew/Tropp 2006, S. 752). Der Erfolg der „Kontaktpolitik" hängt außerdem u. a. vom Ausmaß ab, in dem die Mitglieder unterschiedlicher Gruppen auf interpersonaler oder Intergruppenbasis miteinander zu tun haben (vgl. Pettigrew/Tropp 2006, S. 751).

Mit seinem *Paradigma der minimalen Gruppe* zeigte Tajfel (1974, 1982, S. 118 ff.), dass für das Auslösen von diskriminierendem Gruppenverhalten eine bloße Gruppenzuordnung nach zufälligen oder trivialen Kriterien ausreicht. In seiner inzwischen klassischen Untersuchung ordnete er Schüler*innen auf höchst willkürlicher Grundlage einer von zwei Gruppen zu, nämlich aufgrund ihrer Präferenz für einen der beiden abstrakten Künstler Paul Klee oder Wassilij Kandinsky. Die Versuchsteilnehmer*innen wussten, dass zwei ähnlich große Gruppen gebildet wurden und welcher Gruppe sie zugeteilt worden waren, nicht aber, wer von den anderen Teilnehmer*innen zur eigenen bzw. zur anderen Gruppe gehörte. In der zweiten Phase des Versuchs sollten die Schüler*innen in realitätsnahen, bedeutsamen Entscheidungssituationen verschiedenen Personen Geldbeträge als Belohnungen zuweisen. Für die Verteilung der Geldbeträge nutzten sie speziell entwickelte Hefte mit Entscheidungsmatrizen, in denen sie sich für eine Entscheidungsstrategie (z. B. Fairness/gleicher Gewinn für Eigen- und Fremdgruppe oder maximaler Gewinn der eigenen Gruppe) entscheiden mussten. Die Gruppenzugehörigkeit der möglichen Empfänger*innen war bekannt, die Identität dagegen nicht. Um Eigeninteresse als Motiv auszuschließen, konnten die Versuchsteilnehmenden sich selbst in keinem Fall direkt Geld zuteilen. Ziel des Experiments war, Entscheidungsprozesse auf verschiedene Formen von Diskriminierung oder aber Fairness hin zu untersuchen. Es zeigte sich, dass das Geld fast ausschließlich Mitgliedern der eigenen Gruppe zugewiesen wurde. In weiteren mehr als zwei Dutzend unabhängigen Untersuchungen in verschiedenen Ländern mit verschiedensten Versuchsteilnehmer*innen (von kleinen Kindern bis Erwachsenen) wurden ähnliche Ergebnisse erzielt. Die Intergruppendiskriminierung in Situationen minimaler Gruppen erwies sich damit als bemerkenswert eindeutiges Phänomen. Als Beweggründe für dieses Verhalten wurden in den meisten Studien Assoziationen von Team und Teamgeist benannt, wenn man sich bewusst wurde, einer bestimmten Gruppe zugehörig zu sein. Gleichzeitig könnte sich in der ungleichen Zuteilung von Geld zwischen den Gruppen auch eine Norm des Wettbewerbs widerspiegeln, da so versucht wurde zu „gewinnen" (vgl. Petersen/Blank 2008, S. 201 ff.).

Kurz zusammengefasst

Der bloße Akt der Gruppenzuordnung aufgrund (willkürlicher) sozialer Kategorien bzw. das Etablieren von Unterscheidungsmerkmalen (z. B. Deutsch – Nicht-Deutsch) reicht aus, um fehlerhafte Beurteilungen und diskriminierendes Verhalten auszulösen. Werden Konkurrenz und Interessenskonflikte suggeriert, z. B. in Bezug auf Arbeitsplätze oder die Verteilung von Sozialleistungen („Flüchtlinge verringern unsere Rente"), fördert dies Vorurteile und feindseliges Verhalten. Durch Kontakt zwischen verschiedenen „Gruppen", bei dem gemeinsame Interessen oder ein gemeinsames Ziel verfolgt werden, z. B. bei Sport oder Musik, können langfristig Vorurteile und Feindseligkeit verringert werden.

Die gesellschaftlichen Vorstellungen über „Migrant*innen" und über deren mitgebrachten Werte und Normen sind auch in unserer heutigen Informationsgesellschaft auffallend widersprüchlich, trotz des umfangreichen und für jedermann zugänglichen Wissens. Diese – häufig falschen bzw. undifferenzierten – Vorstellungen sind offenbar nur schwer zu verändern. Dies mag mitunter an der Kombination von Informationsfilterung durch die Medien, z. B. über die politischen Verhältnisse in den Herkunftsländern, und unklaren Vorstellungen und Standpunkten der politisch Verantwortlichen für Migration und Integration liegen. In jedem Fall fördert es die Verunsicherung der allgemeinen Bevölkerung und verstärkt bestehende Vorurteile und Abgrenzungstendenzen.

Anregungen zur (Selbst-)Reflexion

- Haben Sie selbst in Ihrem Alltag oder im Arbeitsleben Diskriminierung erlebt (oder beobachtet)? Falls ja, welche Gefühle hat dies ausgelöst? Und welchen Umgang haben Sie (bzw. hat die andere Person) damit gefunden?
- Welchen Gruppen fühlen Sie sich persönlich zugehörig? Nehmen Sie „andere" oder „konkurrierende" Gruppen (z. B. andere Berufsgruppen bei der Arbeit, Einwohner*innen eines Nachbarorts) wahr? Und erleben Sie bei sich selbst oder bei anderen eine Bevorzugung der Mitglieder der eigenen Gruppe?
- Haben die Menschen, mit denen Sie arbeiten, Diskriminierungserfahrungen gemacht? Werden diese im Hilfeprozess, bei der Begleitung, Beratung, Betreuung etc., thematisiert und bearbeitet?

1.2.2 Stereotype und Vorurteile

Auf der kognitiven Ebene stellen stereotype Wissensstrukturen die Grundlage für Vorurteile und Diskriminierung dar (vgl. Werth/Seibt/Mayer 2020, S. 229).

Stereotype werden als eine bestimmte Variante von Einstellungen definiert, die „typisierte" Meinungen oder Wahrscheinlichkeitsurteile über Merkmale, Eigenschaften oder Motive von Personen, die bestimmten Kategorien bzw.

Gruppen zugeordnet werden, darstellen (vgl. Allport 1954, S. 20 ff.; vgl. Möller-Leimkühler 2004, S. 40). Die Kategorisierung erfolgt anhand tatsächlich vorhandener oder auch von außen zugewiesener Merkmale. Welche Kategorien gebildet werden und welche Merkmale diesen Kategorien zugeordnet werden, ist stark beeinflusst vom öffentlichen Diskurs. Sie beruhen auf impliziten, gesellschaftlich geteilten Theorien über Personen in Eigen- und Fremdgruppen, über Nationen, Religionen, Regionen etc. (z. B. Franzosen bzw. Französinnen streiken gerne und legen Wert auf gutes Essen, die Schwaben bzw. Schwäbinnen sind sehr sparsam und arbeitseifrig). Sie sind kulturell vorgefertigte kognitive Schemata, eingebunden in ein „komplexes empirisch-theoretisches Geflecht von Aussagen, Interpretationen und Wertungen" (Möller-Leimkühler 2004, S. 40). Die Kategorie „Ausländer*in" wird in erster Linie über phänotypische Merkmale definiert, d. h. über eine dunklere Haut-, Augen- oder Haarfarbe und erst in zweiter Linie über objektive Kriterien wie etwa Staatsangehörigkeit. Das bedeutet auch, dass z. B. Norweger*innen als weniger fremd und damit auch weniger als Ausländer*innen wahrgenommen werden als etwa Türk*innen.

Stereotypisierung hilft, die soziale Wahrnehmung zu vereinfachen, und ist als unmittelbare Orientierungs- und Entscheidungshilfe für die Reizverarbeitung der komplexen Umwelt notwendig (vgl. Macrae/Bodenhausen 2000, S. 96). Nach der Kognitionstheorie sind Stereotype entsprechend ein im Alltagsleben allgegenwärtiges Phänomen, sie sind Elemente normaler Informationsverarbeitungsprozesse.

Durch ihre Funktionsweise, durch Kategorisierung Orientierungshilfe zu schaffen, unterliegen Stereotype jedoch kognitiven Verzerrungen (vgl. Möller-Leimkühler 2004, S. 40). Hierbei spielt das experimentell gut belegte Prinzip der *illusorischen Korrelation* oder auch *Scheinkorrelation* (vgl. Meiser 2008) eine wichtige Rolle und erklärt die beobachtbaren Verzerrungen bei der Bildung neuer wie auch bei der Bestätigung und Verfestigung bestehender Stereotype. Die Zuschreibungen erfolgen dabei aufgrund des Auftretens von *auffälligen* Ereignissen bzw. Eigenschaften oder Erscheinungen bei einer sozialen Gruppe, ganz gleich ob diese selbst erlebt oder aus Medienberichten entnommen wurden. Die Häufigkeit des gemeinsamen Auftretens der auffälligen Ereignisse oder Eigenschaften wird überschätzt (vgl. Möller-Leimkühler 2004, S. 41 f.). Einzelne auffällige Ereignisse, wie ein Attentat mit Beteiligung eines muslimischen Täters, können so das Stereotyp „Muslime sind gefährlich" prägen, ungeachtet der Tatsache, dass diese Zuschreibung objektiv bzw. statistisch betrachtet sehr selten zutrifft (es gibt immerhin fast eine Milliarde Muslime auf der Welt).

Diese Verzerrung entsteht dadurch, dass bestimmte Formen von Ereignissen oder Erscheinungen und bestimmte soziale Gruppen („Bedrohung" und „Muslime") besser in Erinnerung bleiben als andere. So wird zum einen auffälliges, negativ bewertetes Verhalten stärker wahrgenommen und besser erinnert als „normale“ bzw. positiv bewertete Verhaltensweisen, zum anderen sind Angehörige von Minderheiten an sich auffallender und werden dadurch mehr beachtet und ebenfalls besser erinnert (vgl. Möller-Leimkühler 2004, S. 41 f.). Ein (muslimisches) Mädchen mit Kopftuch, über das man sich möglicherweise geärgert hat oder das einem fremd oder irritierend vorkam, wird folglich besser in Erinnerung bleiben als ein Mädchen mit Kopftuch, das sich „normal“ oder positiv verhalten hat und auch als ein subjektiv „normal“ bzw. unauffällig aussehendes Mädchen, über das man sich geärgert hat oder das sich merkwürdig verhalten hat. Der Zusammenhang von Kopftuch tragenden (muslimischen) Mädchen und einem bösen und radikalen Islam ist objektiv betrachtet nicht haltbar und wird dennoch bei jedem auftretenden Einzelfall – vor allem von Migrations- bzw. Islam-Kritiker*innen – als wahr und bestätigt betrachtet.

Bestehende Stereotype oder Schemata stellen Bezugspunkte jeder weiteren Informationsverarbeitung dar. Hierbei wirkt der sogenannte „Selbstbestätigungsmechanismus“, d. h. es werden verstärkt Informationen wahrgenommen, die die bestehenden Meinungen und Einstellungen bestätigen, widersprechende Informationen werden weniger wahrgenommen oder als weniger wichtig bewertet. Wie stark dieser „Selbstbestätigungsmechanismus“ wirkt, hängt von der kognitiven Verarbeitungskapazität einer Person ab. Je höher die Kapazität, desto besser können nicht-konsistente Informationen wahrgenommen und erinnert werden (vgl. Sherman/Frost 2000, S. 26). Wir können uns dies plastisch vorstellen als einen Schrank mit vielen Schubladen. Abhängig von ihrer Anzahl, ihren Inhalten und ihrem Ordnungssystem werden bestimmte Schubladen links, rechts, oben oder unten am Schrank aufgezogen. Bei zu wenigen Schubladen werden bestimmte Dinge möglicherweise in Schubladen gesteckt, in die sie nicht gehören. Es kann aber auch vorkommen, dass bestimmte Dinge, für die keine Schubladen zur Verfügung stehen, nicht in den Schrank aufgenommen werden (z. B. wenn diese nicht zu meiner Meinung oder zu der meiner Gruppe gehören), außer wenn dafür neue Schubladen oder Schränke gebaut bzw. besorgt werden können. So, wie die Gegenstände in Schubladen einsortiert werden, muss man sich den Umgang mit Informationen vorstellen. Es geht um die Aufnahme bzw. Verarbeitung von Informationen, die zum Stereotyp und zu den entsprechenden emotionalen Befindlichkeiten (Wut, Ärger, Unverständnis, Freude etc.) passen.

Kurz zusammengefasst

Die Bildung von Stereotypen, also die Zuordnung von Eigenschaften und Merkmalen allein aufgrund der Zugehörigkeit zu einer Gruppe (z. B. Ausländer*innen), ist ein ganz normaler, notwendiger Vorgang menschlicher Wahrnehmung. Durch die Verringerung der Komplexität der Informationen im Wahrnehmungsprozess besteht jedoch die Gefahr der Verzerrung und einseitigen Bewertung, die durch emotionale Befindlichkeiten verstärkt werden kann. Bestehende Stereotype verfestigen sich oft durch einen „Selbstbestätigungsmechanismus". Um Stereotype als solche wahrzunehmen und zu überprüfen, sind eine kritische Selbstreflexion und eine kognitive Anstrengung erforderlich.

Anregungen zur (Selbst-)Reflexion

- Beobachten Sie sich selbst in Ihrem Alltag oder im Arbeitsleben: Was denken Sie, wenn Sie einem Menschen einer „fremden Gruppe" (z. B. einer Frau mit Kopftuch, einem Jugendlichen mit dunkler Hautfarbe) begegnen? Wie sprechen Sie über andere Gruppen (z. B. „Die Jugendlichen sind immer ..." oder „Lehrer sind ...")?
- Wie aufmerksam sind Sie für „inkonsistente Informationen", z. B. „untypische" Verhaltensweisen?
- Haben Sie eine Idee, wie Ihr Schubladensystem aussieht? Wie hat es sich entwickelt, wie differenziert war es früher, ist es heute?

Wird mit der Zuschreibung eine explizit positive oder negative emotionale Bewertung einer Personengruppe verknüpft, dann wird von *Vorurteil* gesprochen (vgl. Werth/Seibt/Mayer 2020, S. 231). So wird dann beispielsweise ein Langzeitarbeitsloser als faul beurteilt, ein Muslim mit Vollbart als gefährlich und eine Frau mit Kopftuch als unterdrückt. Oft beziehen sich Vorurteile auf die ethnische Zugehörigkeit, das Geschlecht oder das Alter.

Wenngleich die Mehrheit der Vorurteile mit negativen Bewertungen einhergeht, gibt es auch positive Vorurteile, die auf Stereotypen beruhen (vgl. Zick/Küpper 2011, S. 58). Beispiele hierfür wären ein besseres Einfühlungsvermögen von Frauen oder ein musikalisches Talent von dunkelhäutigen Menschen. Als benevolente Vorurteile können sie dennoch eine Legitimierung für Diskriminierung darstellen, wenn z. B. Frauen der Zugang zu technischen Berufen erschwert wird oder afrikanische Menschen auf ihre vermeintliche Musikalität reduziert werden. Vorurteile über Gruppen lassen sich umso schwerer beeinflussen, je mehr Menschen sie teilen.

Das Bedürfnis nach einer positiv bewerteten eigenen sozialen Identität, kann die Vorurteilsbildung verstärken (vgl. Moskowitz 2005, S. 312 ff.). Besonders deutlich wird dies am ethnischen Vorurteil (vgl. Greenberg/Pyszczynski 1985), das durch die Abgrenzung gegenüber „fremden" Gruppen Orientierung und Sicherheit im sozialen Umgang bietet. Wird das Konstrukt der „Rasse", das in der Humangenetik übrigens als sinnlos gilt (vgl. Zick/Küpper 2008, S. 111), als (quasi-)biologisches Kriterium als Grundlage für die Abwertung und Diskriminierung genutzt, wird von *Rassismus* gesprochen. Das subjektive Zugehörigkeitsgefühl innerhalb der eigenen Gruppe wird gestärkt, was sich wiederum positiv auf das Selbstbewusstsein des einzelnen Gruppenmitglieds auswirkt und dessen soziale Identität stärkt (vgl. Mummendey et al. 1999, S. 240). Gleichzeitig werden ethnische Vorurteile und Rassismus jedoch auch zur Legitimation der Ausübung von Macht, Ausgrenzung oder Ausbeutung missbraucht (vgl. Möller-Leimkühler 2004, S. 41).

Auf der Handlungsebene ist häufig zu beobachten, dass Menschen, die mit Stereotypen und Vorurteilen konfrontiert sind, über die Zeit tatsächlich ihr Verhalten dementsprechend anpassen. Eine mögliche Erklärung hierfür ist der *Stereotype-Threat-Effekt.* Diese Theorie beschreibt die erlebte Bedrohung durch Stereotype und Vorurteile, d.h. die Angst von Mitgliedern einer sozialen Gruppe, ihr Verhalten könnte ein negatives Stereotyp gegen diese Gruppe bestätigen. Wenn diese Angst das eigene Verhalten in Richtung des Vorurteils beeinflusst, kann es zu einer sich selbst erfüllenden Prophezeiung (vgl. Curtis/Miller 1986) kommen. Dieser Effekt wurde in Verhaltensexperimenten mit ethnischen Minderheiten und Geschlechterrollen wiederholt nachgewiesen (vgl. Shih/Pittinsky/Ambady 1999), z.B. in Bezug auf schulische Leistungen. So erzielten Mädchen z.B. schlechtere Ergebnisse in mathematischen Tests, wenn in den Informationen im Testmaterial auf in früheren Studien festgestellte Geschlechtsunterschiede hingewiesen wurde (vgl. Keller 2008, S. 93). Eine weitere Ursache stereotyp-gerechten Verhaltens ist das Phänomen der Selbst-Ethnisierung, also das Phänomen, dass ethnische Minderheiten sich nicht selten dem Stereotyp entsprechend verhalten, um nicht dauerhaft dagegen ankämpfen zu müssen.

Das Phänomen der sich selbst erfüllenden Prophezeiung, also dass Erwartungen an eine andere Person das erwartete Verhalten oder Eigenschaften erst erzeugen, ist nicht nur im Zusammenhang mit Stereotypen beobachtbar. In zahlreichen Studien wurde z.B. nachgewiesen, dass sich die Erwartungen von Lehrer*innen bezüglich des Lernfortschritts der Schüler*innen bewahrheiten können (vgl. Greitemeyer 2008, S. 81 ff.). Haben wir eine bestimmte Erwartung an eine andere Person, dann verhalten wir uns ihr gegenüber entsprechend und rufen dadurch bei der anderen Person wiederum das erwartete Verhalten hervor bzw. verstärken es. Halten wir zum Beispiel eine Person vom ersten Eindruck oder vom Hörensagen her für offen und freundlich, werden wir selbst ihr offen und freundlich begegnen. Daraufhin wird sie sich uns gegenüber vermutlich auch offen und freundlich zeigen. Halten wir eine Person für zurückhaltend oder unsicher, werden wir uns ihr gegenüber eher vorsichtiger und zurückhaltender verhalten. Dies wiederum kann bei der anderen Person auch zu Zurückhaltung oder Unsicherheit uns gegenüber führen, obwohl die Person an sich vielleicht eher offen und zugewandt ist. Allein schon der Name einer anderen Person kann zu bestimmten Erwartungen führen, wenn er für uns mit einer bestimmten Schichtzugehörigkeit oder ethnischen Zugehörigkeit verbunden ist.

Stereotype und Vorurteile können das menschliche Verhalten dominieren und sind manchmal so verinnerlicht, dass sie sogar die biologisch angelegten instinktiven Verhaltensmuster überlagern. Als ein Beispiel hierfür soll das psychologische Experiment von Avenanti, Sirigu und Aglioti (2010) kurz vorgestellt werden: Avenanti und seine Kolleg*innen untersuchten die Reaktion von Personen mit fremdenfeindlicher Gesinnung, wenn diese fremde Menschen leiden sahen. Für das Experiment wurden hellhäutige Italiener*innen und dunkelhäutige afrikanische Immigrant*innen, also Menschen, die in Afrika geboren waren und in Italien lebten, ausgesucht. Die Forscher zeigten ihnen Filme, in denen Hände zu sehen waren, die entweder mit einer Nadel verletzt oder mit einem Wattestäbchen sanft gestreichelt wurden. Dabei wurden die Hirnaktivitäten der Proband*innen und etwaige Muskelkontraktionen gemessen. Grundannahme war, dass das Nervensystem in dieser Situation genauso reagiert, als litten die beobachtenden Personen selbst. Bei den Versuchsteilnehmer*innen wurden entsprechend zum einen die Aktivitäten der Hirnareale gemessen, die für Emotionen und Schmerzempfinden zuständig sind. Zum anderen die Kontraktion der gleichen Muskeln überprüft wie bei der im Film zu sehenden Hand. Bei den fremdenfeindlichen italienischen wie afrikanischen Testpersonen blieb diese Reaktion bei einer Hand der jeweils anderen Hautfarbe jedoch aus. Das Ergebnis überraschte, denn das Nachempfinden von Schmerzen galt bisher als instinktive Verhaltensweise, die unabhängig von der Person des Leidenden war. Zwar vermuteten Sozialpsycholog*innen bereits, dass sich Rassismus in einem Mangel an Einfühlungsvermögen manifestiert, Beweise für unterschiedliche empathische Reaktionen gegenüber dem Leid von Menschen derselben oder anderer Ethnien lagen aber bisher nicht vor (vgl. Dijksterhuis/Bargh 2001). Bei weiteren Versuchen mit einer violett gefärbten Hand im Film – deren tatsächliche Hautfarbe damit also nicht erkennbar war – pendelten sich die emotionalen Reaktionen der Testpersonen wieder auf normalem Niveau ein. Auch die automatische Muskelreaktion zeigte menschliche Anteilnahme am Leiden Fremder, solange bei der beobachtenden Person keine vorurteilsbehafteten Stereotype vorlagen (vgl. Avenanti/Sirigu/Aglioti 2010, S. 1021).

Kurz zusammengefasst

Ist mit einem Stereotyp eine negative (manchmal auch positive) emotionale Bewertung verbunden, wird dies als Vorurteil bezeichnet. Vorurteile können einen großen Einfluss auf das Empfinden und Verhalten von Menschen haben, sowohl bei denen, die diese Vorurteile gegenüber anderen haben, als auch bei denen, die mit diesen Vorurteilen konfrontiert werden.

Für stigmatisierte Gruppen wie Migrant*innen, die bei manchen Menschen eher negative emotionale Befindlichkeiten, z. B. Angst oder Unverständnis, auslösen, bedeutet dies, dass ihr Verhalten häufiger auf negative Eigenschaften zurückgeführt wird als auf positive oder auf äußere Umstände. Diese Zuschreibungen haben wiederum Auswirkungen auf deren Verhaltensspielraum.

Anregungen zur (Selbst-)Reflexion

- Beobachten Sie sich selbst in Ihrem Alltag oder im Arbeitsleben: Gibt es Personengruppen, auf die Sie emotional „reagieren“ (z. B. mit Abwertung, Verständnislosigkeit, Ärger, Ängste oder Unwohlsein)? Wie beeinflusst dies die Begegnung mit einer einzelnen Person aus dieser Gruppe?
- Überlegen Sie, wenn Sie eine Person neu kennenlernen: Welche Erwartungen oder Vermutungen haben Sie, wie diese sich verhält oder wie diese wohl ist? Welche Auswirkungen könnten diese Erwartungen auf Ihren Kontakt haben?
- Wissen Sie, mit welchen Vorurteilen sich die Menschen, mit denen Sie arbeiten, konfrontiert sehen? Bekommt das Thema „Vorurteile“ Raum im Rahmen Ihrer Arbeit, wird es angesprochen?

1.2.3 Exkurs: Stereotypisierung und Genetik

Zahlreiche Migrationskritiker*innen versuchen, wie nicht zuletzt in den Büchern von Thilo Sarrazin (2010, 2018), durch angebliche genetische Unterscheidungen sozialer bzw. ethnischer Gruppen (vor allem der Migrant*innen) anderen eine Minderwertigkeit, z. B. eine niedrigere Intelligenz nachzuweisen, um dadurch Machtungleichheit, Ausgrenzung und Benachteiligung zu legitimieren. Dies ist zwar wissenschaftlich nicht haltbar, verstärkt aber durch die teils populistische Berichterstattung in den Medien effektiv bestehende Vorurteile und Rassismus. Da solche Diskussionen immer wieder aufkommen, möchten wir an dieser Stelle in Kürze darauf eingehen.

Eine hohe Intelligenz ist erwiesenermaßen förderlich für einen hohen Sozialstatus und wirkt sich auch positiv auf die Gesundheit bzw. die Sterblichkeit aus (vgl. Deary/Batty 2006). Diskutiert wird hierbei die Frage, inwiefern Intelligenz angeboren ist bzw. sie auf Umweltfaktoren, wie einer entsprechenden Förderung im frühen Kindes- und Jugendalter, basiert (vgl. Holtzman 2002, S. 531). In einigen empirischen Studien wurde versucht, den genetisch bedingten Anteil der Intelligenz zu messen. Mackenbach (2005, S. 270) kommt zum Schluss, dass zirka 50 Prozent der zu beobachtenden Unterschiedlichkeit auf Vererbung beruht. Problematisch wird diese Schätzung, wenn diese als Grundlage für die Messung von Intelligenzunterschieden zwischen verschiedenen ethnischen Gruppen verwendet wird, wie im Buch „The bell curve“ von Herrnstein und Murray (1994). Hier wird statistisch begründet dargestellt, dass Afroamerikaner*innen einen durchschnittlich geringeren IQ aufweisen als Amerikaner*innen europäischer Abstammung und dass gleichzeitig statistisch belegte Zusammenhänge bestehen zwischen IQ und Kriminalität, Arbeitslosigkeit und Armut (vgl. Herrnstein und Murray 1994). Dabei werden aber die schlechte soziale Lage vieler Afroamerikaner*innen und der fehlende oder zumindest erschwerte Zugang zum Bildungs- und Gesundheitssystem sowie zu einer frühen Förderung nicht berücksichtigt. Die andere wichtige Frage ist, ob diese IQ-Tests nicht nur das messen, was weiße Amerikaner*innen unter Intelligenz verstehen (vgl. Mielck/Rogowski 2007, S. 185).

Wir wissen heute, dass etwa 85 Prozent der gesamten genetischen Unterschiede zwischen zwei Menschen unabhängig von deren ethnischer Zugehörigkeit sind (vgl. Pearce et al. 2004, S. 1071). Insgesamt besteht somit wenig Grund zur Annahme, dass ein wesentlicher Teil der gesundheitlichen und auch sozialen Ungleichheit zwischen verschiedenen ethnischen Gruppen genetisch bedingt ist. Es muss eher umgekehrt davon ausgegangen werden, dass die gesundheitlichen und sozialen Ungleichheiten eine Folge der unterschiedlichen Lebensbedingungen und Verhaltensweisen sind (vgl. Mielck/Rogowski 2007, S. 185 f.). Auf Deutschland bezogen heißt dies, dass es wenig Sinn ergibt, die Unterschiede der sozioökonomischen Lage zwischen den Menschen deutscher und nichtdeutscher Herkunft genetisch erklären zu wollen.

Kurz zusammengefasst

Es gibt immer wieder populistische Versuche, scheinbar wissenschaftlich fundiert Vorurteile als genetisch bedingte, unveränderbare Merkmale verschiedener Ethnien zu „beweisen". Ziel ist, soziale Ungleichheiten und ungleiche Machtverhältnisse dadurch zu legitimieren. Hier ist ein genaues und kritisches Hinterfragen der empirischen Vorgehensweise sowie der Argumentationslinie und der Schlussfolgerungen erforderlich. Der Populismus muss aufgedeckt und eine klare Gegenposition bezogen werden.

Anregungen zur (Selbst-)Reflexion

- Begegnen Sie in Ihrem (Berufs-)Alltag populistischen Äußerungen und Abwertungen gegenüber anderen Bevölkerungsgruppen? Wenn ja, wie reagieren Sie?

1.2.4 Veränderbarkeit von Vorurteilen

Übernommene, kollektive Einstellungen wie Vorurteile sind erwiesenermaßen sehr hartnäckig und auch durch umfangreiche, ausgeklügelte Interventionen nur schwer veränderbar. Dies hängt zum einen mit deren *soziokulturellem Bezug* und den *psychosozialen Funktionen* (z. B. Stärkung der eigenen Identität) zusammen. Die Inhalte sozialer Stereotype beziehen sich immer auf einen jeweils überlieferten historisch-gesellschaftlichen Sinnzusammenhang. Um Einstellungen zu ändern, müssen also neue gesellschaftliche Bezüge hergestellt werden, was nur langfristig gelingen kann (vgl. Möller-Leimkühler 2004, S. 42).

Hinzu kommen *anthropologische und psychosoziale Mechanismen,* wie historisch begründete Ängste vor Gruppen, die vielleicht tatsächlich einmal eine echte Bedrohung darstellten und bei denen seither die Distanz wichtig ist für ein Gefühl von Sicherheit (vgl. Bruneau/Kteily/Laustsen 2018). Als Beispiel sei hier das osmanische Reich angeführt, das dem christlichen Europa nicht immer wohlgesinnt war und mit dem es immer wieder zu kriegerischen Auseinandersetzungen kam, als mögliche Erklärung für heutige Ängste vor einer „Islamisierung" Deutschlands. Im Zusammenspiel mit unterschiedlichen symbolischen und historisch bedingten Überlieferungen Fremden gegenüber, wie sie noch heute im kollektiven Bewusstsein verankert sind, können durchaus ambivalente Gefühle entstehen, die von Faszination über Feindseligkeit bis hin zu Sympathie und Hilfsbereitschaft reichen.

Bei der Entwicklung und Aufrechterhaltung von Stereotypisierungen scheint, wie schon beschrieben, der *Umgang mit Informationen* wichtig zu sein. Ist eine Person ausreichend motiviert, Informationen über andere Personen oder Gruppen möglichst genau, sorgfältig und differenziert zu verarbeiten, treten weniger Stereotypisierungen oder Vorurteile auf (vgl. Moskowitz 2005, S. 481). Allerdings sind dafür mehr Zeit und eine tiefere Auseinandersetzung notwendig.

Unabhängig davon, wie tief bestimmte Vorurteile sitzen und welche sozialen Erwartungen mit den Informationen verknüpft werden, können im schlechtesten Fall neue negative Einstellungen aufbauend auf bereits vorhandenen entstehen. Fakten, Daten, Statistiken und andere Beweise, die vorhandene, z. T. auch dysfunktionale Einstellungen widerlegen, werden ignoriert oder verdrängt, um mögliche emotionale, kognitive und soziale Interessen nicht zu gefährden. Paradoxerweise kann eine inkonsistente Information gespeicherte stereotypkonsistente Informationen aktivieren und diese damit verstärken. Diese sich widersprechenden Informationen werden zwar sorgfältiger verschlüsselt, dann aber im Prozess aktiver Informationsverarbeitung tendenziell umgedeutet, z. B. als Ausnahme eingeordnet, so dass die ursprüngliche Meinung nicht revidiert werden muss (vgl. Möller-Leimkühler 2004, S. 43). Würden widersprüchliche Informationen das Stereotyp verändern, wäre es nicht mehr stabil und effizient und könnte damit seine Orientierungsfunktion nicht mehr erfüllen. Stereotype und Vorurteile werden u. a. subjektiv überprüft und damit langfristig erhärtet. Ein Blick auf die Migrationsforschung zeigt beispielhaft, dass sich das Stereotyp „Migrant*innen bekommen mehr Kinder als Deutsche" trotz des objektiven sozialen und kulturellen Wandels der Generationen hält und dass daran auch offizielle Statistiken, die dies für große Teile der Menschen mit Migrationshintergrund widerlegen (vgl. Statistisches Bundesamt 2020a, S. 322 ff.), nichts verändert haben.

Neben der psychologischen Betrachtung von Stigmatisierung, Vorurteilen und Diskriminierung stellen sich weitere Fragen, z. B.: Wer erzeugt solche Benachteiligungen und wer hat etwas davon? Oder: Wie weit wird dies immer noch als eine Form der Machterhaltung auch im Sinne von vergangenen und überholten Werten und Normen eingesetzt? Bisherige Informationskampagnen und Integrationskonzepte haben immer noch nicht die erwarteten Effekte erreicht. Auch die Aktivitäten von Migrant*innenorganisationen und ihr Bekenntnis zur Integration sind bisher nur mäßig erfolgreich. Dies liegt u. a. daran, dass stereotype Inhalte nur durch einen äußerst anstrengenden kognitiven Prozess unterdrückt bzw. verändert werden können.

Und dennoch sind Stereotype nicht völlig unflexibel. Wenn die (gesellschaftliche) Realität sich ändert, müssen auch sie sich anpassen. Da diese zu einem erheblichen Teil durch die Massenmedien beeinflusst wird, spielen bei der „Entstigmatisierung“ die Medien, wie auch die Medienpolitik, eine zentrale Rolle (vgl. Möller-Leimkühler 2004, S. 43). Diese müssen sich der Aufgabe, die Verhältnisse von Migrant*innen (und anderen sozialen Gruppen) menschenwürdiger zu gestalten, nicht nur verpflichtet fühlen, sondern sie auch erfüllen. Vorurteile zu reduzieren und Einstellungen zu ändern heißt auch gleichzeitig, eine Willkommenskultur in allen Bereichen des gesellschaftlichen Lebens inhaltlich und methodisch auszufüllen, zu festigen und damit Integration zu fördern.

Kurz zusammengefasst

Stereotype und Vorurteile sind oft tief in der Gesellschaft verankert und auf gesellschaftlicher Ebene nur langfristig und mit großem Aufwand zu verändern. Eine bedeutende Rolle spielen hierbei die Massenmedien und die Medienpolitik. Gleichzeitig ist es auch Aufgabe jeder*s Einzelnen, durch Achtsamkeit und kognitive Anstrengung die eigenen Kategorisierungen und Zuschreibungen wahrzunehmen und zu hinterfragen.

Anregungen zur (Selbst-)Reflexion

- Achten Sie einmal darauf, wo Ihnen in Internet, Fernsehen, Zeitung oder Radio Stereotype und Vorurteile begegnen, sprachlich oder auch in Bildern.

1.3 Transkulturalität in der Praxis

Um in sozialen Berufen im transkulturellen Setting erfolgreich arbeiten zu können, ist auf Seiten der Fachkraft eine trans- bzw. interkulturelle Kompetenz eine notwendige Ausgangsbasis. Die Frage, welche Fähigkeiten und Fertigkeiten hierunter zu fassen sind, wird aufgrund der verschiedenen zugrunde liegenden Verständnisse von Kultur (vgl. Kapitel 1.1) unterschiedlich beurteilt. Während zum Beispiel im Wirtschaftsbereich interkulturelle Trainings oft sehr spezifisch auf einen bestimmten Kontext (Land, Geschäftszweig, Verhandlungsziel) ausgerichtet sind, greift dieser Ansatz in der Arbeit im sozialen Bereich aufgrund der Vielfalt der Adressat*innen und ihrer individuellen Problemstellungen zu kurz. Passender ist es hier, einen dynamischen Kulturbegriff zugrunde zu legen.

1.3.1 Transkulturelle Kompetenzen

Für die Arbeit mit Menschen mit Migrationshintergrund müssen keinesfalls neue Ansätze und Methoden entwickelt werden. Es ist auch kein umfangreiches Wissen über kulturelle Unterschiede erforderlich. Gavranidou und Abdallah-Steinkopff (2007, S. 356) sprechen, in Bezug auf die Psychotherapie, vielmehr vom Erlernen der Fähigkeit einer kultursensitiven Anwendung bestehender Methoden. Dies kann auf die Arbeit in sozialen Berufen übertragen werden. *Kultursensitivität* ist dabei ein Zustand der erhöhten Reflexionsbereitschaft und kritischen Haltung gegenüber der eigenen Arbeit und gleichzeitig eine Unvoreingenommenheit und Offenheit gegenüber den Anliegen der Adressat*innen. Die persönlichen Einstellungen und Erfahrungen der transkulturell kompetenten Person werden als solche reflektiert und es besteht die Bereitschaft, Stereotype und Vorurteile zu revidieren und Neues zu erlernen. Grundvoraussetzung hierfür sind die drei Basiskompetenzen nach Rogers, Wertschätzung, Empathie und Authentizität, die auch bei der Arbeit mit Menschen mit gleichem bzw. ähnlichem kulturellen Hintergrund zentral sind.

Um die verschiedenen Kompetenzen, die eine *transkulturelle Kompetenz* umfasst, greifbar zu machen, hilft die Veranschaulichung als Säulenmodell, mit den „Säulen“ Wissen, Haltung und Fertigkeiten (s. Abbildung 1, nächste Seite).

Die erste Säule, *Wissen,* umfasst u.a. Kenntnisse zu zentralen Migrationskonzepten oder zur Rolle von Sprache und Sprachbarrieren. Auch das Wissen zu Besonderheiten der Diagnostik und Anamneseerhebung sowie zu Konzepten von Vorurteilsbildung, Rassismus und Diskriminierung wird als wichtig erachtet. Von zentraler Bedeutung ist das Wissen über die eigene kulturelle Eingebundenheit, also dass die eigenen Normen und Werte kulturgebunden sind.

Oft wird im Zusammenhang mit transkultureller Kompetenz auch Wissen über die Herkunftskultur des Gegenübers gefordert, d.h. über die Rolle von Religion und Spiritualität, politische Hintergründe im Lebensumfeld, Rollenverständnis und Familienstrukturen, Tabus und Werte etc. (vgl. Lersner et al. 2016). Wenn man die Vielfalt der Kulturen betrachtet, mit denen Fachkräfte in sozialen Berufen in Kontakt kommen, wird allerdings deutlich, dass es sich hierbei um eine schier unendliche Menge an Wissen handelt, die eine einzelne Fachkraft unmöglich erwerben kann. Einige Autor*innen weisen in diesem Zusammenhang auch auf die Gefahr hin, dass zu viel Vorwissen über scheinbar verallgemeinerbare kulturelle Merkmale die Bildung von Stereotypen fördern kann. Mecheril (2010) und auch andere Autor*innen propagieren daher eine

Transkulturelle Kompetenz

Wissen ⟺ **Haltung** ⟺ **Fertigkeiten**

Wissen

Sprache: Rolle für den Hilfeprozess und Umgang mit Sprachbarrieren

Kulturkonzepte

Migrations- und Integrationskonzepte und -prozesse

Konzepte zu Vorurteilsbildung, Rassismus und Diskriminierung

übergeordnete kulturspezifische Konzepte und Prinzipien (z. B. Gesellschafts- und Familienstrukturen, Erziehungskonzepte, Religiosität, Tabus und Werte)

eigene kulturelle Eingebundenheit

Haltung

Wertschätzung, Empathie und Authentizität

Offenheit und Neugier für die Anliegen, Denkansätze und für das Verhalten des Gegenübers

Bereitschaft zu Selbstreflexion und Selbstkritik

Vorurteilsbewusstheit

Bewusstsein über und Achtsamkeit für die eigene kulturelle Prägung (eigene Werte, Normen, Tabus, blinde Flecken etc.)

Bereitschaft, Methoden und Ziele an die Lebenserfahrungen der hilfesuchenden Person anzupassen

Fertigkeiten

Proaktiver Umgang mit Nicht-Wissen

Wahrnehmen, Aushalten und Umgang mit eigener Unsicherheit und Irritationen (Ambiguitätstoleranz)

Arbeiten mit Sprachmittler*innen

Fähigkeit zum Perspektivwechsel

flexibler Umgang mit Methoden und Zielen

Abbildung 1: Säulenmodell transkultureller Kompetenz (in Anlehnung an Sue et al. 2019, S. 39f.)

„Kompetenzlosigkeitskompetenz“ und bevorzugen eine offene und empathische Haltung gegenüber der Lebenswelt des Gegenübers, was hinreichend sei für eine gelingende transkulturelle psychosoziale Arbeit.

Eine gute Möglichkeit, sich interkulturelles Wissen anzueignen, ohne zu sehr zu Stereotypisierungen verführt zu sein, ist es, sich um Wissen zu übergeordneten Konzepten und Prinzipien zu bemühen (etwa verschiedene Formen von Gesellschafts- und Familienstrukturen, Kommunikationsmuster, die Bedeutung von Religiosität und Traditionen, Umgang mit Emotionen etc.), wie sie daher auch Inhalt dieses Buches sind. Dadurch erhalten Sie einen Einblick in die Fülle möglicher Realitäten und können die Praktiken im einzelnen Fall dazu ins Verhältnis setzen. Ein solches Herangehen ermöglicht es auch, die eigenen Standards und Praktiken zu reflektieren und in Bezug zu anderen

Kulturen zu setzen. Wichtig ist an diese Stelle auch die Fähigkeit zum offenen Umgang mit Wissenslücken. Oft lohnt sich eine interessierte Nachfrage, z. B. zur Geschichte oder zur politischen Situation des Herkunftslandes, zu üblichen Traditionen/Bräuchen und deren Bedeutung, zu den „Standards“ von Höflichkeit (Umgang mit Augenkontakt oder Bitte und Danke, Form der Begrüßung etc.), zur Bedeutung von Eltern und Familie als Erziehungsberechtigte oder zu den Vorstellungen von Liebe, Beziehung und Partnerschaft. Menschen schätzen es in der Regel sehr, über ihre kulturellen Hintergründe aufzuklären, und es hilft beiden Beteiligten, Problemlagen besser zu verstehen.

Dies verweist auf die zweite Säule, die *Haltung,* die sich aus Einstellungen und Bewusstsein ergibt. Neben grundsätzlicher Empathie und Offenheit, welche von Fachkräften in sozialen Berufen generell gefordert werden, geht es hierbei noch stärker um die Offenheit gegenüber Denkansätzen, die nicht mit denen der eigenen Kultur übereinstimmen und um die Fähigkeit, an diese vorurteilsbewusst heranzugehen. Dafür ist die Reflexion der eigenen kulturellen Eingebundenheit erforderlich, bei der eigene Werte, Normen, Vorurteile und auch Grenzen und Tabus identifiziert und mit denen des Gegenübers abgeglichen werden. Die Reflexion ist auch hilfreich, um zu erkennen, an welchen Stellen im Hilfeprozess Unsicherheiten auftreten können oder inwiefern auftretende Missstimmungen durch eigene kulturelle Normen erklärbar sind.

Nicht selten treten im transkulturellen Setting verstärkt Emotionen wie Schuld, Unbehagen oder auch Ärger auf, welche die professionelle Beziehung beeinflussen und überlagern können (Kahraman 2008; Özbek/Wohlfart 2006). Diese Emotionen können Folge von Machtgefälle, Diskriminierung, Tabubrüchen oder auch Unwissen sein und sollten reflektiert und analysiert werden, um nicht den Hilfeprozess zu behindern. Van Keuk, Joksimovic und Ghaderi (2011) nennen dieses Analysieren und Reflektieren „kulturelle Emanzipation“ (S. 99), da man seinen Reaktionsweisen nicht mehr ausgeliefert ist, sondern sich ihrer bewusst ist und darauf reagieren kann.

Praxistipp

Die Selbstreflexion über die eigene kulturelle Eingebundenheit ist eine wichtige Voraussetzung im transkulturellen Setting. Bezugsrahmen kann hierbei sowohl die eigene Herkunftsfamilie als auch die aktuelle Lebenssituation sein, in der sich eine Person befindet. In der Regel sind kulturelle Normen unbewusst und treten z. B. in der Beratung immer dann zutage, wenn das Verhalten des Gegenübers einer anderen Norm unterliegt. Beispiele hierfür sind die Begrüßung oder der Umgang mit Nähe und Rollendefinitionen (Geschlechterrollen, Rolle als Fachkraft oder Hilfesuchende*r). Fachkräfte sollten sich darüber bewusst sein, welche Normen ihrem Handeln zugrunde liegen.

Anregungen zur (Selbst-)Reflexion

Die folgenden Fragen bieten eine Möglichkeit, sich auf relevanten Dimensionen mit der eigenen Kultur auseinanderzusetzen (in Anlehnung an Joksimovic 2009):

- Wie wird in Ihrer Familie kommuniziert (laut oder leise, direkt oder indirekt, häufig oder selten)?
- Gibt es in Ihrer Familie Tabus? Wenn ja, welche?
- Wie gehen Sie mit Zeit um?
- Woran erkennt ein Außenstehender, wer in Ihrer Familie Autorität besitzt?
- Sind mit dem Geschlecht bestimmte Rollenbilder oder Verhaltensweisen verbunden? Werden Jungen und Mädchen unterschiedlich erzogen?
- Welche Rituale sind in Ihrer Familie wichtig?
- Wie wird in Ihrer Familie mit Konflikten umgegangen?
- Worauf sind die Menschen Ihrer Kultur stolz?
- Wofür schämen sich die Menschen Ihres Kulturkreises?
- Welche Bedeutung haben Individuum und Gruppe?

In der Darstellung der Säulen Wissen und Haltung wurde bereits die große Überschneidung mit der dritten Säule transkultureller Kompetenz, den *Fertigkeiten,* deutlich. Hierunter versteht man die Fähigkeiten, das Wissen und die Haltung auf die Arbeits- bzw. Kommunikationssituation anzuwenden. Dies umfasst etwa den Einbezug von Sprachmittler*innen oder die Fähigkeit zur Anpassung der methodischen Vorgehensweise. Es geht jedoch auch um die Umsetzung der Ambiguitätstoleranz oder den Umgang mit eigenen Unsicherheiten (proaktiver Umgang mit Nicht-Wissen gegenüber dem Gegenüber).

Wichtig ist in der Diskussion um transkulturelle Kompetenz auch die Klarheit darüber, was diese *nicht* bedeutet, nämlich

- eigene Wertvorstellungen zugunsten der Wertvorstellungen des Gegenübers aufzugeben
- dem Gegenüber eigene Wertvorstellungen aufzunötigen
- alles über die Kultur des Gegenübers zu wissen
- streng kulturspezifischen Handlungsanweisungen zu folgen
- Methoden und Vorgehensweisen aus dem Erfahrungskreis des Gegenübers unreflektiert aufzunehmen
- auf eigenem Vorgehen zu beharren
- davon auszugehen, es mit ganz neuen, anderen Störungsbildern bzw. Problemlagen zu tun zu haben
- psychosoziale Arbeit neu zu erlernen.

1.3.2 Kulturfallen

Arbeiten von Auernheimer (2010, S. 41 ff.) haben gezeigt, dass im transkulturellen Therapiesetting immer dann der Faktor Kultur herangezogen wird, wenn es zu Schwierigkeiten im Hilfeprozess kommt. Analysiert man solche Prozesse genauer, lassen sich vier sogenannte „Kulturfallen" herausarbeiten, die sich auch auf die Praxis in anderen sozialen Berufen übertragen lassen. Die vier „Kulturfallen" sind:

- *Machtasymmetrien:* Machtasymmetrien beziehen sich auf einen unterschiedlichen Umfang an sozialen Ressourcen (bereits beginnend bei Sprachbarrieren), z. B. die Ungleichheit des rechtlichen und sozialen Status, Diskriminierungserfahrungen oder auch ein Wohlstandsgefälle. Sie finden sich nicht nur zwischen Deutschen und Nicht-Deutschen, sondern können auch institutionell bedingt sein, z. B. Amtsautorität (Fachkraft – Patient*in/ Klient*in). Sie können zu problematischen Konfliktlösestrategien und Schuldzuweisungen auf beiden Seiten führen.
- *Kollektiverfahrungen:* Kollektiverfahrungen haben mit Stereotypen gemein, dass bestimmte Eigenschaften einer Person oder Erfahrungen, die mit Personen mit einer ähnlichen kulturellen Herkunft gemacht wurden, auf alle Angehörigen dieses Kulturkreises übertragen werden. Sie gehen jedoch darüber hinaus und schließen Erfahrungen ein, die die Kollektive, sprich die kulturellen Gruppen, denen Fachkraft und Adressat*innen angehören, historisch miteinander gemacht haben. Dies können etwa kriegerische Auseinandersetzungen sein, aber auch Spannungen zwischen diesen Gruppen aufgrund politischer oder religiöser Rahmenbedingungen, z. B. zwischen deutschen Christ*innen und Angehörigen jüdischen Glaubens oder zwischen Kurd*innen und Türk*innen.
- *Fremdbilder:* Hierbei handelt es sich um Vorurteile und Stereotype, also um über die soziale Umwelt (z. B. die Medien) vermittelte Fremdbilder. Sie implizieren eine Grenzziehung ethnischer/kultureller Art und haben häufig einen projektiven Charakter (Eigenschaften, die das Selbstbild stören, werden auf die Outgroup projiziert). Welche Fremdbilder existieren, unterliegt einem zeitlichen Wandel. So werden in Zeiten der Terrornetzwerke Al-Qaida und Islamischer Staat andere Assoziationen auf das Merkmal „muslimisch" geweckt, als dies vor den Terroranschlägen in New York oder in Paris der Fall war. Manche Fremdbilder sind auch stabiler, wie etwa die Annahme, afrikanische Menschen seien grundsätzlich musikalisch oder Lateinamerikaner*innen seien grundlegend fröhliche Menschen.
- *Differente Kulturmuster:* Kulturmuster sind konventionell vorgegebene „Drehbücher" (z. B. Begrüßungsrituale). Sie werden in der Regel nicht explizit thematisiert, da sie innerhalb einer Kultur (z. B. einer Gruppe, einem

Milieu oder einer Institution) als allgemein bekannt gelten. Sie bestimmen Normalitätserwartungen, was zu Irritationen führen kann, wenn diese Erwartungen vom Gegenüber nicht erfüllt werden.

Diese vier hierarchisch angeordneten Aspekte sind zwar analytisch trennbar, aber in der Regel miteinander verschränkt. Erst Stufe 4, die differenten Kulturmuster, weisen auf Missverständnisse hin, die tatsächlich auf kulturelle Unterschiede zurückzuführen sind.

Fallbeispiel

F., eine 15-jährige Jugendliche, deren Eltern aus der Türkei stammen, wird im Rahmen der Jugendberufshilfe bei der Berufsorientierung und der Ausbildungsplatzsuche unterstützt. In diesem Rahmen sind verschiedene ein- bis zweiwöchige Praktika vorgesehen. Beim ersten Praktikum, das auf ihren Wunsch im Einzelhandel erfolgt, meldet sie sich nach dem ersten Tag für den Rest der Woche krank. Ein weiteres Praktikum in der Systemgastronomie, ebenfalls auf ihren Wunsch, bricht sie nach dem ersten Tag ab, indem sie unentschuldigt an den weiteren Tagen fehlt und auch nicht erreichbar ist. Auf Nachfrage sagt sie, sie hätte gesundheitliche Probleme gehabt und sich dort nicht wohl gefühlt. Bei einer ärztlichen Untersuchung werden keine gesundheitlichen Einschränkungen festgestellt. Das Verhalten von F. kann nun unterschiedlich interpretiert und bewertet werden, was Auswirkungen auf den Kontakt zu ihr und den weiteren Verlauf der Maßnahme hat. Wir könnten annehmen, dass in der Familie traditionelle türkische Geschlechterrollen vorherrschen und die Jugendliche eigentlich gar keine Ausbildung machen möchte, sondern früh heiraten und Familie gründen möchte. Wir wissen allerdings gar nicht, ob die Eltern bzw. Familie überhaupt aus traditionell geprägten, ländlichen Gebieten stammen oder aus modernen städtischen und inwiefern dies einen Einfluss auf F.s Lebensentwurf hat. Wir könnten annehmen, dass den Eltern aus Gründen der „Ehre" der Kontakt ihrer Tochter mit vielen fremden Menschen und insbesondere Männern (im Einzelhandel und in der Gastronomie) nicht recht ist und sie ihre Tochter unter Druck gesetzt haben, die Praktika abzubrechen. Wir könnten auch annehmen, dass die Jugendliche in ihrer bisherigen Schullaufbahn viele Misserfolge erlebt hat und daher keinen Sinn darin sieht, sich nun für ein Praktikum anzustrengen. Wir könnten weiter annehmen, dass die Praktikumsabbrüche eine Form des jugendlichen Protests gegenüber dem Leistungsdruck der Eltern sind. Noch viele weitere Hypothesen wären denkbar.

Praxistipp

Kommt es im Kontakt mit Menschen mit einem anderen kulturellen Hintergrund zu Unstimmigkeiten oder Missverständnissen, hilft ein Blick auf die vier „Kulturfallen", Machtasymmetrien, Kollektiverfahrungen, Fremdbilder und differente

Kulturmuster, um eine vorschnelle Einordnung als „kulturbedingt“ zu vermeiden und um verschiedene Lösungsansätze im Blick zu behalten.

1.3.3 Umgang mit differierenden Wertesystemen

Es kann vorkommen, dass fremde Kulturmuster und damit verbundene Wert- und Moralvorstellungen der Klient*innen für eine Fachkraft nicht verstehbar sind. Auch können dadurch eigene Tabugrenzen überschritten werden. Dies hat unterschiedliche Auswirkungen auf den Verlauf des Kontakts und erfordert unterschiedliche „Werkzeuge“, um handlungsfähig zu bleiben. Wie Abbildung 2 zeigt, sind je nach Situation unterschiedliche Szenarien denkbar.

Szenario 1: Es ist der Fachkraft grundsätzlich möglich, das Erleben und Verhalten der Klientin bzw. des Klienten zu verstehen. Dies gelingt aufgrund ähnlicher Lebenswelten oder guter transkultureller Kompetenzen der Fachkraft (z. B. hoher Grad an Selbstreflexion und Vorurteilsbewusstheit). Auch sind von den Ausführungen des Klienten bzw. der Klientin keinerlei Tabugrenzen der Fachkraft betroffen. In diesem Falle ist die Grundlage vorhanden, auf deren Basis allein die Empathiefähigkeit der Fachkraft ausreicht, um mögliche kulturelle Differenzen zu überbrücken.

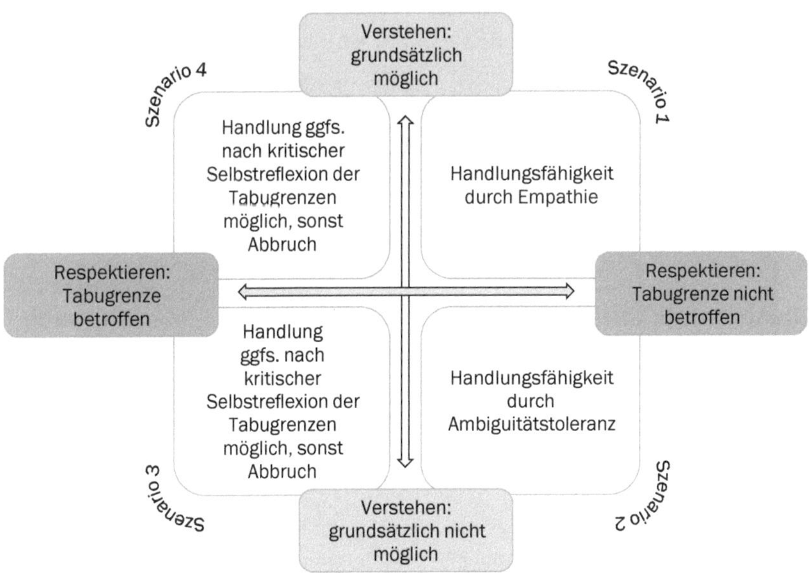

Abbildung 2: Werkzeuge zur Handlungsfähigkeit bei transkulturellen Passungenauigkeiten

Szenario 2: Die Fachkraft kann das Verhalten des Klienten bzw. der Klientin zwar nicht nachvollziehen, es berührt jedoch nicht die eigene Tabugrenze. Hier kann es der Fachkraft durch Ambiguitätstoleranz (also durch das Aushalten von anderen Lebensentwürfen und -einstellungen) gelingen, ihre Handlungsfähigkeit aufrechtzuerhalten.

Szenario 3: Die Fachkraft hat Schwierigkeiten, das Verhalten oder die Gedanken des Klienten bzw. der Klientin nachzuvollziehen, und es kommt zusätzlich hinzu, dass eigene Tabugrenzen betroffen sind. Vielleicht empfindet es eine Schulsozialarbeiterin als unverstehbar und als Tabubruch, wenn beim Elterngespräch der Vater ihr zur Begrüßung nicht die Hand gibt und im Gespräch anstelle seiner Frau spricht, was für die Schulsozialarbeiterin Zeichen für eine frauenverachtende Haltung sind.

In einem solchen Fall gilt es, im Supervisionsprozess sorgsam zu prüfen, ob dem tatsächlich so ist oder es sich eher um eine falsche kulturelle Zuschreibung der Fachkraft handelt (vgl. die vier Kulturfallen nach Auernheimer 2010, S. 45 ff.). In diesem Zusammenhang wäre auch eine Selbstreflexion der eigenen Normen, z. B. zu den Geschlechterrollen, oder persönlicher Erfahrungen, vielleicht eigene Diskriminierungserfahrungen als Frau, notwendig, um zu entscheiden, ob die psychosoziale Arbeit mit der betreffenden Person erfolgreich fortgeführt werden kann. Wichtig ist, hierbei zu prüfen, inwiefern diese divergierenden Wertvorstellungen tatsächlich im Wege stehen. In der Regel lassen sich sowohl die Dimension Verstehen als auch Respektieren nach einer solchen Reflexion neu bewerten und die Fachkraft wird wieder handlungsfähig.

Darüber hinaus kann die Situation eintreten, dass eine Fachkraft sich auch nach sorgfältiger Selbstreflexion nicht vorstellen kann, mit einer Person weiterzuarbeiten, oder zu der Einschätzung kommt, diese Wertvorstellungen sind nicht mit einer leitliniengerechten psychosozialen Arbeit vereinbar. In diesem Fall gehört es zur Sorgfaltspflicht der Fachkraft, den Fall an jemanden zu übergeben, der bzw. die geeignet ist, diesen fortzuführen.

Szenario 4: In diesem Fall verhält es sich ähnlich wie in Szenario 3, wobei im vierten Szenario erleichternd hinzukommt, dass das Verhalten des Klienten bzw. der Klientin, wenn auch nicht akzeptiert, so doch zumindest nachvollzogen werden kann. Das Vorgehen im Konfliktfall wäre analog zum dritten Szenario.

Praxistipp

Bestehen wesentliche Schwierigkeiten im Verständnis bzw. Nachvollziehen der Sicht- und Verhaltensweisen des Gegenübers und werden zusätzlich eigene Tabugrenzen berührt, kann eine Supervision erforderlich sein. Sie bietet den Rahmen, um kulturelle Zuschreibungen hinterfragen und eigene Wert- und Normvorstellungen reflektieren zu können. Ein Ergebnis der Supervision bzw. der Selbstreflexion kann sein, dass der Fall, sofern möglich, an eine andere Fachkraft abzugeben ist.

Eine Fachkraft in einem sozialen Beruf sollte sich ihrer sozialen und kulturellen Herkunft und Identität bewusst sein, i. S. bewusster Wahrnehmung ihrer Zugehörigkeit zu sozialen, ethnischen und Sprachgruppen mit bestimmten Prägungen. Die individuelle, genauso wie die soziale und kulturelle Identität gehört zu den selbstimmanenten subjektiven Selbstverständlichkeiten. In transkulturellen Diskursen ist die Vergegenwärtigung der eigenen kulturellen Gebundenheit und „Parteilichkeit" i. S. einer bewussteren individuellen, sozialen und kulturellen Selbstwahrnehmung hilfreich. Eine relativierende kulturelle Selbstwahrnehmung, nicht die idealtypisch überzogene Position „kultureller Neutralität" ist gefragt. Als Fachkraft werden Sie nichts daran ändern können/wollen, zeitlebens eine größere Nähe zu den Symbolen (Werte, Ideale, Traditionen) der Kultur, in der Sie aufgewachsen sind, zu bewahren, als zu später erworbenen kulturellen Prägungen oder der Kultur Ihres Gegenübers. Diese biografische Gebundenheit ist unentrinnbar und sogar ein wesentliches Fundament für Ihre Identität.

Nach dem Blick auf die gesellschaftlichen Zusammenhänge und Einflüsse von Migration liegt im kommenden Kapitel der Fokus auf den Auswirkungen von Migration auf die migrierenden Menschen selbst.

2. Psychologische Aspekte der Migration

Die Beschreibung der mit Migration verbundenen psychischen Prozesse, also der Veränderungen und möglichen Belastungen auf der emotionalen, kognitiven und behavioralen Ebene, kann als „Psychologie der Migration" bezeichnet werden. Die Theorien und Modelle der „Psychologie der Migration" ermöglichen bei der Arbeit mit Menschen mit Migrationsgeschichte ein systematischeres und tieferes Verständnis für deren Lebenslagen, Herausforderungen und Bewältigungsstrategien.

Die Anforderungen, die durch eine Migration an die Persönlichkeit eines Menschen gestellt werden, werden von Menschen ohne Migrationserfahrung häufig unterschätzt. Migration wird oft als reine Lern- und Anpassungsleistung betrachtet (vgl. Machleidt/Calliess 2011, S. 419). Dabei bedeutet Migration nicht nur eine Veränderung des Wohnorts. Sie geht vielmehr einher mit zahlreichen tiefgreifenden Veränderungen des gesamten Lebens- und Arbeitsumfelds sowie der sozialen und kulturellen Anforderungen und Erwartungen (vgl. Kizilhan/Bermejo 2009, S. 509).

Trennung und Entwurzelung, der Verlust familiärer und nichtfamiliärer Bezugspersonen, Identitätsprobleme und Rollenverluste, eine fragliche Zukunft und Orientierungslosigkeit, unklare rechtliche Rahmenbedingungen des Aufenthalts (z. B. drohende Abschiebung), eine unfreiwillige Unterbringung in Sammelunterkünften, sprachliche und kulturelle Verständigungsprobleme, Generationenkonflikte, innerfamiliäre Zerreißproben, eine unsichere Arbeitssituation oder Arbeitslosigkeit, finanzielle Krisen, Diskriminierung und das Gefühl, bedroht zu werden, sind nur einige der Herausforderungen, mit denen sich zugewanderte Menschen konfrontiert sehen können (Zeeb/Razum 2006; Assion 2005; Kirkcaldy et al. 2006). Damit bringt Migration persönliche Herausforderungen auf ganz verschiedenen Ebenen mit sich und wird psychologisch betrachtet auch als *kritisches Lebensereignis* bezeichnet (vgl. Kirkcaldy et al. 2006, S. 874), also als ein Ereignis, das die psychische Stabilität eines Menschen gefährden kann.

2.1 Typologie der Migrationsmotive

Welche psychischen Auswirkungen die Herausforderungen der Migration für eine Person haben können, hängt von verschiedenen Faktoren ab. Ein zentraler Faktor ist der *Migrationsgrund* bzw. der damit verbundene Grad an individueller Kontrollierbarkeit der eigenen Lebenssituation (vgl. Kizilhan 2011a,

S. 21). Abhängig von den Wanderungsmotiven kristallisieren sich sowohl unterschiedliche Formen von Erwartungen und individuellen Ressourcen als auch der Lebens- und Anpassungsgestaltung im Ankunftsland heraus (vgl. Kirkcaldy et al. 2006).

Die meisten der seit dem Zweiten Weltkrieg nach Deutschland zugewanderten Menschen lassen sich entsprechend ihrer Wanderungsmotive vier Migrationstypen zuordnen:

- Einer der wichtigsten Migrationstypen ist die *Arbeitsmigration.* Die sogenannten „Gastarbeiter[1]", aus südeuropäischen und nordafrikanischen Ländern angeworbene Arbeitskräfte und deren nachgezogenen Familien, kamen insbesondere in den 1960er Jahren nach Deutschland (vgl. Bundesamt für Migration und Flüchtlinge 2008, S. 18). Die Entscheidung zur Migration war bei ihnen weitgehend freiwillig, Motiv war in der Regel der Wunsch nach einer wirtschaftlichen Verbesserung. Sowohl die Zugewanderten wie auch das Aufnahmeland gingen dabei zunächst von einem zeitlich begrenzten Aufenthalt aus. Das Aufnahmeland Deutschland hatte hier ein (wirtschaftliches) Interesse an der Zuwanderung.
- Die *(Spät-)Aussiedler*innen-Zuwanderung* ist ein weiterer bedeutender Migrationstypus (vgl. Bundesamt für Migration und Flüchtlinge 2008, S. 18). (Spät-)Aussiedler*innen sind deutsche Volkszugehörige, die als Angehörige von deutschen Minderheiten in den Nachfolgestaaten der ehemaligen Sowjetunion und anderen früheren Ostblockstaaten, teilweise auch in Asien, gelebt haben und die seit 1950, insbesondere jedoch in den 1980er Jahren, nach Deutschland zurückgekehrt sind (vgl. Statistisches Bundesamt 2019, S. 21). Hier wird auch von Re-Migration gesprochen. Kennzeichnend ist eine generationsübergreifende Zeitverzögerung – manche Familien haben vor der Übersiedlung nach Deutschland über mehrere Generationen hinweg im Ausland gelebt.
- Als dritten wichtigen Migrationstypus ist die *Flucht* zu nennen. Gründe für die Auswanderung sind hierbei politische Notwendigkeit, in Form von Verfolgung, Gewalt und Vertreibung, aber auch Überlebensnotwendigkeit, um Umweltschäden und Armut zu entgehen. Die Flucht wird als Zwang erlebt, nicht als freiwillige Entscheidung, daher stellen geflüchtete Menschen eine besondere Gruppe der zugewanderten Menschen dar, die sich in vielen Aspekten von den anderen beiden Migrationstypen unterscheidet. Ähnliches kann bei *illegaler Einwanderung* angenommen werden, die meist aus ökonomischen, familialen und verwandtschaftlichen oder politischen Motiven erfolgt und zusätzlich durch den illegalen Aufenthaltsstatus enorme Un-

1 vorwiegend Männer

sicherheiten im Zielland mit sich bringt (vgl. Bundesamt für Migration und Flüchtlinge 2008, S. 19).

- Daneben gibt es auch die *freiwillige Migration* als bewusste und selbstgewählte Entscheidung, um in einem anderen, gezielt ausgewählten Land leben und eine andere Kultur kennenlernen zu können (Bade 2017), z. B. im Rahmen von Migrationsprogrammen, die jährlich einer bestimmten Zahl von Menschen die Zuwanderung ermöglichen, wie sie von Kanada, den USA, Australien oder Neuseeland angeboten werden.

In besonderen Fällen können die Bundesregierung sowie die Landesregierungen im Rahmen von Kontingentprogrammen aus völkerrechtlichen oder dringenden humanitären Gründen sowie zur Wahrung besonders gelagerter politischer Interessen Deutschlands einzelne Gruppen von Schutzsuchenden in Deutschland aufnehmen (Junne et al. 2019).

Kurz zusammengefasst

Der Grad der Freiwilligkeit der Migration spielt beim erlebten Stress im Ankunftsland eine bedeutende Rolle: Je freiwilliger die Entscheidung für eine Migration erfolgt, desto höher ist das Kontrollbewusstsein bzw. das Gefühl, das Schicksal in den eigenen Händen zu halten, und desto besser gelingt der Umgang mit Belastungen. Eine als erzwungen erlebte Migration geht i. d. R. mit einem höheren Stresserleben einher.

Anregungen zur (Selbst-)Reflexion

- Gab es Situationen oder Lebensbereiche, in denen Sie zu Lebensveränderungen gezwungen waren (z. B. eine Kündigung der Arbeitsstelle oder der Wohnung, eine Trennung durch die Partnerin bzw. den Partner, der Verlust einer nahestehenden Person)? Wie erging es Ihnen hier, in Gegensatz zu Situationen, in denen Sie selbst die Initiative für eine Veränderung ergriffen haben?

2.2 Migrationsverlauf und -phasen

So unterschiedlich die individuellen Migrationsgeschichten und -erfahrungen sind, lässt sich dennoch kultur- und situationsübergreifend eine gewisse Regelhaftigkeit in den Migrationsverläufen feststellen, eine wiederkehrende Verlaufsdynamik.

Sluzki (2001) und später Machleidt (Machleidt/Calliess 2011) haben dazu ein psychologisches Phasenmodell entwickelt. Dieses veranschaulicht sehr gut die „Emotionslogik des Migrationsprozesses“ (Machleidt/Calliess 2011, S. 418) und die damit einhergehenden Herausforderungen und Belastungen für Einzelne wie auch für Familien. Durch die Weiterentwicklung dieses Mo-

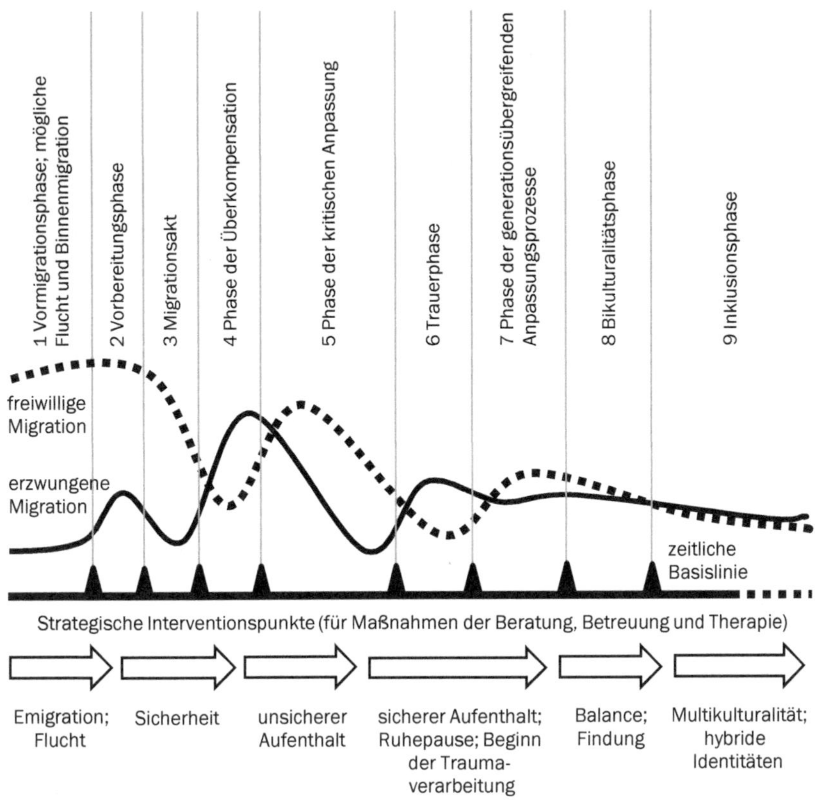

Abbildung 3: Psychologische Phasen der Migration (Kurve der funktionellen Anpassung) (Kizilhan 2013a, S. 20)

dells durch Kizilhan (2013b) werden außerdem transgenerationelle Traumata sowie andere individuelle und kollektive Belastungen im Herkunftsland, die insbesondere für Geflüchtete von großer Bedeutung sind, systematisch mitberücksichtigt.

Die ersten vier Phasen des Modells umfassen mögliche Migrationserfahrungen im Herkunftsland (Binnenmigration, kurz- und langfristige Flucht in die Nachbarländer etc.), die Vorbereitungsphase, den Migrationsakt selbst und die Phase der Überkompensierung in der Begegnung mit dem Ankunftsland. Zentrales emotionales Thema ist hier das Verlassen der Heimat bzw. die Ablösung von der Heimatkultur. Was die medizinische und therapeutische Versorgung betrifft, so ist diese für Menschen, die sich freiwillig zu einer Migration entscheiden, in der Regel in allen vier Phasen gesichert. Bei Flucht und illegaler Einwanderung kann der Zugang zur gesundheitlichen Regelversorgung sowohl bereits im Herkunftsland wie auch im Ankunftsland (z. B. bei Duldung, illegalem Aufenthalt oder bevorstehender Abschiebung) erschwert sein. Gleichzeitig sind aufgrund der psychischen und physischen Belastungen im Herkunftsland (Haft, Verfolgung, Gewalt) und auf der Flucht viele geflüchtete Menschen bereits bei der Ankunft im Aufnahmeland psychisch erkrankt. Für diese ist in der fünften, der sogenannten „Phase der kritischen Anpassung", eine Dekompensation bereits angelegt. Hier können sich Gefühle von Verzweiflung, Leere, Unsicherheit und leichte psychische Symptome wie Schlafstörungen, Ängste und Depressionen bemerkbar machen, ohne dass sich daraus eine Pathologie entwickelt.

Die „Phase der kritischen Anpassung" kennzeichnet sich durch die Sorge um die Absicherung der Existenz, durch die Angst vor und die Auseinandersetzung mit dem Fremden, durch das Ringen um die Bewahrung des Eigenen und durch die Trauer über den Verlust des Zurückgelassenen (vgl. Machleidt/Calliess 2011, S. 419). Für alle zugewanderten Menschen, unabhängig vom Migrationstyp, ist diese Phase mit einer erhöhten Vulnerabilität („Verletzbarkeit") verbunden. Die im Herkunftsland erlernten Bewältigungsmechanismen und die dort verfügbaren Ressourcennetzwerke funktionieren im Aufenthaltsland möglicherweise nicht mehr. Die individuelle und kollektive Identität wird in dieser Phase in Frage gestellt, eine neue hybride Identität ist noch nicht gefunden. Die Entwicklung einer solchen wird auch zum Teil, insbesondere bei Flucht, durch die politische und auch gesellschaftliche Situation im Aufnahmeland behindert oder erschwert (vgl. Kizilhan 2013a, S. 19).

Die letzten drei Phasen, die generationsübergreifenden Anpassungsprozesse sowie die Herausbildung einer hybriden transkulturellen Identität (diese umfasst die Bikulturalitätsphase und die Inklusionsphase), weisen auf ein zunehmend gelungenes „Angekommen-Sein" im Aufnahmeland hin.

Die Phasen verlaufen nicht immer linear. Sie können durch interne (z. B. geringe Integrationsmechanismen des Aufnahmelandes) und externe (z. B. starker Einfluss des Herkunftslandes, individuelle, politische und gesellschaftliche Vorstellungen) Faktoren behindert werden. Dies zeigt sich unter anderem in Generationenkonflikten (z. B. in Bezug auf Geschlechterrollen, Zwangsehe, alte Clankonflikte, die Entstehung von Subgruppen). Auch Gewalterfahrungen und Traumatisierungen können sich auf den Verlauf auswirken.

Kurz zusammengefasst

In den Migrationsverläufen lässt sich kultur- und situationsübergreifend eine wiederkehrende Verlaufsdynamik feststellen, aus der sich Ansatzpunkte für die psychosoziale Arbeit ergeben. Die Phase der „kritischen Anpassung" nach der Ankunft in Deutschland ist dabei mit einer besonderen Vulnerabilität verbunden, unabhängig vom Migrationstypus.

Anregungen zur (Selbst-)Reflexion

- Wie könnte Ihnen das Wissen über die psychologischen Phasen der Migration hilfreich sein für die Arbeit mit Menschen mit Migrationserfahrung bzw. -hintergrund?
- Welche strategischen Interventionspunkte können Sie in Ihrer beruflichen Praxis nutzen?

2.3 Gewalt und Trauma in der Migration

Neben der Suche nach Arbeit und einer wirtschaftlichen Perspektive sind, wie oben beschrieben, auch politische Umwälzungen, Kriegs- und Bürgerkriegszustände sowie Naturkatastrophen in verschiedenen Ländern der Welt Ursachen für die Migration bzw. Flucht nach Europa.

Im Jahr 2018 registrierte das Flüchtlingshilfswerk der Vereinten Nationen (UNHCR) 70,8 Millionen Menschen, die weltweit auf der Flucht waren. 25,9 Millionen Menschen waren aufgrund von Verfolgung, Krieg, Gewalt oder schweren Menschenrechtsverletzungen zur Flucht aus ihrem Heimatland gezwungen worden (vgl. UNHCR 2019).

Obwohl die Prävalenzraten von psychischen Störungen bei Geflüchteten weltweit, wie auch in Bezug auf Deutschland, in den verschiedenen Studien sehr unterschiedlich sind (vgl. Bozorgmehr et al. 2016), kommt eine große Meta-Analyse zu dem Ergebnis, dass 30,6 Prozent unter einer Posttraumatischen Belastungsstörung (PTSD) und 30,8 Prozent unter einer depressiven Störung leiden (vgl. Steel et al. 2009, S. 540/544). Besonders betroffen sind Menschen aus Gemeinschaften, die sich bereits seit mehreren Generationen auf der Flucht, im Krieg oder in kriegsähnlichen Situationen befinden (vgl. Kizilhan 2009, S. 72).

2.3.1 Auswirkungen von Krieg und Terrorismus

In den letzten Jahren ist insbesondere der islamisierte Terrorismus mit einer unerwarteten Zerstörungskraft aufgetreten, mit einer bisher unbekannten Brutalität und einer weltweiten Reichweite. Für die psychosoziale Arbeit mit Betroffenen ist es wichtig, einen Einblick in das Ausmaß und die Auswirkungen der terroristischen Gewalt zu haben, auch um aktuelle Gefährdungen einschätzen und berücksichtigen zu können.

Der aktuelle Terrorismus hat viele religiöse und ideologische Gesichter. Er bedient sich zunehmend neuer Mittel, nutzt geschickt moderne Medien und schafft transnationale Netze. Es werden gezielt Zivilisten getötet, um Angst und Schrecken zu verbreiten. Es werden Menschen vor laufender Kamera geköpft und über die digitalen Netzwerke zur Schau gestellt. In bislang unbekanntem Ausmaß töten sich Attentäter*innen selbst bei Anschlägen. Unzählige Mädchen und junge Frauen werden misshandelt, vergewaltigt und verkauft. Dieser neue islamische Terror, im Moment insbesondere durch den „Islamischen Staat" präsent, übersteigt oft unser menschliches Vorstellungsvermögen von Grausamkeit und Leid (vgl. Kizilhan 2016, S. 9).

Im August 2014 eroberten Truppen des selbsternannten *Islamischen Staates* (IS) Gebiete Nordiraks und wandten sich mit ungeheurer Brutalität gegen die dort lebenden religiösen Minderheiten, insbesondere gegen die Jesiden (vgl. Cetorelli et al. 2017, S. 1). Eine große Zahl der Männer wurde hingerichtet, Frauen und Kinder entführt und systematisch vergewaltigt (vgl. Kizilhan 2018a, S. 1). Die religiöse Minderheit sollte ausgelöscht und der Wille der Überlebenden, insbesondere der Frauen und Kinder, gebrochen werden. Tausende von ihnen wurden zum Islam zwangskonvertiert. Den Frauen und Mädchen wurde vermittelt, nun „entehrt" zu sein (vgl. Kizilhan 2016, S. 9). Die medizinischen und psychischen Gesundheitsprobleme, die sich aus der Kombination von subjektiver, kollektiver und kultureller Traumatisierung sowie der anschließenden psychosozialen Situation der geflüchteten Menschen ergeben, sind außergewöhnlich und erfordern neue und durchdachte Konzepte einer integrierten medizinischen und psychosozialen Versorgung (Nasiroglu/Ceri 2016).

Das Schicksal, von terroristischen Organisationen entführt und zum Soldat*in-Sein gezwungen zu werden, mussten bzw. müssen Kinder in unterschiedlichen Regionen der Welt erleiden, darunter die Demokratische Republik Kongo, Nepal, Mosambik, Uganda, Sierra Leone und seit 2014 auch der Nordirak. Kinder und Jugendliche (meist sind Jungen betroffen) werden gezielt ausgewählt, von ihren Familien und ihrer Gemeinschaft weggerissen und isoliert. Durch tägliche (religiöse) Indoktrination, Kampftraining und Training der Widerstandsfähigkeit gegen Schmerz und Brutalität werden sie zu *Kindersoldat*innen* ausgebildet (vgl. Kizilhan/Noll-Hussong 2018, S. 425). Ihre Einsatzbereiche sind unterschiedlich, sie werden u. a. als Spion*innen, Träger*innen oder Frontsoldat*innen eingesetzt.

Die Kinder werden oft zur Ausübung von Gewalt gegen andere, bis hin zur Tötung, gezwungen und auch selbst wiederholt körperlicher, sexueller und emotionaler Gewalt ausgesetzt. Die Folgen sind schwerwiegend. So sind ehemalige Kindersoldat*innen besonders gefährdet, Symptome einer Posttraumatischen Belastungsstörung (PTSD) zu entwickeln (vgl. Kizilhan/Noll-Hussong 2018, S. 425; Ceri et al. 2016). Auch ist das entwicklungsbedingte Selbstwertgefühl deutlich reduziert (vgl. Kizilhan/Noll-Hussong 2018, S. 425). Wie bei den meisten Terror- bzw. Kriegsüberlebenden ist die Belastung durch die erlebte Gewalt auch bei den ehemaligen Kindersoldat*innen oft chronisch. Auch sie erleiden häufig eine wiederholte Viktimisierung, die Häufigkeit, Dauer und

Schwere der Gewaltfolgen sind bei ihnen jedoch nochmal deutlich erhöht (vgl. Kizilhan/Noll-Hussong 2018, S. 427 f.).

Einen entscheidenden Einfluss auf die langfristige psychische Gesundheit hat das Umfeld nach der Rückkehr aus dem Terror. Ehemalige Kindersoldat*innen sind auch nach der Befreiung oder Flucht zahlreichen täglichen Stressfaktoren und Belastungen ausgesetzt. Sie sind besonders anfällig für ökonomische Unsicherheit und zwischenmenschliche Belastungen (vgl. Betancourt et al. 2010, S. 607), außerdem sind sie in der Gemeinschaft oft mit Stigmatisierung und (häuslicher) Gewalt konfrontiert (vgl. Kelly/Branham/Decker 2010, S. 9). Die Unterstützungsmöglichkeiten durch die Familie und Gemeinde, der Zugang zu Bildung und auch die wirtschaftlichen Umstände sind wesentlich für eine langfristige psychische und soziale Stabilisierung von ehemaligen Kindersoldat*innen (vgl. Betancourt et al. 2010, S. 607).

Gewalt, wie die längerfristige Akkumulation von Krieg und gewaltsamen Auseinandersetzungen, wirkt sich nachhaltig und wesentlich auf die Entwicklung einer Gesellschaft aus, und auch darauf, wie in ihr mit Konflikten umgegangen wird (vgl. Bar-Tal/Hammack 2012, S. 36 f.). Die Folgen ständiger physischer Gewaltakte durchdringen jeden Teil des gesellschaftlichen Gefüges (Kizilhan/Othman 2012). Wenn die physische Gewalt lange andauert, und das tut sie in einem schwer kontrollierbaren Konflikt, dann kann dieser dauerhafte Einfluss auf die Gesellschaft zu einer „*Kultur der Gewalt*" führen (vgl. Bar-Tal/Hammack 2012, S. 30). Sie hinterlässt ihre Spuren, indem sie die Weltsicht und damit das Verhalten der Mitglieder der Gesellschaft prägt (vgl. Lia/Skjølberg 2004, S. 146; Eckart 2010). In solchen Fällen können sich auch die Normen und Werte einer Gesellschaft verändern bzw. „alte" patriarchalische Werte und Lebensvorstellungen in neuere eingebunden werden (Kizilhan 2019).

Insgesamt ist aber wenig über die subtileren und langanhaltenden Auswirkungen von Gewalt durch Kriege oder generell von Gewaltanwendung aufgrund politischer und religiöser Verhältnisse auf Gruppen bekannt. Dies gilt insbesondere für das alltägliche Leben in von Gewalt oder Krieg bedrohten Regionen hinsichtlich möglicher Veränderungen der Wertevorstellungen bzw. der Verstärkung patriarchalisch(-islamisch)er Lebensvorstellungen.

Kurz zusammengefasst

Die psychische Verfassung und die psychosoziale Lebenssituation der von extremer Gewalt (z. B. Folter, Krieg, Terrorismus) Betroffenen können mehrdimensional beeinträchtigt sein: Neben den Migrations- und Entwurzelungserfahrungen und dem Einfinden in einer unbekannten Umgebung mit zum Teil fremden Werten, Normen, Institutionen und einer fremden Sprache können sie auch durch unverarbeitete traumatische Erlebnisse (z. B. Folter, sexuelle Gewalt), die vor, während aber auch nach der Flucht geschehen sind, extrem belastet sein. Eine Aufarbeitung der traumatischen Erlebnisse ist erst möglich, wenn äußere Sicherheit, insbesondere in Bezug auf den Aufenthalt, gegeben ist.

Anregungen zur (Selbst-)Reflexion

- Menschen zu begleiten, die (extreme) Gewalt erleiden mussten, kann für Fachkräfte sehr belastend sein. Welche Möglichkeiten haben Sie zur Selbstfürsorge und zur Aufarbeitung von solchen Belastungen (bei der Arbeit oder auch privat)? (s. dazu auch Kapitel 11.1)

2.3.2 Transgenerationale Weitergabe von Traumata

Auch (längst) vergangene Kriegs- und Gewaltereignisse können sich auf die aktuelle Befindlichkeit auswirken.

Die Theorie der *transgenerationalen Traumatisierung* (historisches Trauma) ist ein relativ neues Konzept, das auf der Annahme beruht, dass kollektive, also gemeinschaftlich erlebte Traumata der Vergangenheit (z. B. Kolonialismus, Sklaverei, Krieg oder Genozid) bis in die Gegenwart hinein Spuren hinterlassen. Diese zeigen sich u. a. in Form einer höheren Prävalenz an psychischen und psychosozialen Belastungen (Kizilhan 2018b). Ein Verständnis dafür, wie Traumata über Generationen weitergegeben werden und wie sie die aktuelle Lebenssituation der Angehörigen von ethnischen oder religiösen Gemeinschaften (insbesondere von Minderheiten) beeinflussen können, kann neue Ansätze für die psychosoziale Begleitung bzw. Traumabehandlung aufzeigen.

Trauma im Allgemeinen kann als Effekt überwältigender und außergewöhnlicher Erfahrungen verstanden werden, die die Opfer hilflos zurücklassen. Diese Hilflosigkeit kann mehrere oder alle Lebensbereiche betreffen, außerdem haben traumatisierte Personen ein höheres Risiko für psychopathologische Symptome (Pagotto et al. 2015). Neben dem individuellen Trauma, das eine einzelne Person erlebt, sind manche ethnischen und religiösen Gruppen als Kollektiv, manchmal auch über mehrere Generationen hinweg, Bedrohung und Gewalt ausgesetzt (vgl. Kizilhan 2017a, S. 336). Mittel zur Unterdrückung, wie militärische Gewalt, biologische Kriegsführung (wie im Irak gegen Kurden 1988), nationale/staatliche Entrechtungs- und Unterdrückungspolitik, ethnische Säuberungen, Inhaftierung, Versklavung und/oder gesetzliche Verbote von Freizügigkeit, wirtschaftlicher Entwicklung und kulturellem Ausdruck, können zu kollektiven Traumata führen (Dodgson/Struthers 2005; Hallaq 2003; Kizilhan/Noll-Hussong 2017).

Viele Überlebende, die Brutalität, Hunger und Krankheit direkt miterlebt haben, leiden unter physischen Verletzungen, Mangelernährung und hohen Raten an infektiösen und chronischen Krankheiten. Ihre psychischen und emotionalen Reaktionen beruhen auf Gewalt, schwerem Stress, allgegenwärtiger Not und dem Verlust von Familie, Land und Lebensweise. Selbstzerstörerisches Verhalten, schwere Angstzustände, Schuldgefühle, Feindseligkeit und chronische, „unerbittliche" Trauer können die Folge sein (Tekin et al. 2016). Psychische und emotionale Störungen können leicht in physische Krankheiten münden und umgekehrt (Kizilhan/Noll-Hussong 2017).

Nachfolgende Generationen werden durch das ursprüngliche Trauma auf unterschiedliche Weise beeinträchtigt. Studien verschiedener Bevölkerungsgruppen dokumentieren, dass Nachkommen traumatisierter Eltern ebenfalls verschiedene Symptome einer Posttraumatischen Belastungsstörung (vgl. Kapitel 7.3.3) oder „Traumareaktionen" zeigen (Brave Heart 1999; vgl. Baker/Kanan 2003, S. 19; vgl. Qouta/Punamäki/El-Sarraj 2003, S. 268 f.; Kizilhan/Othman 2012). Diese Reaktionen umfassen eine Vielzahl von psychologischen Problemen, wie Depression, Verleugnung, Depersonalisation, Isolation, Gedächtnisverlust, Alpträume, psychische Betäubung, Hypervigilanz, Drogenmissbrauch, Fixierung auf Traumata, Identifikation mit dem Tod, Schuld des Überlebenden und unverarbeitete Trauer (vgl. Brave Heart 1999, S. 4; vgl. Qouta/Punamaki/El-Sarraj 2003, S. 269 f.). Überraschenderweise sind auch Kinder davon betroffen, die erst nach den traumatisierenden Ereignissen geboren wurden und diese somit gar nicht direkt miterlebt haben (vgl. Klinitzke et al. 2012, S. 22). Beeinträchtigt ein traumatisches Erlebnis die Bindungsfähigkeit und Erziehungskompetenz der Eltern, dann wird die traumatische Belastung auch hierüber an die Kinder weitergegeben (vgl. Scharf 2007, S. 612 f.).

Sind die nachfolgenden Generationen ebenfalls extremen kollektiven Traumata wie Massaker oder Genozid ausgesetzt, werden die Traumaerfahrungen ihrer Vorfahren zusätzlich erneut aktiviert und führen zu einer doppelten bzw. multiplen Traumatisierung. Dies beeinflusst nachhaltig das Verhalten, die Emotionen und die Kognition der Überlebenden. Durch Erzählungen, religiöse Zeremonien, Musik usw. werden diese als „neue Traumakultur" Teil der Gesellschaft und des kollektiven Gedächtnisses und dadurch wiederum über Generationen hinweg weitergegeben. Dieser Prozess der Weitergabe von Traumareaktionen und Gruppenverhaltensmustern verläuft sowohl auf bewusster als auch auf unbewusster Ebene.

Kollektive Erfahrungen, so schlimm sie auch sein mögen, können bei der Traumaarbeit im Sinne einer Resilienzstärkung „helfen", besser mit individuellen Traumata umzugehen. Das selbst erlebte Leid wird in einen größeren Zusammenhang gestellt, wodurch leichter eine Distanz zum Erlebten hergestellt werden kann. Außerdem kann die einzelne Person auf über Generationen entwickelte Überlebensstrategien und -ressourcen zurückgreifen (z. B. Schutz in der Gemeinschaft, Religiosität), wenn diese bewusstgemacht werden.

Kurz zusammengefasst

Aktuelle Forschungsergebnisse zeigen, dass sich psychische Reaktionen auf traumatische Erlebnisse, wie z.B. Schlafstörungen, Depressivität oder Ängste, auch auf Familien- oder Gemeinschaftsangehörige sowie auf die nachfolgenden Generationen übertragen können, ohne dass diese selbst Traumatisches erlebt hatten. Kollektive Erfahrungen der Familie oder Gemeinschaft können daher ein wichtiger „Schlüssel" in der Traumaarbeit sein.

Anregungen zur (Selbst-)Reflexion

- Gibt es im Rahmen Ihrer Arbeitsstelle Raum dafür, die Familiengeschichte bzw. die Geschichte der ethnischen oder religiösen Gemeinschaft der von Ihnen begleiteten oder betreuten Menschen zu thematisieren?
- Welche Ressourcen, vielleicht aber auch Ängste oder Tabus, finden Sie in Ihrer eigenen Familiengeschichte bzw. ethnischen oder religiösen Gemeinschaft?

2.4 Psychologische Aspekte der Migration in der Praxis

Das Wissen um die Migrationstypologie sowie um die Verlaufsdynamik von Migration, die lange nach der eigentlichen Migration noch anhält, ermöglicht es, die Lebenslagen, Herausforderungen und Bewältigungsstrategien von Menschen mit einer Migrationsgeschichte systematischer und tiefer zu verstehen und die enormen Anforderungen, die die Migration mit sich bringt, besser einschätzen zu können.

2.4.1 Migrationsspezifische Ressourcen

Migration sollte jedoch nicht als grundsätzlich negativ und problematisch betrachtet werden. Vielmehr zeigen die bereits bewältigten Herausforderungen und Anforderungen, sei es vor, während oder nach der Migration, welche Stärken, Ressourcen und Bewältigungsstrategien zugewanderte Menschen haben, z.B. die Bereitschaft, das eigene Leben aktiv zu gestalten, unterschiedlichste Stresssituationen zu bewältigen, Unsicherheit aushalten zu können und sich auf das Leben in einer fremden Kultur einlassen zu können. Insbesondere bei geflüchteten Menschen, die das Gefühl haben, keine Kontrolle und Entscheidungsmacht über ihr Leben zu haben, kann es wichtig sein, die Momente herauszuarbeiten, wo sie sich aktiv für etwas entschieden haben, z.B. für die Flucht, für eine bestimmte Route, letztlich für das Überleben. Um zugewanderten Menschen ihre eigenen Leistungen, Stärken und Ressourcen bewusst zu machen, kann auch mit ihnen gemeinsam das Phasenmodell der Migration betrachtet und besprochen werden.

Auch die ethnische Orientierung oder eine starke innerfamiliäre Bindung sollten als Ressourcen in den Blick genommen und genutzt werden. Eine starke ethnische Orientierung kann zwar zu einer Verzögerung beim Spracherwerb und bei der sozioökonomischen Integration führen, dennoch ist und bleibt diese oftmals eine der wichtigsten Ressourcen für eine langfristig erfolgreiche Integration. Gerade wenn Menschen aus einer kollektivistisch geprägten Kultur kommen, ist das Kollektiv, die (Groß-)Familie oder Gemeinschaft von großer Bedeutung (vgl. Kizilhan 2010a, S. 57).

Praxistipp
Migration wird oft als problematisch und schwierig betrachtet, gleichzeitig werden im (wie auch immer gearteten) Umgang mit dem Migrationsprozess viele Ressourcen der zugewanderten Menschen deutlich, die herausgearbeitet und genutzt werden sollten. Dies stärkt auch die professionelle Beziehung, die insbesondere für Menschen aus kollektivistisch geprägten Kulturen oft wichtiger ist als Fach- oder Methodenwissen.

2.4.2 Traumasensibles Arbeiten

Flucht wird in manchen aktuellen Diskussionen fälschlicherweise gleichgesetzt mit einer Traumatisierung. Dabei wird übersehen, dass viele der nach Deutschland geflüchteten Menschen keine pathologischen Traumafolgen haben, sondern einen Weg finden, mit z. T. extremen Erfahrungen so umzugehen, dass sie mit ihrem Alltags- und Familienleben gut zurechtkommen.

Gleichzeitig leidet ein Teil der geflüchteten Menschen infolge traumatischer Erlebnisse unter teilweise heftigen psychischen Folgen, wie z. B. Schlafstörungen oder Angstzuständen, oder unter psychischen Erkrankungen, wie z. B. einer Posttraumatischen Belastungsstörung (PTBS) oder Depression. Diese können sich auf alle Lebensbereiche auswirken und z. B. durch starkes Misstrauen gegenüber fremden Personen oder Impulsivität die Arbeit in vielen sozialen Berufen erschweren. Ein Bewusstsein für eine mögliche Traumatisierung sowie Kenntnisse über Folgen und Symptome sind wichtig, um diese nicht fälschlicherweise als Persönlichkeitseigenschaft zu werten.

Praxistipp
Die Folgen einer Traumatisierung können sich belastend auf das Wohlbefinden, auf die Alltagsbewältigung und auch auf die professionelle Beziehung auswirken, ohne dass sie genau der Traumatisierung zuordenbar sind, z. B. weil die traumatischen Erlebnisse nicht erinnert oder nicht angesprochen werden. Grundkenntnisse über mögliche Folgen, Symptome und Dynamiken einer Traumatisierung sind daher in allen sozialen Berufen hilfreich (vgl. Kapitel 7.3.3). Eine Aufarbei-

tung traumatisierender Erlebnisse, z. B. durch eine Therapie, ist i. d. R. erst möglich, wenn eine stabile und sichere äußere Lebenssituation besteht.

Fachkräfte, die mit Menschen mit extremen Gewalterfahrungen arbeiten, sollten sich des Risikos einer sekundären Traumatisierung (vgl. Kapitel 11.1) bewusst sein.

Auf Möglichkeiten zur transkulturellen Traumaarbeit wird in Kapitel 10 ausführlich eingegangen.

3. Identität in der Migration

„Die Verwurzelung ist vielleicht das wichtigste und meistverkannte Bedürfnis der menschlichen Seele... Ein menschliches Wesen hat eine Wurzel durch seine wirkliche, aktive und natürliche Teilhabe an einer Gemeinschaft, die gewisse Schätze der Vergangenheit und gewisse Ahnungen des Zukünftigen lebendig hält... Jedes menschliche Wesen bedarf einer Vielzahl solcher Wurzeln."
(Simone Weil, 1943)

Migration stellt einen erheblichen biografischen Einschnitt dar, insbesondere wenn sie eine starke Veränderung des kulturellen Umfelds, also der Wert- und Normvorstellungen, der Gewohnheiten und Überzeugungen und der Sprache, mit sich bringt.

Um neue und funktionale Orientierungen und Perspektiven zu entwickeln, ist Identitätsarbeit im Sinne einer persönlichen Auseinandersetzung und Identifikation mit den verschiedenen kulturellen Vorgaben notwendig. Dabei wird die Auseinandersetzung mit der eigenen individuellen wie auch kollektiven Identität, insbesondere in Bezug auf die ethnische und religiöse Identität, erforderlich (vgl. Kizilhan 2011a, S. 21). Politisch wurde dies in den letzten 50 Jahren in Deutschland leider nicht ausreichend unterstützt (vgl. Han 2018, S. 265 ff.).

Kurz zusammengefasst

Für eine gesunde Integration ist eine Identitätsarbeit im Sinne einer persönlichen Auseinandersetzung mit den verschiedenen Kulturen erforderlich.

3.1 Akkulturation

Nach der Ankunft muss ein Umgang mit dem Zusammentreffen der eigenen Herkunftskultur (Erst-Kultur) und der neuen Kultur (Kontakt-Kultur) gefunden werden. Infolge von Überforderung oder auch als Abwehrmechanismen gegenüber dem Fremden können in dieser Phase vermehrt kulturelle Konflikte entstehen. Anhaltende innerliche Ambivalenzen und Zerwürfnisse, Gefühle der Verunsicherung, des Unwohl- oder Fremdseins, können zunächst die Folge sein (vgl. Walter/Adam 2000, S. 207), bis hin zu kultureller Verwirrung, Entfremdung und Isolation. Dies wird oft als „Kulturschock" bezeichnet. Psychische Beschwerden können sich hierdurch verstärken (vgl. Kizilhan 2013a, S. 19). Kommen belastende Lebensereignisse und weitere Herausforderungen hinzu, wie z. B. der Verlust von nahestehenden Menschen, unklare bzw. unsichere Zukunftsperspektiven, sprachliche Verständigungsprobleme oder finanzielle Krisen, kann dies die psychische Belastung weiter verstärken und wiederum die Anpassung und Integration im Aufnahmeland erschweren (vgl. Kizilhan/Bermejo 2009, S. 510 f.).

In der Literatur gibt es zur *Akkulturation,* also der Übernahme von Dispositionen und Verhaltensweisen einer bis dahin fremden Kultur (vgl. Esser 2018, S. 1), verschiedene theoretische Modelle. Eines der bekanntesten ist das Akkulturations-Stress-Modell von Berry (1990). Berry unterscheidet vier Strategien bzw. Orientierungen (Integration, Assimilation, Separation und Marginalisation), wie auf die Konfrontation der eigenen sozialen Identität mit den Gegebenheiten im Aufnahmeland reagiert werden kann. Bei den Akkulturationsorientierungen „Integration“ und „Assimilation“ sind die Handlungsoptionen des Individuums stärker auf die Aufnahmegesellschaft bezogen. Die Orientierung „Separation“ wiederum ist durch eine klare Abgrenzung zur Mehrheitsgesellschaft und die gleichzeitige Hinwendung zu Werten und Normen der Herkunftskultur, überwiegend repräsentiert durch die Eltern, gekennzeichnet. „Marginalisierung“ deutet wiederum auf eine teils willentliche, teils auch erzwungene Abgrenzung hin. Diese betrifft sowohl intra- als auch interethnische, religiöse und kulturelle Beziehungen. Es erfolgt eine Abwendung von der eigenen bzw. der elterlichen (Herkunfts-)Kultur und auch von mehrheitskulturellen Lebensentwürfen (Aufnahmekultur).

Berrys Modell ist nicht als etwas Statisches zu sehen. Wie der Akkulturationsprozess langfristig verläuft, wie die Vergangenheit verarbeitet und die neue

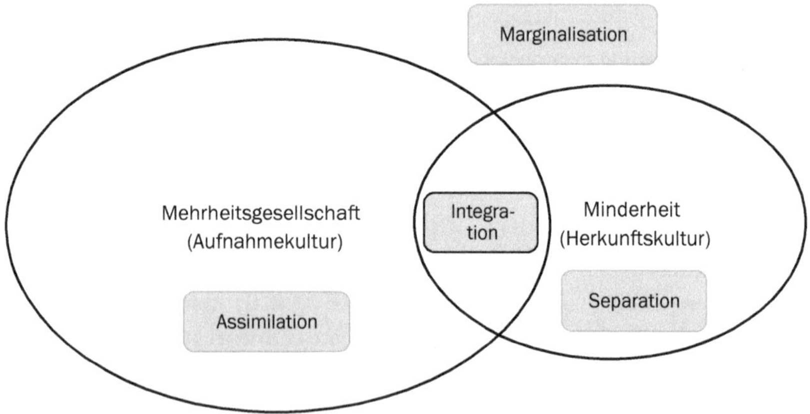

Abbildung 4: Strategien/Orientierungen der Akkulturation (nach Berry 1990)

Lebensphase gestaltet wird, hängt von der jeweils persönlichen Geschichte, von der Persönlichkeit und der Erziehung, von individuellen und kollektiven Bewältigungsmechanismen und -ressourcen, von Umweltfaktoren und der ökonomischen Situation sowie von den Nutzungsmöglichkeiten der sozialen Netzwerke ab (vgl. Kizilhan 2011a, S. 21). Auch während bzw. nach der Migration gemachte Erfahrungen, wie Diskriminierung, Ausgrenzung, Behinderung der Teilnahme am Gemeinschafts- und Arbeitsleben und an anderen Handlungsmöglichkeiten in der Aufnahmegesellschaft spielen mit eine Rolle dafür, ob und wie die Akkulturationsorientierung verläuft (vgl. Kizilhan/Bermejo 2009, S. 509). Der Akkulturationsprozess wird also nicht nur durch die zugewanderte Person, sondern auch durch die Aufnahmegesellschaft beeinflusst.

Der Akkulturationsprozess ist langwierig und kann auch noch die nachfolgenden Generationen betreffen. Für diese ist es manchmal schwierig, in den globalisierten, transkulturellen Lebenswelten das „Fremde“ und das „Eigene“ klar voneinander zu trennen und in ein Verhältnis zueinander zu setzen. Im Zuge des Migrationsprozesses lösen sich die herkunftsorientierten sozialen Netzwerke oft nach und nach auf. Dabei gehen häufig ausgebildete Identitäten partiell verloren und ortsunabhängige, transkulturelle und virtuelle Identitäten entwickeln sich. Eine Desorientierung durch den Mix aus deutschen und verschiedenen anderen kulturellen Werten, wie sie durch den Besuch von Schulen bzw. Klassen mit einem hohen Anteil an Kindern mit Zuwanderungsgeschichte verstärkt wird, kann sich auch in einer erhöhten Gewalttendenz der Kinder niederschlagen (vgl. Uslucan 2014, S. 312).

Kurz zusammengefasst

Die Reaktionen auf die Anforderungen der Akkulturation, also auf die Konfrontation der eigenen sozialen Identität mit den Gegebenheiten im Aufnahmeland, sind unterschiedlich und können für die Integration förderlich oder hinderlich sein.

Die Identitätsarbeit – dies umfasst die individuelle, die soziale und auch die kulturelle, ethnische und religiöse Identität (s. Kapitel 3.2) – ist auch für nachfolgende Generationen erforderlich.

Anregungen zur (Selbst-)Reflexion

- Welche Einflüsse (Menschen, Situationen, Gegebenheiten, …) haben Ihre Identität, wie sie momentan ist, geprägt?
- Gab es Momente oder Phasen, in denen Ihre Identität in Frage gestellt oder verunsichert wurde? Wie erging es Ihnen da? Was hat Ihnen dabei geholfen, sich wieder zu festigen?

3.2 Identitäten

Identität wird als eine Art Mittelstellung zwischen den innerpsychischen Strukturen einer Person („Ich-Struktur") und den äußeren Strukturen („Wir-Struktur") verstanden, also zwischen den ureigenen Bedürfnissen, Ich-Konflikten, Emotionen und Kognitionen auf der einen Seite und den durch den Sozialisationsprozess übernommenen kulturellen Vorgaben von Normen, Ethik, Moral und sozialen Rollen auf der anderen Seite.

Die individuelle Identität eines Menschen ist somit durch die soziale, kulturelle, ethnische und religiöse Identität mitgeprägt.

3.2.1 Die individuelle Identität

Jede Situation, die wir erleben, ist kulturell vorgeprägt. Und in jeder Situation stellt sich uns die Aufgabe, diese typisierten kulturellen Vorgaben mit unserer Individualität und Einzigartigkeit auszugestalten, um so eine eigene, *individuelle Identität* zu entwickeln. Anschaulich wird das z. B. bei der Kleidung. So ist es in Deutschland üblich, dass Männer Hosen tragen. Ob dies nun Lederhosen, Anzughosen, Jeans oder andere Hosen sind, sowie Farbe und Schnitt – das ist wiederum Ausdruck der individuellen Identität. Bei der Entwicklung einer individuellen Identität geht es also darum, ein Gleichgewicht zwischen einer nach innen, auf die eigene Person, gerichteten (internalen) und einer nach außen, auf das Umfeld, gerichteten (externalen) Identifikation zu finden und aufrechtzuerhalten. Besonders schwierig wird dies für eine Person, wenn sie sich entweder aufgrund von Migration oder durch eine multikulturelle Sozialisation unterschiedlichen, bisweilen entgegengesetzten externalen Erwartungen gegenübersieht, die im Laufe der Sozialisation dann verinnerlicht werden und somit z. B. auch nach der Migration noch präsent sind.

In dem beschriebenen grundsätzlichen Sinn ist die Herausbildung einer individuellen Identität unabhängig vom kulturellen Bezugssystem. Überall auf der Welt entwickeln Menschen eine individuelle Identität. Allerdings wurde beobachtet, dass vor allem Menschen aus familienorientierten Gesellschaften nach der Migration länger an ihrer Herkunftsidentität festhalten als Menschen aus individualistischen Gesellschaften. Dies verdeutlicht, dass der kulturelle bzw. gesellschaftliche Sozialisationshintergrund durchaus einen Einfluss auf die Identitätsentwicklung haben kann (Özbek 2006). Diesen zu verstehen kann für die Arbeit mit Menschen mit Migrationshintergrund sehr hilfreich sein.

Für Menschen aus kollektivistisch geprägten, familienorientierten Gesellschaften haben die äußeren Strukturen, wie z. B. die Großfamilie oder die Dorfgemeinschaft, eine größere Bedeutung für die individuelle Identität als die innerpsychischen Strukturen. Die einzelne Person wird immer in Verbindung zu den anderen gesehen und definiert sich selbst über die Beziehungen zu anderen. Konzepte über das Ich sind in diesen Kulturen nicht wie in westlichen Auffassungen individualistisch ausgerichtet, sondern auf die Zugehörigkeit zu einer Gemeinschaft. Dies zeigt sich z. B. in Gesprächen, wenn von „wir" gesprochen wird, auch wenn es nur um die erzählende Person selbst geht. Historisch betrachtet hat die starke Ausrichtung der individuellen Identität am Kollektiv verschiedene Gründe, z. B. dass die Bewahrung der gemeinschaftlichen Werte und Normen in der Vergangenheit wichtig war, um zu überleben, oder dass Ängste vor einem Identitätsverlust als religiöse oder ethnische Gruppe bestehen.

Die Kollision der kulturellen Vorgaben der Herkunftskultur mit denen der Residenzkultur und die vielen Widersprüche zwischen den beiden führen zu einer Kulturdisharmonie, die von den Betroffenen als eine psychische Zerrissenheit beschrieben wird und die auch als eine „Zerrissenheit" der individuellen Identität verstanden werden kann.

Kurz zusammengefasst

Die individuelle Identität bildet sich im Spannungsfeld zwischen externalen, kulturgeprägten Erwartungen und internaler Identifikation. Werden im Akkulturationsprozess oder auch bei einer transkulturellen Sozialisation die externalen Erwartungen als widersprüchlich erlebt, kann dies zu einer inneren Zerrissenheit führen, die durch Identitätsarbeit aufgearbeitet werden muss.

Besonders große Widersprüche erleben Menschen, die aus einer kollektivistisch-familienorientieren Gesellschaftsstruktur in eine individualistisch geprägte Gesellschaftsstruktur, wie sie in Deutschland besteht, zuwandern.

Anregungen zur (Selbst-)Reflexion

- Was, würden Sie sagen, macht Ihre individuelle Identität aus? Wo „spüren" Sie diese?
- Sind Sie in einer eher individualistischen, einer eher kollektivistischen oder in einer gemischten Gesellschaftsstruktur aufgewachsen? Woran machen Sie das fest?
- Wo könnten die beschriebenen kulturellen Widersprüche und die Zerrissenheit bei Ihrer Arbeit von Bedeutung sein?

3.2.2 Die soziale Identität

Im Zusammenhang mit der individuellen Identität ist auch der Blick auf die *„soziale Identität"*, wie sie z. B. Tajfel und Turner (1979) beschrieben haben, eine wichtige Grundlage, um interkulturelle Prozesse verstehen zu können. Durch sie lässt sich nachvollziehen, warum im Zuge der Akkulturation Abgrenzungen gegenüber der Residenzkultur auftreten können.

Die soziale Identität beeinflusst (auch in westlichen Gesellschaften) wesentlich die individuelle Selbsteinschätzung. Nach Tajfel (1982, S. 102) ergibt sich die soziale Identität aus der Zugehörigkeit zu unterschiedlichen sozialen Gruppen (Kategorien). Dabei können Menschen multiple soziale Identitäten gleichzeitig haben, d. h. sie gehören mehreren Gruppen bzw. Kategorien gleichzeitig an. So kann eine Person sowohl Mann als auch Migrant, Deutscher, Türke, Patient, Homosexueller, Veganer und Christ sein. Ob jemand einer Gruppe angehört, kann objektiv (z. B. die Zugehörigkeit zu einem Nationalstaat aufgrund der Staatsbürgerschaft) oder durch ein subjektives Zugehörigkeitsgefühl, das durch die Identifikation mit einer Gruppe entsteht (z. B. die Identifikation mit einer Fußballmannschaft), bestimmbar sein. Die soziale Identität einer Person ist keine Konstante (vgl. Gollwitzer/Schmitt 2009, S. 67), sondern verändert sich im Verlauf des Lebens immer wieder (z. B. von dem*der Schüler*in zum*r Auszubildenden).

Die Zugehörigkeit zu positiv besetzten Kategorien bzw. Gruppen mit hohem Status wirkt sich positiv auf den individuellen Selbstwert aus, negativ besetzte Kategorien bzw. Gruppen entsprechend negativ. Welche Gruppe einen hohen Status hat und was einen hohen Status ausmacht, richtet sich entweder nach gesellschaftlichen Rollenzuschreibungen und Gewinn-Verlust-Bilanzen (vgl. Gollwitzer/Schmitt 2009, S. 68) oder es werden Merkmale zum Vergleich herangezogen, die als positiv gelten und in denen die eigene Gruppe der Vergleichsgruppe überlegen ist. So kann im Vergleich eine Gruppe besonders stolz auf ihren materiellen Wohlstand sein, während eine andere, die materiell schwach ausgestattet ist, besonderen Wert auf ihre physische Stärke oder ihren engen familiären Zusammenhalt legt, da sie sich dort überlegen sieht. Hierbei geht es in erster Linie um die emotionale Befindlichkeit des bzw. der Kategorisierenden, eine objektive Einschätzung des Gegenübers ist irrelevant. Die Abwertung der Vergleichsgruppe kann ein Versuch sein, die eigene Gruppe aufzuwerten um dadurch auch die eigene (soziale) Identität zu stärken und eine positive Selbsteinschätzung aufrechtzuerhalten bzw. diese zu verbessern.

Wird die Kategorisierung anhand ethnischer Zugehörigkeit vorgenommen, spricht man von *Ethnozentrismus.* Hier wird die eigene Kultur als überlegen wahrgenommen bzw. Abweichungen von der eigenen Kultur werden als negativ empfunden.

Die Neigung, die Eigengruppe positiv und die Fremdgruppe negativ zu bewerten, führt dazu, dass die sozialen Gruppen versuchen, sich möglichst stark voneinander zu unterscheiden. In Zeiten, in denen kulturelle und nationale Grenzen immer stärker verschwimmen, können Abgrenzungsbestrebungen besonders stark werden. Dabei werden als Bewertungsmaßstäbe zunehmend ideelle Kategorien wie Werte und Einstellungen oder auch Religionszugehörigkeiten herangezogen.

In der Praxis lässt sich dies in der Tendenz einiger Gruppen zur Selbstethnisierung beobachten. Dies meint die Tendenz zur Abgrenzung von der deutschen und zur Identifikation mit der jeweiligen Herkunftsgesellschaft als Reaktion auf Abwertung in Form von Diskriminierung und Ausgrenzung von der deutschen Mehrheitsgesellschaft. Bozay (2010) beschreibt, dass bei vielen Jugendlichen mit Migrationshintergrund in Deutschland neben der Herkunftsregion die Religion ein wichtiger Bezugspunkt bei der Suche nach Zugehörigkeit und Identität darstellt, da sie ein Unterscheidungsmerkmal gegenüber der deutschen Mehrheitsgesellschaft ist.

Kurz zusammengefasst

Soziale Identitäten (eine Person kann mehrere gleichzeitig haben) beziehen sich auf die Zugehörigkeit zu einer sozialen Gruppe. Aus der Abgrenzung zu anderen sozialen Gruppen und der positiven Bewertung der eigenen Gruppe wird eine positive Selbstbewertung gezogen. Bei zugewanderten Menschen, die als solche abgewertet werden, kann die Zugehörigkeit zu einer nicht-deutschen Ethnie oder zu einer bestimmten Religion wichtig für das Selbstwertgefühl sein.

Anregungen zur (Selbst-)Reflexion

- Was sind Ihre eigenen sozialen Identitäten? (Zu welchen Gruppen fühlen Sie sich zugehörig? Welche Kategorien treffen auf Sie zu?)
- Wie bewerten Sie den gesellschaftlichen Status der jeweiligen Gruppen/Kategorien, denen Sie angehören? (Woraus schöpfen Sie Selbstwert? Was ist gesellschaftlich weniger anerkannt?)
- Wo nehmen Sie in Ihrem (Arbeits-)Alltag soziale Gruppenprozesse (z. B. Abgrenzung, Aufwertung der eigenen und Abwertung anderer Gruppen) wahr?
- Wenn Sie an Menschen mit Migrationshintergrund aus Ihrem Arbeitskontext denken, inwiefern könnten für diese soziale Identitäten und Gruppenprozesse eine Rolle spielen?

3.2.3 Die kulturelle, ethnische und religiöse Identität

In der Fülle der multiplen sozialen Identitäten, die Personen innehaben, kommt die *kulturelle Identität* in der transkulturellen Arbeit besonders zum Tragen. Sie bezeichnet die „ge- und erlebte Zugehörigkeit zu einer Kultur“ (Özbek 2006, S. 98). Gerade bei Menschen mit Zuwanderungsgeschichte ist diese nicht selten in Abgrenzung zur *ethnischen Identität* zu betrachten, welche „die Zugehörigkeit zu einer Abstammungstradition“ (Erdheim 1992, S. 730) beschreibt und von einigen Autor*innen auch als „Kernidentität“ bezeichnet wird. Die ethnische Identität stellt die Basis dar, von der aus die kulturelle Identität im Zuge der Migration durch die Begegnung und Auseinandersetzung mit anderen Kulturen herausgebildet wird.

Die kulturelle Identität hat die Funktion, dem Individuum Orientierung zu geben. Sie entsteht durch die Überlieferung von Traditionen als *kollektive Erinnerung* durch enge frühe Bezugspersonen sowie durch Modelllernen. Sie ist eng verknüpft mit der jeweiligen Sprache und geprägt durch die Region, in der die ethnische Gruppe lebt. Kollektive Erinnerung lässt sich nach Assmann (2018) in zwei verschiedene Ebenen des Erinnerns unterteilen: in kommunikatives und in kulturelles Erinnern.

Das *kommunikative Erinnern* ist an aktuelle und in jüngerer Zeit passierte Ereignisse gebunden. Es basiert auf Kommunikationsprozessen zwischen Gruppenmitgliedern, die diese Ereignisse (durch die Medien etc.) miterlebt haben. Diese Gemeinsamkeit im Erinnern legitimiert u. a. aktuelles politisches Bestreben und ist Orientierungshilfe im Alltag. Sie hält die Gruppe aktuell zusammen, vermag aber nicht die Existenz einer Gruppe zu begründen.

Beispiele für Ereignisse aus dem kommunikativen Gedächtnis Deutschlands sind die Massaker von Erfurt im April 2002[2] oder Winnenden im März 2009[3]. Als Teil der deutschen Gesellschaft wissen wir, je nach Alter, um das Geschehene und durch das Kommunizieren darüber orientieren wir uns. Wir suchen nach möglichen Gründen und versuchen unser Zusammenleben zu verändern, damit so etwas nicht wieder geschieht. Es hat sich daraus jedoch kein gesamtgesellschaftliches Ritual ergeben, durch welches die Erinnerung an diese Tage auch für die nachkommenden Generationen wachgehalten wird. Auch haben diese Ereignisse keine so tiefgehende Bedeutung, dass sich spätere Generationen darauf berufen werden, um den Charakter ihrer Gruppe zu begründen.

Das *kulturelle Erinnern* umfasst hingegen die fundierte Vergegenwärtigung des Vergangenen. Es bezieht sich auf Fixpunkte der kollektiven Vergangenheit, die nicht mehr in den einzelnen Biografien verortet werden können, da sie sich vor deren Lebenszeit abspielten. Diese Ereignisse werden in einen kulturellen Rahmen projiziert, sei es in Symbolen, Riten, Mythen, Tänzen, Kleidung, Schmuck, Architektur, Zeichensysteme aller Art etc. Ein Beispiel dafür ist der deutsche Nationalfeiertag, der auch später geborene Generationen jedes Jahr an die Wiedervereinigung erinnert. Das Erinnern wird hier institutionalisiert, die Kommunikation über Vergangenheit zeremonialisiert. Die historischen Ereignisse, also die faktische Geschichte, wird in erinnerte Geschichte und damit in Mythos transformiert. Diese Form von Erinnerung ist Identifikationshilfe und dient der Sinngebung. Das kulturelle Gedächtnis kann als ausgelagerte Erinnerung gesehen werden, die nicht an das Individuum gebunden ist. Der Trä-

2 Im April 2002 erschoss ein 19-Jähriger an seinem früheren Gymnasium in Erfurt 16 Menschen und anschließend sich selbst.

3 Im März 2009 geschah ein zweiter Amoklauf, ein 17-jähriger ehemaliger Schüler erschoss an der Albertville-Realschule in Winnenden 15 Menschen und nahm sich anschließend selbst das Leben.

ger ist die Gemeinschaft, die einzelnen Mitglieder eignen sich die Erinnerung während des Sozialisationsprozesses an.

Im kommunikativen Gedächtnis ergibt sich der Inhalt aus dem Austausch über Vergangenheitsereignisse. Im kulturellen Gedächtnis werden Aspekte des Gestern gespeichert, die als für die Gemeinschaft von fortwährendem Belang definiert werden, also der Sinnstiftung und Identitätsfundierung dienen. Der Kultur werden die Aufgabe und das Potenzial zugeschrieben, die verbindende Kraft innerhalb einer Gemeinschaft zu sein. Sie ist das Element, welches eine Identität der Gemeinschaft konstruiert; eine Identität, die einen gemeinsamen Erfahrungs-, Erwartungs- und Handlungsraum entstehen lässt.

Häufig identifizieren sich Menschen auch noch nach Jahrzehnten in einem anderen Land und trotz eines sehr guten Sprach- und Integrationsniveaus mit den kulturellen Werten und Erinnerungen des Herkunftslandes, d. h. mit der Kultur ihrer Vorfahren. Bei Menschen, die fern von ihrem Herkunftsort und ihrer ethnischen Gruppe leben und die versuchen, ihren Kindern die Werte und Normvorstellungen des Gastlandes zu vermitteln, lassen sich gewisse Formen von Brüchen in der ethnischen Identität finden.

Menschen können auch mehreren kulturellen Gruppen angehören und somit unterschiedliche kulturelle Identitäten besitzen, die situationsabhängig angenommen werden. Eine häufige Unterform ist die *bikulturelle Identität* (vgl. Benet-Martinez/Haritatos 2005, S. 1016). Hierbei ordnen sich Personen nicht einer einzigen Kultur zu, sondern fühlen sich in zwei Kulturkreisen beheimatet. In der Literatur wird eine bikulturelle Identität sowohl als Ressource als auch als Stressor beschrieben. Ein positiver Aspekt liegt in der Fähigkeit zum „cultural frame switching“ (Benet-Martinez/Haritatos 2005, S. 1020). Hierunter versteht man die Fähigkeit von Personen, ihr Verhalten an den jeweiligen äußeren kulturellen Bezugsrahmen („cultural frame“) anzupassen und sich erwartungsgemäß zu verhalten. So ist es beispielsweise der zweiten oder dritten Generation häufig konfliktfrei möglich, sich im familiären Umfeld entsprechend der Normen einer traditionellen oder kollektivistisch orientierten Herkunftskultur zu verhalten, jedoch im öffentlichen Leben mit großer Selbstverständlichkeit nach den Wertmaßstäben und Erwartungen der Aufnahmekultur zu handeln (Lersner/Baschin/Heinze 2011).

Diese Fähigkeit wird zum Stressor, wenn das soziale Umfeld ihnen diesen Wechsel nicht zugesteht und eine eindeutige Verortung abverlangt (Lersner/Baschin/Heinze 2011). Dieses Phänomen lässt sich besonders häufig bei Jugendlichen der zweiten Generation beobachten. Ein Konflikt kann dadurch entstehen, dass beide kulturellen Bezugsgruppen die Unterordnung des oder der Jugendlichen unter die in der Gruppe herrschenden Normen erwarten und der oder die Jugendliche neben dem eigenen Wunsch nach Abgrenzung zum Zwecke der Individuation zusätzlich den Forderungen zweier Gruppen gegenübersteht.

Eine neue Unterform der kulturellen Identität ist die *transkulturelle Identität.* Sie trägt der Tatsache Rechnung, dass Menschen aufgrund der fortschreitenden Globalisierung in allen Lebensbereichen selten mit nur einer oder zwei Kulturen in Kontakt kommen. Dies zeigt sich in Musik, Film, Sprache, Küche, Mode, Reisen etc., die den Alltag in einer globalisierten Welt sehr vielfältig gestalten. Transkulturell geprägte Menschen bezeichnen ihre kulturelle Zugehörigkeit häufig als „dritten Raum", der keine Zuordnung zu einer bestimmten ethnischen oder kulturellen Identität verlangt, sondern sich gerade durch die Aufhebung und Durchdringung dieser Grenzen kennzeichnet (vgl. Özbek 2006, S. 108f.).

Kurz zusammengefasst

Kultur und auch kulturelle Identität sind, infolge von Migration, aber auch Globalisierung, nicht mehr selbstverständlich, sondern bedürfen der „Identitätsarbeit" (vgl. Özbek 2006, S. 107), der persönlichen Auseinandersetzung und Identifikation mit kulturellen Werten, Praktiken und Zugehörigkeiten.

Anregungen zur (Selbst-)Reflexion

- Wie würden Sie Ihre eigene kulturelle Identität beschreiben?
- Welche Formen kultureller Identität haben die Menschen mit Zuwanderungsgeschichte, mit denen Sie arbeiten?
- Inwiefern unterstützen Sie diese in Ihrer Arbeitspraxis bei der Erarbeitung einer transkulturellen Identität?

3.3 Identitätsarbeit in der Praxis – die Salutogene Narration

Es gibt viele unterschiedliche Methoden und Ansätze, die Identitätsarbeit von Menschen mit Zuwanderungsgeschichte zu unterstützen. Ein Ansatz, der sich in der Traumatherapie mit zugewanderten und geflüchteten Menschen bewährt hat und der hilfreiche Aspekte für die Identitäts- und Biografiearbeit in anderen sozialen Arbeitsfeldern bietet, ist die „Salutogene Narration". Grundlage der Salutogenen Narration ist das Modell der Salutogenese.

3.3.1 Salutogenese und Kohärenzgefühl

Das Modell der Salutogenese geht auf Antonovsky (1997) zurück, der damit die Entstehung und Aufrechterhaltung von Gesundheit trotz auftretenden Belastungen erklärte (vgl. Bengel/Strittmatter/Willmann 2001, S. 9). Gesundheit wird hierbei nicht als Zustand, sondern als Prozess betrachtet, der durch dynamische Wechselwirkungen mit unterschiedlichen Faktoren beeinflusst wird.

Ein zentraler gesundheitsfördernder Faktor im Modell ist das Kohärenzgefühl („sense of coherence"). Dabei handelt es sich um das Einstellungsmuster bzw. die Grundhaltung, dass die Welt, wie sie erlebt wird, „stimmig" und „zusammenhängend" ist. Für das Kohärenzgefühl sind nach Antonovsky (1997) drei Komponenten wichtig, „Verstehbarkeit", „Handhabbarkeit" und „Sinnhaftigkeit". Für die Entwicklung von „Verstehbarkeit" sind z. B. bei Menschen mit Migrationserfahrung vor allem konsistente Erfahrungen aus dem Herkunftsland und im Aufnahmeland nötig. Für die Komponente „Handhabbarkeit" bedarf es Erlebnisse, die die eigenen Ressourcen verdeutlichen, während „Sinnhaftigkeit" durch Erfahrungen (auch durch die Art und Weise der Sozialisation) gefördert wird, die eine wirksame Einflussnahme der Person auf ihre Gesundheits- bzw. Lebenssituation erlauben.

Die drei Komponenten stehen in engem Zusammenhang mit den individuellen und kulturellen Lebenserfahrungen und der daraus „gewobenen" Lebensgeschichte eines Menschen. Die Lebensgeschichte, die die Basis für die eigene Identität darstellt, ist nichts Starres, Festgelegtes. Der Bezug zur Vergangenheit ist durch neue Erlebnisse und neu gefundene Perspektiven immer wieder veränderbar, ein stimmiges Gesamtbild der eigenen Geschichte muss immer wieder neu gefunden bzw. erarbeitet werden.

> „Damit Menschen sich als mit sich identisch erfahren können, während ihr Leben voranschreitet, müssen sie ihre Geschichten immer wieder revidieren, inhaltliche Kontinuität immer wieder neu herstellen, denn diese erwächst nicht einfach aus der chronologischen Abfolge von Ereignissen; (Ereignisse konstituieren sich nämlich nicht einfach von selbst, sondern werden unter Umständen [...] rückblickend als solche konstruiert und definiert)." (Keller 1996, S. 51)

Der Wunsch und Drang nach einer positiven oder einigermaßen stabilen Identität führt die Menschen dazu, negative und belastende Ereignisse als einen Strang in die eigene Geschichte zu integrieren, in dem z. B. aus dem Negativen das Positive hervorgehoben wird. „Ich habe aus diesem Ereignis sehr viel gelernt. Ich weiß jetzt, wie wertvoll das Leben ist und dass man jeden Tag etwas dafür tun muss", berichtet bspw. ein traumatisierter Soldat, der an Kriegshandlungen teilgenommen hat. Nicht immer gelingt dies jedoch ohne Hilfe. Eine fehlende Konsistenz in Bezug auf die eigene Lebensgeschichte kann die Gesundheit und auch die Lebensqualität sehr beeinträchtigen.

Fallbeispiel

Der 28-jährige T. berichtet: „Ich möchte einfach alles vergessen. Ich kann es aber nicht. Es ist so, als würde mich jemand festhalten und zwingen, mich zu erinnern. Dabei geht jeder Tag verloren. Es sind schon zehn Jahre her, aber es kommt mir vor, als sei es gestern gewesen. Und wie diese zehn Jahre vergangen sind, was ich gemacht habe, weiß ich eigentlich nicht. Ich würde gerne alles vergessen und mich wieder freuen, Kontakte knüpfen und wieder normal sein. Ich kann es aber nicht."

Praxistipp

Der Akkulturationsprozess und weitere psychische Belastungen, wie z. B. traumatisierende Erfahrungen, können bei Menschen mit Zuwanderungsgeschichte die Entwicklung eines Kohärenzgefühls und einer stabilen Ich-Identität sehr erschweren. Identitätsarbeit anhand der Salutogenen Narration, also durch Erzählung, kann hier sehr hilfreich sein und Betroffene darin unterstützen, sich dieses Gefühl der Stimmigkeit der bisherigen Lebensereignisse und -geschichte zu erarbeiten. Die Salutogene Narration setzt die Überzeugung voraus, dass Menschen die Kraft und die Fähigkeiten haben, Konflikte und Belastungen zu bewältigen, und sie bereit sind, daran zu wachsen.

3.3.2 Narration als Spiegelung der Lebensphasen

Die Arbeit in sozialen Berufen hat u. a. Narrationen, also Erzählungen, von menschlicher Not und ihre Bewältigung zum Gegenstand. Ihr Ausgangspunkt sind Lebensprobleme, die in relevante innere und äußere Zusammenhänge eingebettet sind, in biologische, biografische, soziale, religiöse und gesellschaftliche Kontexte. Die erzählte eigene Lebensgeschichte ist dabei nicht objektiv und unveränderbar, sondern sie wird sozusagen durch die Erzählung selbst konstruiert, immer gefärbt durch aktuelle und vergangene Bedeutungen.

Hilfesuchende befinden sich oft in einem Zustand der Unsicherheit, Orientierungslosigkeit und in einem Gefühl, nicht mehr im Leben zurechtzukommen. Für eine Lösung ist es oft hilfreich, zunächst einzelne Schritte ihrer persönlichen Entwicklung und ihre Lebensereignisse zurückzuverfolgen. Ihre Geschichte mit den vielen Teilgeschichten, die sich möglicherweise aufeinander beziehen, die in der Erinnerung verschwinden und plötzlich wieder auftauchen, kann durch eine Erzählung sichtbar werden, für die Fachkraft, aber auch für die hilfesuchende Person selbst. Die narrative Biografie- und Identitätsarbeit hält der erzählenden Person sozusagen ihre gesamte Lebensentwicklung als einen „Spiegel" vor (vgl. Gusman et al. 2001, S. 448 ff.), als etwas, das „von außen" betrachtet werden kann. Dies ermöglicht der betroffenen Person, die eigene Lebenslinie als ein Ganzes zu verstehen, die möglicherweise entstandenen „fließenden Lücken" in Worte zu fassen und für diesen Zustand der unverarbeiteten Ereignisse in der Vergangenheit Gefühle zu entwickeln und zu benennen, mit denen umgegangen werden kann (vgl. Kizilhan 2009, S. 73). Solche „fließenden Lücken" können unterschiedliche Ursachen haben. Es kann vorkommen, dass belastende Ereignisse aus der Kindheit nicht (als Fakten) erinnert werden, diese aber auf emotionaler Ebene einen Menschen sein ganzes Leben begleiten. Dann besteht keine Möglichkeit, die vorhandenen Emotionen dem Ereignis zuzuordnen und dadurch verstehbar zu machen. Es kann auch vorkommen, dass in Gemeinschaften bestimmte Themen tabuisiert werden und dies auf emotionaler Ebene an nachfolgende Generationen weitergegeben wird, ohne eine Erklärung. So werden bestimmte Verhaltensweisen oder z. B. Kontakte zu „Fremden" verboten, ohne eine nachvollziehbare Begründung dafür. Solche Tabuisierungen führen zu Sprachlosigkeit. Fehlende Erklärungen werden insbesondere von Kindern durch (negative) Fantasien ersetzt.

Die Geschichten spiegeln vergangene Ereignisse nicht auf direktem Weg wider, weil unser Leben zwar nach vorn gerichtet ist, wir es aber erst rückwärtsgerichtet begreifen. Die Geschichten erzählen nicht, was tatsächlich passiert ist, sondern vielmehr, wie die betroffene Person dies im Kontext des Hilfesettings rekonstruiert. In der Rolle als Autor*in einer neuen Lebensgeschichte wird die Person in die Lage versetzt, neue Situationen einzuschätzen und zu kontrollieren, aber auch sie im Sinne des Kohärenzgefühls verstehbar zu machen, sie zu handhaben und ihr einen Sinn zu verleihen. Der offene Raum zum Erzählen erlaubt der erzählenden Person, auf ihre ganz persönliche Art und Weise Stressoren, Krankheit und Konflikte sowie aus der eigenen Kultur bekannte Ressourcen zur Gesundung zur Sprache zu bringen und zu reflektieren. Dadurch können Ziele und Lösungsansätze sichtbar bzw. neu entwickelt werden. Manchmal reicht es auch schon aus, negative Narrationen positiv zu rekonstruieren bzw. zu „reframen", was sehr kraftvoll sein kann.

Fallbeispiel

Der Jugendliche A. erzählt davon, dass er in seiner Kindheit in Kasachstan seinen Vater immer bei der Feldarbeit begleitet hatte. Einmal war der Vater allein aufs Feld gegangen. Genau an diesem Tag hatte dieser einen tödlichen Traktorunfall. Im Gespräch wird deutlich, dass sich A. Vorwürfe macht, weil er ausgerechnet an diesem Tag nicht bei seinem Vater gewesen war und den Unfall nicht verhindern oder seinem Vater helfen konnte. Im weiteren Verlauf des Gesprächs kann A. die Perspektive entwickeln, dass sein Vater möglicherweise eine Vorahnung hatte und ihn absichtlich nicht mitnehmen wollte, um ihn als Kind zu schützen. Ihm wird klar, dass sein Vater nicht gewollt hätte, dass ihm etwas passiert oder dass er den Unfall mit anschauen muss. Diese neue Sichtweise bringt für A. eine enorme Entlastung mit sich. Er weiß nun, dass sein Vater, auch nach seinem Tod, hinter ihm steht und beginnt, sich für seine Berufsausbildung und auch andere Lebensbereiche zu engagieren und Verantwortung zu übernehmen.

Der Fokus der Salutogenen Narration liegt auf der Selbstregulation, also auf der Fähigkeit der hilfesuchenden Person, durch Eigenaktivität (eigenes Erzählen und Entwickeln von neuen Perspektiven und Lösungsansätzen) Wohlbefinden in stimmiger Verbundenheit herzustellen. In diesem Zusammenhang wird in der Literatur auch von der Fähigkeit zur narrativen Kohärenz- oder Stimmigkeitsregulation gesprochen. Die hilfesuchende Person erfährt durch das Erzählen, dass die Ich-Identität veränderbar ist, und kann somit selbst eine integrative und kohärente Identität entwickeln. Dabei ist darauf zu achten, dass die gesamte Lebensgeschichte erzählt wird und nicht nur eine bestimmte Phase des Lebens. Sonst entstehen ein Verlust der anderen erzählbaren Lebensphasen sowie die Zentrierung auf nur eine Lebensphase, mit der Gefahr einer Verstärkung und/oder Verharrung in dieser Zeitschleife, z. B. wenn nur die Lebensphasen während und nach der (Flucht-)Migration erzählt werden, ohne die Zeit davor, z. B. die Kindheit im Herkunftsland, zu berücksichtigen.

Die Fachkraft erfährt durch die Narration von der inneren und äußeren Welt der erzählenden Person. Ihre Aufgabe ist es, die erzählende Person in mitdenkender und empathischer Resonanz zu begleiten.

Praxistipp

Die Salutogene Narration ermöglicht es der erzählenden Person, auf die Art und Weise zu erzählen, die sie aus ihrer Sozialisation gewohnt ist (Tonkin 1995). Bisher möglicherweise nicht ausreichend reflektierte kollektive und individuelle Ereignisse können dadurch rekonstruiert werden. Die Narration führt dabei zu einem Verstehen der Ereignisse und damit auch zur Handbarkeit der bisher erlebten Gefühle wie z. B. Ratlosigkeit, Unverständnis oder Verlust. Durch die Sinn- und Bedeutungsgebung vergangener Ereignisse werden neue salutogene Perspektiven für das zukünftige Leben ermöglicht.

3.3.3 Bedeutung von Kultur und Sozialisation für die Narration

Die Basis des Ansatzes der Salutogenen Narration ist die durch Kultur und Sozialisation gegebene Kraft des Erzählens und Heilens. In traditionellen Gesellschaften ist Geschichtenerzählen (Narration) ein vertrautes psychologisches Hilfsmittel (Pennebaker 1997), das bereits den Mayas vertraut war und z. B. bei Menschen aus dem Orient oder in manchen afrikanischen Gesellschaften auch heute im Alltag noch angewendet wird.

Bei der Arbeit mit Menschen mit Migrationsgeschichte ist zu berücksichtigen, dass die Art und Weise des Erzählens stark kulturell geprägt ist (wie auch die Art und Weise der Erinnerung als Grundlage der Erzählung). Die in einer Gesellschaft üblichen Erzählformen bestimmen, wie die eigene Lebensgeschichte erzählt wird und auch welche Bedeutung den einzelnen Elementen zukommt. So unterscheiden sich bspw. Erzählstruktur und Zeiterleben in den verschiedenen Gesellschaften (vgl. Lucius-Hoene/Deppermann 2004, S. 42 f.). Auch die Sprache ist durchsetzt mit kulturell geprägten Bedeutungen und Werten, auch mit Wertvorstellungen aus der Vergangenheit, die durch sie in der Gegenwart sichtbar werden (im Deutschen z. B. kann etwas „getürkt“ sein).

Bei Menschen aus kollektivistischen, gemeinschaftsbezogenen Gesellschaftsstrukturen (s. Kapitel 4.3) kann die Familien-, Stammes- oder Gesellschaftsgeschichte ein wichtiges Element der Erzählung sein (Kizilhan 2010a). Mögliche kollektive, über Generationen hinweg entstandene Traumata oder andere wichtige Ereignisse werden oft in die Erzählung mit einbezogen. Durch die Salutogene Narration lernen die Betroffenen eine „Erzählfunktion“ zu entwickeln und Zusammenhänge zwischen den eigenen Erlebnissen und z. B. denen der eigenen Familie oder des Kollektivs zu erkennen, was im Idealfall das Kohärenzgefühl stärkt.

Fallbeispiel

Herr B. ist aus Afghanistan geflüchtet und hat zahlreiche traumatische Belastungen im Herkunftsland und auf der Flucht erlebt. In einem Beratungsgespräch wird Herr B. gebeten, über seine Belastungen und aktuellen Beschwerden zu berichten. Herr B. beginnt das Gespräch damit, über seinen Urgroßvater und dessen Leben zu erzählen. Aus Sicht der Fachkraft erzählt Herr B. zu lange über Dinge, die mit seiner jetzigen Situation in keinem Zusammenhang stehen, daher bittet sie ihn, „auf den Punkt“ zu kommen und nicht die „Geschichten seiner Familie“ lang und ausführlich zu erzählen. Herr B. fühlt sich gekränkt und möchte die Beratung abbrechen. Aus seiner Sicht hängt die Fluchtgeschichte seiner Familie, die mit seinem Urgroßvater begonnen hat, eng mit seiner eigenen Flucht und seinen Problemen in Afghanistan zusammen.

Erst als Herr B. „seine ganze Geschichte“ erzählt, erkennt die Fachkraft das „große Bild“, das sich auf die aktuellen Belastungen, Ängste und Sorgen, im Sinne eines Erklärungsmodells für die Beschwerden, bezieht.

Praxistipp

Das Verständnis der erzählten Lebensgeschichten kann eine Herausforderung darstellen, da die Geschichten eng mit der Kultur und der Sozialisation der erzählenden Person verknüpft sind und nicht immer der Codierung der zuhörenden Fachkraft entsprechen. In der Salutogenen Narration werden insbesondere kulturspezifische Unterschiede bei der Art der Erinnerung, der Art und Weise zu erzählen und dem Umgang mit Belastungen deutlich. Durch Neugier, Verständnis und Nachfragen werden diese Codierungen im Hilfeprozess aufgelöst und eine transkulturelle Arbeit in verschiedenen kulturellen Welten entwickelt sich.

3.3.4 Vorgehensweise

Bei der Biografie- und Identitätsarbeit anhand der Salutogenen Narration kann in folgenden Schritten vorgegangen werden:

Schritt 1: Beratungsgespräch und Anamnese

Schritt 2: Edukation und Einleitung der Narration (Die hilfesuchende Person wird über die Methode und Bedeutung der Biografiearbeit informiert.)

Schritt 3: Narration (Die Fachkraft leitet die Phasen ein und analysiert zugleich die Narration; werden Themen bei der ersten Narration nur oberflächlich erwähnt, kann die Fachkraft bei einer weiteren Narration ein genaueres Einsteigen in diese anregen):

a) *erste Phase der Narration* (z. B. Leben vor der Migration, Leben in der Kindheit etc.)
b) *zweite Phase der Narration* (z. B. Leben in der Migration und Anpassungsprozess, Leben in der Jugendzeit, belastende Ereignisse etc.)
c) *dritte Phase der Narration* (Leben in der Migration nach dem Anpassungsprozess, Leben im Erwachsenenalter, Familie, Kinder, Leben nach einem möglichen belastenden Ereignis, unter anderem auch Thematisierung von psychosozialen Belastungen, Alltagsbewältigung, Zukunftsplänen etc.)

Schritt 4: Wenn notwendig, dann sollten auch generationsübergreifende und kollektive Ereignisse bzw. Traumata in der Narration berücksichtigt werden, z. B. Vertreibung oder (Flucht-)Migration der Eltern oder Großeltern.

Schritt 5: Abschlussgespräch

Für die Integration der verschiedenen Lebensphasen durch die Narration kann die Vorstellung eines dreiteiligen „Spiegels", ähnlich einem Spiegelschrank im Bad, hilfreich sein. Jeder Spiegelteil steht für eine Phase der Lebensgeschichte, wie sie oben erläutert wurden, und spiegelt sich in den anderen Spiegelteilen bzw. Lebensphasen wider. Diese Grundidee, die hier unter kultursensitiven Aspekten erweitert wurde, wurde von Gusman et al. (2001, S. 449) als *„Three Way Mirror"* entwickelt. Die erzählende Person (erlebtes Selbst) soll hierbei eine Position ähnlich der „Bildschirmtechnik" (vgl. Reddemann/Dehner-Rau 2006, S. 82) einnehmen und versuchen, die Lebensereignisse so zu rekonstruieren, als würde er bzw. sie diese im Augenblick erleben (s. Abbildung 5).

Die Erzählung erfolgt in der Ich-Form und so detailliert wie möglich. Fällt es einer Person schwer, über bestimmte Ereignisse, z. B. traumatische oder

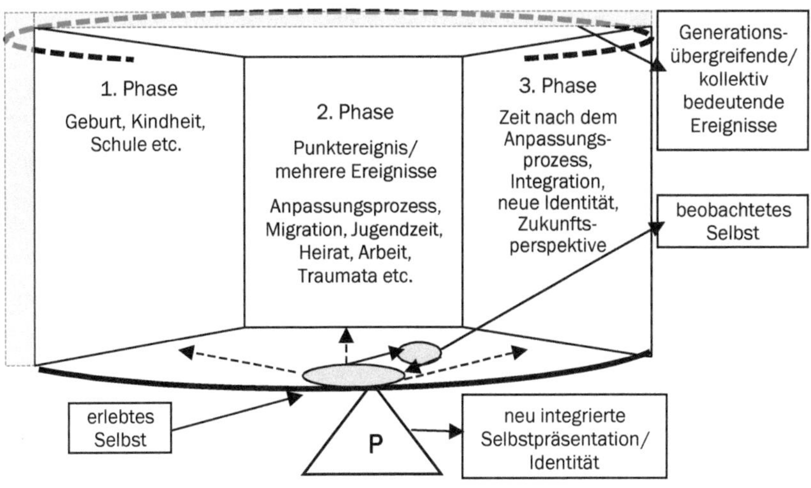

Abbildung 5: Spiegelung der Lebensphasen (Kizilhan 2013b, S. 129, nach Gusman et al. 2001, S. 449)

schambesetze Erlebnisse, zu erzählen, soll die Position eines „beobachteten Selbst" eingenommen und versucht werden, die Ereignisse zunächst als „Rohdaten" oder „Fakten" ohne ein emotionales Erleben zu erzählen. Die Erzählung kann hier auch in der „Wir-Form" oder in der dritten Person erfolgen. Danach sollen die Ereignisse erneut, diesmal mit den notwendigen und dazugehörenden Emotionen, erzählt werden. Das Ziel ist es, durch die beiden Positionen, „erlebtes" und „beobachtetes Selbst", die brüchige Identität als Folge von traumatischen Erlebnissen und belastenden und ungelösten innerpsychischen Konflikte, neu zu integrieren. Dabei sind, wie oben beschrieben, mögliche generationsübergreifende und kollektive Ereignisse (Familiengeheimnisse, Traumata etc.) in der Narration mit zu berücksichtigen. So kann es durchaus vorkommen, dass eine Narration nicht bei der Geburt, sondern mit den Erlebnissen und Geschichten der Vorfahren beginnt, dass die bereits vorhandenen Ereignisse vor der Geburt in vieler Hinsicht das Verhalten, Empfinden und Denken beeinflussen und dass auf der Grundlage dieser Sozialisation auch die selbst erlebten Ereignisse interpretiert werden und entsprechend versucht wird, damit umzugehen (z. B. Fluchtgeschichte seit drei Generationen, Genozide, Migration und Leben der Großfamilie in verschiedenen Ländern).

Wichtig ist, dass die Entscheidung, von belastenden Erlebnissen zu erzählen, von der betroffenen Person selbst getroffen wird. In der Regel wird zunächst nur wenig über belastende oder schambehaftete Ereignisse erzählt, was jedoch bereits als ein großer Fortschritt zu werten ist. Unter Einhaltung der beschriebenen Vorgehensweise und bei zunehmendem Vertrauen wird die hilfesuchende Person neben den Geschichten auch zunehmend mehr die belastenden Emotionen zur Sprache bringen. Durch das Erzählen soll die Person wieder lernen, sich mitzuteilen, und in einen Erzählfluss gebracht werden. Dabei können Ereignisse aus der ersten Phase (Geburt, Kindheit, Schule etc.) eine stabilisierende Funktion einnehmen und als Übungsgegenstand angesehen werden, um das Erzählen (wieder) zu lernen.

Praxistipp

Es kann vorkommen, dass Menschen mit Migrationsgeschichte erst einmal erstaunt sind, wenn sie aufgefordert werden, von ihrem Leben zu erzählen, weil sie es bisher nicht gewohnt waren, dass eine Fachkraft, die oft als Autorität wahrgenommen wird, bereit ist, ihnen zuzuhören. Das aufrichtige Interesse am Leben der betroffenen Person wird meist als erhebliche Wertschätzung und Achtung wahrgenommen.

Erzählungen von belastenden Erlebnissen und Gefühlen können auch für die zuhörende Fachkraft belastend wirken. Daher sollte auch die Selbstfürsorge (s. Kapitel 11) im Blick behalten werden.

3.3.5 Im Gruppensetting

Die im vorherigen Kapitel genannten Schritte 3 und 4 können auch im Gruppensetting, als Gruppennarration, erfolgen. Eine Gruppennarration, das Einverständnis der Teilnehmer*innen und eine ausreichende Teilnehmer*innenzahl (empfehlenswert sind mindestens drei und maximal zwölf Teilnehmende) vorausgesetzt, ist oft sehr effektiv. Die Erzählungen führen in der Gruppe zu gegenseitigem Verständnis, Solidarität und der Erkenntnis, nicht alleine ein solches Schicksal erlebt zu haben. Durch eine zunehmende Vertrautheit werden neue Beziehungserfahrungen ermöglicht, die das Kohärenzgefühl zusätzlich stärken können.

Manchmal gestaltet sich ein biografisches Erzählen im Gruppensetting als schwierig, wenn Teilnehmende zunächst zurückhaltend sind oder vielleicht aufgrund einer psychischen Erkrankung misstrauisch gegenüber anderen. In diesem Fall haben wir gute Erfahrungen damit gemacht, das Ganze spielerisch zu gestalten. Eine Möglichkeit dafür ist das Spiel „Mensch, erzähl von dir".

Mit dem Spiel „Mensch, erzähl von dir" können die Betroffenen ihr Leben neu entdecken und werden durch die Spielregeln etwas geleitet und geführt, was einigen dabei hilft, besser in den Erzählfluss zu kommen und die Atmosphäre auflockert. Das Spiel ist nach dem Prinzip von „Mensch ärgere dich nicht" aufgebaut. Jede*r der Teilnehmer*innen würfelt eine Zahl, bewegt seine bzw. ihre Figur entsprechend auf dem Spielbrett und erzählt dann über das Thema, das auf dem entsprechenden Feld genannt wird, z. B. „Jugendzeit". Zu jedem Bereich werden mindestens vier Fragen gemeinsam entwickelt, die dann beantwortet werden können. Dann kommt der bzw. die nächste an die Reihe, würfelt und erzählt ebenfalls. Das Spiel kann so bis zu zwei Stunden dauern und begeistert immer wieder die Teilnehmenden. Diese berichten oft, dass sie durch das Spiel beginnen, sich an Dinge zu erinnern, die für sie sehr lange verschlossen waren.

Ein ähnlich aufgebautes Spiel namens „Lebensreise" gibt es auf Deutsch mit 100 Fragekarten und kann im Fachhandel erworben werden.

Praxistipp

Die Durchführung einer Gruppennarration kann sehr fruchtbar und effektiv sein. Gleichzeitig ist es oft hilfreich, den Erzählfluss durch den Einsatz von spielerischen Methoden zu animieren.

4. Familiäre Beziehungen

Die Veränderungen, die der Migrations- und Akkulturationsprozess mit sich bringt, wirken sich auch auf das Familiengefüge und die familiären Beziehungen aus. Innerfamiliäre Belastungen und Spannungsfelder tauchen in der psychosozialen Arbeit mit Familien, aber auch mit Einzelnen, immer wieder direkt oder indirekt als Themen auf. Dabei kommen neben den migrationsspezifischen Aspekten auch unterschiedliche kulturell geprägte Vorstellungen und Bedeutungen von Familie und familiären Beziehungen zum Tragen. Diese herauszufinden und zu verstehen, ist eine wichtige Grundlage für die Arbeit in verschiedenen sozialen Berufen.

4.1 Veränderungen der Familienstruktur und -dynamik

Durch (Flucht-)Migration gewinnen viele Familien grundsätzlich an existentieller Sicherheit und Schutz, da sie nicht mehr unmittelbar von kriegerischen Auseinandersetzungen, Verfolgung, ethnischen, religiösen oder kulturellen Konflikten oder existentieller Armut bedroht sind (vgl. Kizilhan 2011a, S. 21; Medico International 2019). Gleichzeitig werden jedoch auch drastische Verluste in Bezug auf das familiäre und soziale Umfeld, auf den sozialen Status, auf Schule und Beruf und auf die gewohnte Umgebung und gewohnte Ordnungssysteme erlebt. Deren Bewältigung verlangt allen Familienmitgliedern, in unterschiedlicher Weise, sowie der Familie als gesamtes System einiges ab. Häufig sind Trauerprozesse und eine Neuorientierung notwendig (vgl. Plafky 2018, S. 545), wie in den Kapiteln 2 und 3 ausführlich beschrieben wurde.

4.1.1 Trennungen und Bindung

Die innerfamiliären Strukturen müssen sich nach einer (Flucht-)Migration oft neu finden. Viele geflüchtete bzw. zugewanderte Familien sind gekennzeichnet durch Fragmentierung und Trennung, besonders davon betroffen sind Geflüchtete. Ursachen dafür können bereits in den (Flucht-)Migrationsgründen liegen, wenn Familienmitglieder z. B. vertrieben, verschleppt, willkürlich inhaftiert oder ermordet wurden. Die Flucht selbst kann zu Trennungen führen, wenn unterschiedliche Fluchtwege sowie Transit- und Aufnahmemöglichkeiten genutzt werden müssen (vgl. Klett 2020, S. 37). Auch restriktive Regelungen zum Familiennachzug, die nur die Kernfamilienmitglieder und dies auch nur bei einem Teil der Schutzsuchenden berücksichtigen, haben zur Folge, dass familiäre Trennungen über lange Zeit bestehen bleiben. Trauer sowie die Sorge um die zurückgelassenen Familienmitglieder können eine große und dauerhafte Belastung darstellen, wie auch mögliche Schuldgefühle, weil man selbst überlebt hat und in Sicherheit und versorgt ist (vgl. Westphal/Motzek-Öz/Aden 2019, S. 254 ff.). Viele Menschen leiden nach der Migration unter ungelösten Trennungsängsten in Bezug auf die nächsten Familienangehörigen und die Großfamilie. Dies kann das Gefühl von Entfremdung und Isolation gegenüber der aufnehmenden Gesellschaft verstärken (vgl. Walter/Adam 2000, S. 186 f.).

Auch wenn getrennte Kinder und Eltern wieder zusammenkommen, kann die Bindung langfristig beeinträchtigt bleiben, je nachdem wie lange und in welchem Alter der Kinder die Trennung erfolgte. Die Beeinträchtigungen betreffen dabei sowohl die Kinder, die keine Bindung zu den leiblichen Eltern empfinden, als auch die Eltern, die die Trennung wie auch die fehlende Bindung vonseiten ihrer Kinder als Schmerz und Verlust erleben. Das Familienzusammenleben kann dauerhaft darunter leiden, ungelöste Konflikte bis hin zu häuslicher Gewalt können die Folge sein (Arnold 2016). Aus bindungstheoretischer Sicht bräuchten Menschen, die ungewollt nicht nur von für sie wichtigen Menschen, sondern auch von ihrem Zuhause und ihrem Besitz getrennt wurden, im Aufnahmeland einen „sicheren Hafen“, um physisches und emotionales Wohlbefinden und Stabilität wieder erreichen zu können (vgl. Arnold 2016, S. 98). In vielen Fällen ist dies durch die Rahmenbedingungen nicht gewährleistet.

Kurz zusammengefasst

Migration ist für Familien i. d. R. mit einer langfristigen Trennung von Familienmitgliedern verbunden. Dies kann zu innerfamiliären Belastungen führen, wie Sorge und Trauer, ungelöste Trennungsängste und Bindungsbeeinträchtigungen, was wiederum häufige familiäre Konflikte verursachen kann.

Anregungen zur (Selbst-)Reflexion

- Wenn Sie an die Menschen mit Migrationsgeschichte denken, mit denen Sie durch Ihre Arbeit in Kontakt sind, welche Bedeutung haben Bindungen und Trennungen für diese?
- Wie werden Trennungen und Verluste verarbeitet, welche Strategien, Rituale o. ä. erleben Sie hier als hilfreich für die Betroffenen?
- Wenn Sie mit Eltern arbeiten, welche Möglichkeiten sehen Sie, mit diesen das Thema Bindung zu besprechen?

4.1.2 Rollenverschiebung

Insbesondere bei Familien mit Fluchterfahrung kann nicht grundsätzlich von der für Deutschland klassischen Familienform der „Kernfamilie" (Mutter, Vater und leibliche Kinder) ausgegangen werden. Es gibt einen beträchtlichen Anteil an alleinerziehenden Familien und an Familien, in denen Verwandte oder ältere, volljährige Geschwister die Elternfunktion (nach deutschem Verständnis) übernehmen (vgl. Lechner/Huber 2017, S. 67). Die Erziehungsaufgaben müssen oft neu aufgeteilt bzw. zusätzlich übernommen werden, zumal in vielen Heimatländern das familiäre Leben durch die Großfamilie geprägt war. Die in Deutschland lebende Familie kann zudem, dies gilt gleichermaßen für freiwillig Zugewanderte, nicht unabhängig von den in anderen Ländern lebenden (Groß-)Familienmitgliedern betrachtet werden. Oftmals bestehen transnationale familiäre Beziehungen, die unterschiedlich intensiv gepflegt werden und auch einen unterschiedlich starken Einfluss, bspw. durch Verhaltenserwartungen auch im Bereich Erziehung, haben (vgl. Westphal/Motzek-Öz/Aden 2019, S. 256 ff.).

Angekommen in Deutschland verändern sich häufig die familiären Rollen (vgl. Walter/Adam 2003, S. 258). Kinder tragen oft von Beginn an viel Verantwortung und übernehmen Aufgaben der Eltern, wenn sie z. B. bei Behördengängen oder Arztbesuchen ihre Eltern durch Übersetzen unterstützen müssen. Dies kann zu *Parentifizierungseffekten* führen, die sich negativ auf die Entwicklung der Kinder (vgl. Berthold 2014, S. 33) wie auch auf das Verhältnis zwischen Eltern und Kinder auswirkt. Besonders stark sind die Parentifizierungseffekte, wenn die Eltern, oder ein Elternteil, traumatisiert und emotional nicht verfügbar sind (vgl. Westphal/Motzek-Öz/Aden 2019, S. 255). Insgesamt sind Kinder mit Fluchterfahrung „öfter auf sich alleine gestellt und müssen, zumindest in Teilbereichen ihres Lebens, viel erwachsener sein und reagieren, als dies [aus unserer westlichen Sicht] für ihr Alter angemessen ist" (Plafky 2018, S. 543). Andererseits werden dadurch Selbstwirksamkeit, Selbstständigkeit und Reife bei den Kindern gefördert, was sie resilienter machen kann bei der Bewältigung der Herausforderungen ihrer Lebenslage (vgl. Westphal/Motzek-Öz/Aden 2019, S. 255). Spüren die Kinder die Abhängigkeit und Unterlegenheit der Eltern, kann dies auch zu einem Gefühl von Macht und Überlegenheit der Kinder gegenüber den Eltern führen.

Kurz zusammengefasst

Oft müssen nach einer Migration die Erziehungsaufgaben neu verteilt werden, wenn nicht beide Elternteile oder weitere wichtige Bezugspersonen der Großfamilie gemeinsam migrieren. Gleichzeitig entstehen transnationale familiäre Beziehungen, die sich auch auf den Erziehungsalltag auswirken können. Übernehmen Kinder im Aufnahmeland elterliche Aufgaben, weil sie schneller in der neuen Umgebung zurechtkommen, kann dies zu Parentifizierungseffekten führen.

Anregungen zur (Selbst-)Reflexion

- Wenn Sie mit Eltern, Kindern oder Familien arbeiten, welche Möglichkeiten und Methoden nutzen Sie bereits oder könnten Sie nutzen, um etwas über die Familienstrukturen und -rollen zu erfahren bzw. um diese zu thematisieren? (Systemische Methoden können hier sehr hilfreich sein und auf den Kontext angepasst werden, z. B. Genogramm erstellen, Familienbilder mit Tieren malen lassen, Familie mit Figuren auf einer Weltkarte aufstellen lassen etc.)

4.1.3 Äußere Rahmenbedingungen

Neben den innerfamiliären Dynamiken haben auch die äußeren Bedingungen einen großen Einfluss auf das familiäre Zusammenleben und auf die Gestaltung der Beziehungen. Besonders die Lebensbedingungen von geflüchteten Familien sind nach der Ankunft in Deutschland stark geprägt durch die Aufnahmesituation (vgl. Plafky 2018, S. 545). Diese ist für die einzelnen Familien sehr unterschiedlich. Abhängig vom Einreisezeitpunkt, dem Herkunftsland, den Bleibeperspektiven sowie Ort und Art der Unterbringung unterscheiden sich die Möglichkeiten der medizinischen Versorgung, der Arbeitsaufnahme bzw. des Schulbesuchs und der eigenen Zubereitung von Essen sowie die Verweildauer in Gemeinschaftsunterkünften teilweise sehr (vgl. Lewek/Naber 2017, S. 8), und damit auch die Gestaltungs- und Bewältigungsmöglichkeiten für den Umgang mit den psychosozialen Belastungen bzw. dem Stress der Familien. Dies kann auch die innerfamiliären Beziehungen belasten und bis hin zu innerfamiliärer Gewalt führen. So weisen Studien (z. B. die Situationsanalyse zur „Gewalt in den Gemeinschaftsunterkünften für Asylsuchende im Land Brandenburg“ des Fachberatungsdienst Zuwanderung, Integration und Toleranz im Land Brandenburg o. J., S. 7) auf einen Zusammenhang zwischen einer länger andauernden „angespannten Situation“ in Gemeinschaftsunterkünften und der Häufigkeit von Gewalt, darunter auch familialer Gewalt, hin. Einen weiteren „äußeren Belastungsfaktor“ stellen insbesondere zu Beginn die vielen Abhängigkeiten dar, von gesetzlichen Regelungen, die sich immer wieder verändern, z. B. in Bezug auf die Bleibeperspektive oder den Familiennachzug. Zusätzlich sind Familien mit (Flucht-)Migrationserfahrung einem erhöhten Risiko verschiedener Formen von Diskriminierung ausgesetzt, sowohl in der Öffentlichkeit als auch institutionell und strukturell, z. B. bei der Arbeit bzw. Arbeitssuche, in der Schule oder beim Zugang zu Gütern und Dienstleistungen (vgl. Abdallah-Steinkopff 2018, 22 f.; vgl. Antidiskriminierungsstelle des Bundes 2016, S. 8).

Kurz zusammengefasst

Insbesondere bei geflüchteten Menschen sind zu Beginn die äußeren Rahmenbedingungen sehr durch Regelungen, Vorgaben und Abhängigkeiten geprägt und lassen wenig Gestaltungsmöglichkeiten. Hinzu kommen oft Rassismus- und Diskriminierungserfahrungen. Dies kann sich auch belastend auf die innerfamiliären Beziehungen auswirken.

Anregungen zur (Selbst-)Reflexion

- Welche Möglichkeiten haben Sie, auf die äußeren Rahmenbedingungen, unter denen zugewanderte und geflüchtete Menschen leben, Einfluss zu nehmen (z. B. auf politischer Ebene, durch Verbandsarbeit)?
- Wie können Sie im Rahmen Ihrer Arbeit Selbstbestimmung und Selbstverantwortung stärken, wenn diese durch äußere Gegebenheiten begrenzt wird?

4.2 Generationenkonflikte

Generationenkonflikte ergeben sich häufig durch die unterschiedlichen Tempi der Akkulturation nach der Zuwanderung der Familie sowie durch die unterschiedliche kulturelle Verwurzelung der ersten, zweiten und dritten Generation. Sie sind außerdem abhängig von der jeweiligen Akkulturationsstrategie einer Familie.

4.2.1 Familiäre Akkulturationsstrategien

Als drei prototypisch überzeichnete Akkulturationsstrategien, die Familien bewusst oder unbewusst wählen, nennt Roer-Strier (1996 in Walter/Adam 2000, S. 190 f.) die „Känguru-, die Chamäleon- und die Kuckucksfamilie". Bei der „Kängurufamilie" sollen die Kinder möglichst vor den kulturellen Einflüssen des Aufnahmelandes geschützt werden und werden wie im „Kängurubeutel" eng an die Eltern gebunden. Die Angst vor dem Verlust der Heimatkultur bestimmt diese Familien. Kontakte wie z. B. Freundschaften zu Menschen, die der Kultur des Aufnahmelandes angehören, werden verboten bzw. auf das Notwendigste reduziert. Sind die Familien in patriarchal geprägten Gesellschaften sozialisiert worden, betreffen die Verbote oft verstärkt die Töchter, da diese als besonders „schutzbedürftig" betrachtet werden, insbesondere wenn sie als Trägerinnen der „Familienehre" (vgl. Kapitel 6) betrachtet werden. Die monokulturelle Erziehung entsprechend der oftmals idealisierten und verklärten Heimatkultur erfolgt meist strenger und starrer als im Herkunftsland, was z. B. bei deutschen Diasporafamilien bzw. -siedlungen im Ausland zu sehen ist. Als „Chamäleon-Strategie" wird die doppelte Anpassung bezeichnet, an die Gegebenheiten innerhalb und außerhalb der Familie. Die Familienmitglieder, insbesondere die Kinder, haben also Kontakt zur Aufnahmegesellschaft, sie können sich den jeweiligen Werten und Normvorstellungen innerhalb und außerhalb der Familie anpassen und hin- und herwechseln. Diese Strategie fördert die soziale Lernfähigkeit und Kompetenz, solange die unterschiedlichen Realitäten nicht durch Sanktionen vonseiten der Eltern überwacht werden und voneinander getrennt gehalten bzw. verheimlicht werden müssen. Wieder auf die Töchter bezogen können z. B. der Kleidungsstil oder das Kopftuchtragen Auslöser für Konflikte und Kontrolle sein. Die „Kuckucksstrategie" besteht nach Roer-Strier (1996 in Walter/Adam 2000, S. 191) darin, die Entscheidungen an „das Außen" abzugeben. Die Haltung gegenüber der Umgebung im Aufnahmeland, z. B. der Schule, Behörden oder Arbeitgeber*innen gegenüber, ist eher paranoid. Ihnen wird eine große Macht zugeschrieben, wohingegen die Familie bei sich selbst wenig Einflussfähigkeit bzw. Verantwortung sieht. Die Auseinandersetzung mit der Aufnahmekultur ist also durch Passivität und Abgrenzung, gerechtfertigt durch eine „Opferhaltung", gekennzeichnet.

Aus den beschrieben Strategien wird das Risikopotenzial des Akkulturationsprozesses für intergenerationelle Konflikte deutlich. Die beständige Konfrontation der geflüchteten oder neuzugewanderten Eltern mit dem Wertesystem der Aufnahmegesellschaft führt oft zu einer Verstärkung der Bemühungen, eigene kulturelle Werte zu erhalten (vgl. Uslucan 2014, S. 315). Die Bedeutung der Weitergabe der eigenen Werte an die nächste Generation ist für Eltern mit Migrationserfahrung recht hoch (vgl. Steinbach/Nauck 2005 in Uslucan 2008, S. 96). Kindern hingegen gelingt der Akkulturationsprozess oft einfacher. Die Einbindung in institutionelle Strukturen, wie Kindergarten, Schule oder Ausbildung, erfolgt in der Regel schneller als bei Erwachsenen. Dadurch bekommen sie, im Vergleich zu ihren Eltern, leichter Zugang zur Gesellschaft außerhalb der Aufnahmeeinrichtungen und lernen auch schneller die Sprache. „Speziell der Schulbesuch führt dazu, dass sie, anders als ihre Eltern, schneller in Deutschland ankommen können, neue Freunde finden, neue Perspektiven kennenlernen und auch positive Erfahrungen machen" (vgl. Berthold 2014, S. 33).

Kurz zusammengefasst

Es gibt unterschiedliche Strategien, wie Familien mit dem Akkulturationsprozess umgehen, prototypisch werden die Känguru-, die Chamäleon- und die Kuckucksfamilie beschrieben. Eltern reagieren auf die Unterschiede zwischen ihren eigenen kulturellen Werten und denen der Aufnahmegesellschaft häufig mit einer autoritäreren Erziehung, was die Kinder unter großen Druck setzt. Aus der unterschiedlichen kulturellen Verwurzelung von Eltern und Kindern ergeben sich oft Belastungen für das Familiengefüge.

Anregungen zur (Selbst-)Reflexion

- Wenn Sie mit Eltern, Kindern oder Familien mit Migrationsgeschichte arbeiten, welche familiären Akkulturationsstrategien können Sie erkennen? Vielleicht finden Sie selbst noch weitere Strategien und Metaphern?
- Inwiefern könnten die Anforderungen der Akkulturation bei diesen familiären Konflikten mit eine Rolle spielen?
- Welche Möglichkeiten sehen Sie, das Thema Akkulturation mit Eltern mit Migrationsgeschichte zu thematisieren?

4.2.2 Identitätskonflikte bei Kindern und Jugendlichen

Die zweite, oder auch dritte Generation steht häufig im Konflikt zwischen der (groß-)elterlichen kulturellen Identität und der außerfamiliär erfahrenen Sozialisation im Migrationsland. Erfüllen die Kinder die oft durch die Herkunft geprägten Norm- und Wertvorstellungen der Eltern nicht, können diese das als Entwertung ihrer Lebensziele oder als Abwertung ihrer kulturellen Identität empfinden und mit heftigen Sanktionen reagieren. Für die Kinder und Jugendlichen entsteht ein *Annäherungs-Vermeidungs-Konflikt* zwischen den unterschiedlichen Wertvorstellungen. Für Kinder und Jugendliche können dabei sowohl Aspekte der Herkunfts- als auch der Aufnahmekultur als unüberwindbare Barrieren empfunden werden, z. B. die Vorstellungen zu Geschlechterrollen oder Ehr- und Moralvorstellungen, z. B. hinsichtlich der Jungfräulichkeit.

Das Gefühl, sich zwischen den beiden Kulturen entscheiden zu müssen, verstärkt die innerpsychischen Konflikte der Kinder und Jugendlichen. Halten diese über längere Zeit an, führt dies zu hohen psychosozialen Belastungen, die sich oft auch negativ auf den schulischen oder beruflichen Erfolg und damit auf die Integration insgesamt auswirken. Das Werte- und Normengerüst, das die Basis für das Selbstwertgefühl und den Orientierungsrahmen für zwischenmenschliche Beziehungen bildet, kann instabil werden, wenn die Kinder und Jugendlichen das Gefühl haben, gleichzeitig in zwei verschiedenen Gesellschaften mit verschiedenen, zum Teil auch widersprüchlichen Werten und Normen zu leben. Manchmal kennen auch die Jugendlichen, deren Eltern zugewandert sind, die in der Herkunftskultur verwurzelten Normen und Werte nur oberflächlich. Sie benutzen diese kulturellen Normen zwar im alltäglichen Sprachgebrauch oder als Verhaltensrechtfertigung (z. B. den „Ehrbegriff“), haben sie aber nicht wirklich reflektiert und kennen auch ihre genauen Hintergründe kaum.

In der Folge dieser Konflikte entwickeln Jugendliche oft ihre eigene *Selbstkultur*, die aber meist nicht ausreichend verbalisiert und außerdem von beiden Kulturen nicht genügend akzeptiert wird (vgl. Kizilhan 2013a, S. 26). Gerade in dieser „dritten Selbstkultur“ ist ein Abdriften in Subgruppen leicht möglich.

Kurz zusammengefasst

Für Kinder und Jugendliche kann aus den unterschiedlichen Norm- und Wertvorstellungen von Seiten der Eltern und der Aufnahmegesellschaft sowie den entsprechenden Verhaltenserwartungen ein innerpsychischer Konflikt entstehen. Dieser kann sich negativ auf den schulischen und beruflichen Erfolg auswirken und ein Abdriften in Subgruppen wahrscheinlicher machen.

Anregungen zur (Selbst-)Reflexion

- Wenn Sie mit Kindern oder Jugendlichen mit Migrationsgeschichte arbeiten, welche Ideen und Möglichkeiten haben Sie, mit diesen unterschiedliche kulturelle Werte und Normen und deren Bedeutung für die eigene Identität zu thematisieren? (Hier können kreative, praktische Ansätze, z. B. aus der Biografiearbeit, oder systemische Methoden hilfreich sein, siehe z. B. Kapitel 10.)
- Erleben Sie, dass Kinder oder Jugendliche Verhaltensweisen und Handlungen durch den Verweis auf die Herkunftskultur rechtfertigen, um Unannehmlichkeiten zu vermeiden oder einen „Vorteil" zu haben?

4.3 Familie in der kollektivistisch geprägten Gesellschaft

Welche Bedeutung Familie für den einzelnen Menschen hat, ist individuell, aber auch kulturell bzw. gesellschaftlich bedingt unterschiedlich. Für die transkulturelle psychosoziale Arbeit ist ein Bewusstsein für unterschiedliche Funktionen von Familie und deren Bedeutung für das einzelne Individuum hilfreich, um unterschiedliche Dynamiken, Konfliktfelder und Handlungsoptionen besser erkennen und verstehen zu können. Um die Bedeutung der familiären Beziehungen in traditionell-kollektivistischen Gesellschaften, zum Beispiel der türkischen oder auch den südeuropäischen und kleinasiatischen, ländlich geprägten Gesellschaften, besser nachvollziehen zu können, ist es wichtig, zunächst die soziale Struktur dieser zu kennen. Diese ist insbesondere durch eine hierarchische Gesellschaftsordnung sowie durch die verbindliche Zugehörigkeit zu sozialen Gruppen gekennzeichnet.

4.3.1 Hierarchische Gesellschaftsordnung

Traditionelle Gesellschaften sind entsprechend verschiedener Prinzipien organisiert. Das grundlegendste Ordnungsprinzip ist dabei, dass von einer grundsätzlichen Ungleichheit der Menschen ausgegangen wird (vgl. Kizilhan/Salman 2015, S. 332). Diese Ungleichheit ist mit einer hierarchischen Ordnung sowie mit verschiedenen, festgelegten Verhaltensmustern verbunden, die den Umgang zwischen den verschiedenen hierarchischen Gruppen klar regeln. Für den einzelnen Menschen liegt darin als tieferer Sinn, dass er „sich auf jeder Stufe seines Lebensweges in einem bestimmten, beschreibbaren sozialen Status vorfindet“ (Kizilhan/Salman 2015, S. 332) und dadurch eine „geordnete Sicherheit“ (ebd.) erlebt.

Dieses Ordnungsprinzip zeigt sich auch im gesellschaftlichen Umgang mit Konflikten. Zum einen sind gewisse Konfliktpotenziale durch die starke Reglementierung von vornherein entschärft. Zum anderen wird ein Konflikt zwischen Einzelnen schnell durch bestimmte Verhaltensmuster offenkundig und regelbar. Hält eine Person die festgelegte Ordnung nicht ein, so grenzt sie sich selbst vorübergehend oder dauerhaft aus der geordneten Gesellschaft aus. Sie verliert ihre soziale Sicherheit, ihren gesellschaftlichen Status und den zuvor empfangenen Respekt.

Die Verhältnisse zwischen den verschiedenen Status-Gruppen sind durch Machtausübung bzw. das Erdulden der Macht geprägt. Als Legitimierung für die gesellschaftlichen Strukturen und Normen dient in den meisten traditionellen Gesellschaften die Religion, zum Teil aber auch über Jahrhunderte alte Traditionen. Religion ist hier in einem fundamentalistischen Sinn gemeint, „ihre Inhalte, Dogmatik, Rituale und Ethik werden aus der nicht-menschlichen Sphäre abgeleitet und besitzen dadurch ewige Gültigkeit; sie sind zeitlos wie die Gesellschaft, die sich diesem System unterwirft“ (Kizilhan/Salman 2015, S. 332). Die Religion wird hier also als ein kulturbildender Faktor betrachtet, dessen Normen- und Wertesystem sich aus der Deutung der göttlichen Wahrheit ableitet und dessen Gesellschaftsform die Übertragung einer höheren moralischen Ordnung darstellt (vgl. Nagel 2001, S. 9). Dies hat u. a. zur Folge, dass die gesellschaftlichen Machtstrukturen nicht angreifbar oder verhandelbar sind.

Eine solche Gesellschaft ist durch festgelegte Rituale geregelt, nicht durch Vernunftentscheidungen. Dies macht sie anfällig für Anarchie oder Kontrollverlust und für Gewalt. Während in der eigenen Solidargruppe die Hemmschwelle für Gewaltanwendung sehr hoch ist, ist sie gegenüber Angehörigen einer anderen, insbesondere statusniedrigeren Gruppe sehr niedrig.

Kurz zusammengefasst

Die rein traditionell-kollektivistische Gesellschaftsstruktur basiert auf der Vorstellung der Ungleichheit der Menschen, die mit einer hierarchischen Ordnung verbunden ist. Der Umgang zwischen den verschiedenen hierarchischen Gruppen ist durch gesellschaftliche Verhaltensregeln sehr klar vorgegeben. Die ungleiche Machtverteilung wird oft durch den Bezug auf Religion als göttliche Wahrheit legitimiert und ist dadurch nicht verhandelbar.

Anregungen zur (Selbst-)Reflexion

- Welche hierarchischen Ordnungen und vorgegebenen Verhaltensregeln nehmen Sie im Kontakt mit Familien bzw. Personen aus traditionell-kollektivistischen Gesellschaften wahr?
- Wie erleben Sie den Umgang mit Hierarchien und Verhaltensregeln innerhalb von Familien in unserer westlich geprägten Gesellschaft?

4.3.2 Gruppenzugehörigkeit

In westlichen, *individualistisch geprägten Kulturen* tendieren die Menschen dazu, sich selbst, auch innerhalb einer Beziehung oder Gruppe, als eine eigenständige, autonome Einheit mit eigenen Zielen wahrzunehmen. Zugehörigkeit zu sozialen Gruppen und Netzwerken wird eher im Sinne einer freiwilligen, lockeren Verbindung verstanden. Persönliche Absichten werden über kollektive Gruppenziele gestellt. Bei Bedarf kann ohne größere soziale Sanktionen ein Rückzug aus einer Beziehung, einer Gruppe oder einem sozialen Netzwerk erfolgen (Kizilhan 2017b).

In *kollektivistisch geprägten Gemeinschaften* hingegen stellen *Gruppen die Grundbausteine der Gesellschaft* dar. Die Harmonie in der Gruppe steht in der Wertigkeit über persönlichen Bedürfnissen und Zielen (vgl. Kizilhan 2018c, S. 61). Der Einzelne wird immer im Hinblick auf sein soziales Umfeld wahrgenommen, die *Beziehungen stehen dabei im Fokus.* Er oder sie definiert sich (bzw. wird definiert) über die ihm bzw. ihr zugeordnete soziale Position in der gesellschaftlichen Hierarchie und über die bestehenden, konkret definierten Beziehungsnetze.

Als Grundstruktur liegt diesen zwischenmenschlichen Beziehungen, zwischen Vater und Sohn, Ehemann und Ehefrau, Älteren und Jüngeren etc., das Verhältnis zwischen einer herrschenden und einer untergebenen Person zugrunde. Klare ethische Verhaltensregeln sind jeweils vorgegeben (s. Tabelle 1, nächste Seite).

Der sozial-emotionalen Sicherheit durch die hierarchisch geordneten und reglementierten Strukturen sowie der Zugehörigkeit zu Solidargruppen wird also in traditionellen kollektivistischen Gesellschaften die individuelle Freiheit untergeordnet. Die Idee der Freiheit des Individuums oder die in Westeuropa bekannte Form der Emanzipation, im Sinne des Strebens nach Selbstverwirklichung, sind dort nicht bekannt. Freiheit als Entscheidungsspielraum gibt es nur innerhalb der engen Grenzen der vorgegebenen Normen, entsprechend des jeweiligen biologisch-sozialen Status (Hourani 2003). Dabei kann es vorkommen, dass die Menschen, die in diesen Gesellschaften erzogen und sozialisiert wurden, gar kein Bewusstsein dafür haben, dass sie als Einzelperson autonome und freie Entscheidungen treffen könnten.

Verhaltensregeln in traditionellen Gemeinschaften	
Humanität und Zwischenmenschlichkeit	Emotionen, die die Menschen miteinander verbinden, stehen im Vordergrund. Gefühle von Verbundenheit werden insbesondere zwischen Mitgliedern der Familie empfunden. Diese steht im Zentrum des Gesellschaftssystems. Eltern und Kinder stehen in einem reziproken Verhältnis zueinander, das sich auf elterliche Fürsorge und Liebe auf der einen Seite sowie Respekt, Gehorsam und Kindesrücksicht auf der anderen Seite gründet.
Rechtschaffenheit	Jeder Mensch wird nach den traditionellen Vorstellungen mit definiertem Status, Rollenzuteilung und Verpflichtungen gegenüber anderen Mitgliedern in eine Familie hineingeboren. (Beispiele: Geschwister entwickeln ein Verantwortungsbewusstsein für jüngere Geschwister und erhalten im Gegenzug von ihnen Respekt. Ehemann und Ehefrau stehen sich in einem Verhältnis aus materieller Fürsorge und Gehorsam gegenüber.) Die Prinzipien der Zwischenmenschlichkeit und Rechtschaffenheit bilden das emotionale Fundament.
Angemessenheit und Schicklichkeit	Bewahrung von Harmonie in jeder zwischenmenschlichen Beziehung in Familie und sozialem Netzwerk.
Wissen von Kultur und Religion	Während der Sozialisation wird durch familiäre Indoktrinierung, gegebenenfalls auch durch Schulen, Vereine etc., Wissen um Kultur und Religion erworben. Das damit verbundene Wertesystem beeinflusst das Denken und Verhalten sowie die Emotionen.
Die Einordnung des Einzelnen in der Sozialordnung (Hierarchie)	Jede Person in der traditionell-kollektiven Gesellschaft hat darin ihre Rolle, was die Sozialordnung regeln und damit Frieden in dieser Gemeinschaft ermöglichen soll.
Gegenseitiges Vertrauen und Solidarität	Eine Imitation des Familienlebens wird auf das soziale Netzwerk übertragen und ist grundlegend für die interpersonalen Beziehungen zwischen den Menschen, was zu gegenseitigem Vertrauen und Solidarität in der Gemeinschaft führt.

Tabelle 1: Bedeutung von Verhaltensregeln in traditionellen Gemeinschaften (Kizilhan 2018c, S. 62)

In der Interaktion sind Werte wie Zwischenmenschlichkeit, Harmonie und die Entwicklung eines emotionalen „Wir-Gefühls" wichtiger als die Durchsetzung persönlicher Absichten. Für die Qualität und das Fortbestehen einer Beziehung sind die Anstrengungen beider Interaktionspartner, Harmonie und affirmative Emotionen in ihrer Zweierbeziehung widerzuspiegeln, sowie die Fähigkeit, den Gefühlsstatus des Gegenübers passend zu interpretieren, maßgeblich (vgl. Kizilhan 2018c, S. 61).

Kurz zusammengefasst

In traditionell-kollektivistisch geprägten Gesellschaften ist die Zugehörigkeit zu Solidargruppen wesentlich. Die hierarchisch geordneten und reglementierten Strukturen geben sozial-emotionale Sicherheit. Die individuelle Freiheit wird dabei der Harmonie in den Beziehungen und dem Gruppenwohl untergeordnet, was Menschen, die in diesen Gesellschaften sozialisiert wurden, nicht bewusst ist.

Anregungen zur (Selbst-)Reflexion

- Welche Verhaltensregeln würden Sie entsprechend für unsere westliche Gesellschaft formulieren? Wo gibt es aus Ihrer Sicht Gemeinsamkeiten und Unterschiede?
- In welche sozialen Gruppen (z. B. Familie, Freundeskreis, Kolleg*innen) sind Sie eingebunden? Beobachten Sie, wie hier mit individuellen und mit Gruppeninteressen umgegangen wird. Wie erleben Sie hier Freiheit und Verbindlichkeit?

4.3.3 Familiäre Beziehungen

Bei Familien aus traditionell-kollektivistischen Gesellschaften ist die innerfamiliäre Bindung wesentlich stärker ausgeprägt als in westeuropäischen Familien. Sie stellt einen verlässlichen und wirksamen Schutzverband dar und dient insbesondere in Zeiten hoher psychischer, psychosozialer oder ökonomischer Belastung, wie sie Migration oft mit sich bringt, als Orientierungsmaßstab und Unterstützung (vgl. Erim/Senf 2002, S. 340). Eine kollektivistische Gesellschaft ist insgesamt im Vergleich zu individualistischen Gesellschaften (s. Tabelle 2, nächste Seite) u. a. durch eine starke Einbindung des Individuums in ein Gruppengefüge gekennzeichnet, das einerseits Schutz gewährt, andererseits aber auch ein hohes Maß an Loyalität fordert.

Ein familiärer Rückhalt kann eine wichtige Ressource sein, ist jedoch nicht immer mit emotionaler und instrumenteller Unterstützung gleichzusetzen. So kommen bei einer starken innerfamiliären Bindung Konflikte, die im Zuge der Anpassungsprozesse häufig zwischen den Generationen wie auch zwischen den Geschlechtern entstehen, umso heftiger zum Tragen.

Kurz zusammengefasst

Die Bedeutung von familiären Beziehungen unterscheidet sich je nach Gesellschaftsstruktur. Bei traditionell-kollektivistisch geprägten Gesellschaften sind die innerfamiliären Bindungen wesentlich enger und bedeutsamer als bei den westlich geprägten Gesellschaften. Die starke familiäre Bindung kann zum einen als Ressource wirksam sein, zum anderen jedoch verstärkte Konflikte mit sich bringen.

kollektivistisch	individualistisch
Die Menschen werden in Großfamilien oder andere „Wir-Gruppen" hineingeboren, die sie schützen. Im Gegenzug erhalten diese Loyalität.	Jeder Mensch wächst heran, um ausschließlich für sich selbst und seine direkte (Kern-) Familie zu sorgen.
Die Identität ist in dem sozialen Netzwerk begründet, dem man angehört.	Die Identität ist im Individuum begründet.
Kinder lernen in „Wir"-Begriffen zu denken.	Kinder lernen in „Ich"-Begriffen zu denken.
Die Bewahrung von Harmonie steht an erster Stelle, direkte Auseinandersetzungen sollten vermieden werden.	Seine eigene Meinung zu äußern ist Kennzeichen eines aufrichtigen Menschen.
Starker Kontext mit ungehindertem Informationsfluss.	Schwacher Kontext mit Informationsnetzen von geringer Dichte.
Übertretungen von Regeln und Normen führen zu Beschämung und Gesichtsverlust bei sich selbst und der Gruppe.	Übertretungen führen zu Schuldgefühl und Verlust der Selbstachtung.
Ziel der Erziehung: Anpassung an vorgegebene Rahmenbedingungen (Kultur und Religion); eine individuelle Persönlichkeitsentwicklung ist nicht erwünscht bzw. nicht notwendig.	Ziel der Erziehung: Lernen als Entwicklung der individuellen Persönlichkeit.
Beziehung hat Vorrang vor Aufgabe.	Aufgabe hat Vorrang vor Beziehung.
Kollektive Interessen haben Vorrang vor individuellen.	Individuelle Interessen haben Vorrang vor kollektiven.
Das Privatleben wird von der Gruppe beherrscht.	Jeder hat ein Recht auf Privatsphäre.
Meinungen werden durch Gruppenzugehörigkeit vorbestimmt.	Man erwartet von jedem eine eigene Meinung.
Harmonie und Konsens in der Gesellschaft stellen höchste Ziele dar.	Selbstverwirklichung eines jeden Individuums stellt eines der höchsten Ziele dar.

Tabelle 2: Kollektivistische und individualistische Haltungen und Wertvorstellungen in Anlehnung an Hofstede (2011, S. 11)

Anregungen zur (Selbst-)Reflexion

- Wo nehmen Sie bei der Arbeit mit Menschen aus traditionell-kollektivistisch geprägten Gesellschaften die stärkeren familiären Bindungen wahr bzw. woran werden diese aus Ihrer Sicht deutlich?
- Was denken Sie, wie empfinden diese selbst die engere familiäre Bindung?

4.4 Familiäre Beziehungen in der Praxis

Die Bedeutung der familiären Beziehungen veranschaulicht das folgende Fallbeispiel.

Fallbeispiel

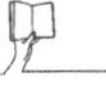

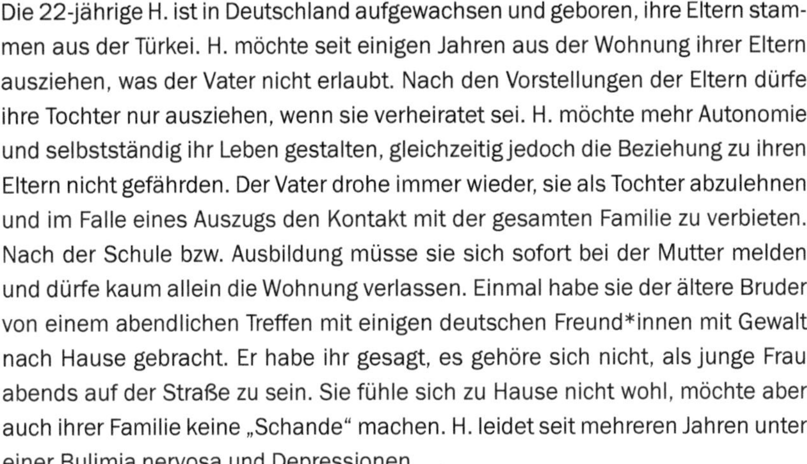

Die 22-jährige H. ist in Deutschland aufgewachsen und geboren, ihre Eltern stammen aus der Türkei. H. möchte seit einigen Jahren aus der Wohnung ihrer Eltern ausziehen, was der Vater nicht erlaubt. Nach den Vorstellungen der Eltern dürfe ihre Tochter nur ausziehen, wenn sie verheiratet sei. H. möchte mehr Autonomie und selbstständig ihr Leben gestalten, gleichzeitig jedoch die Beziehung zu ihren Eltern nicht gefährden. Der Vater drohe immer wieder, sie als Tochter abzulehnen und im Falle eines Auszugs den Kontakt mit der gesamten Familie zu verbieten. Nach der Schule bzw. Ausbildung müsse sie sich sofort bei der Mutter melden und dürfe kaum allein die Wohnung verlassen. Einmal habe sie der ältere Bruder von einem abendlichen Treffen mit einigen deutschen Freund*innen mit Gewalt nach Hause gebracht. Er habe ihr gesagt, es gehöre sich nicht, als junge Frau abends auf der Straße zu sein. Sie fühle sich zu Hause nicht wohl, möchte aber auch ihrer Familie keine „Schande" machen. H. leidet seit mehreren Jahren unter einer Bulimia nervosa und Depressionen.

Neben der Einleitung einer therapeutischen und medikamentösen Behandlung der Essstörung und der Depression wurden mehrere Gespräche mit der Familie geführt:

Bei diesen Familiengesprächen stellte sich heraus, dass der Vater sehr traditionell eingestellt und Vorstandsvorsitzender einer örtlichen Moschee-Gemeinde war. Der Vater sprach von einem Gesichtsverlust und einer Ehrverletzung, falls H. unverheiratet die gemeinsame Wohnung verlassen würde. Die Moschee-Gemeinde würde ihn ausgrenzen und glauben, er sei nicht in der Lage, seine Familie der eigenen Tradition entsprechend zu erziehen. Nach mehreren Gesprächen über die Krankheit seiner Tochter und ihre Bedürfnisse, über die Bedeutung von Ehre, Familie und die Rolle der Gemeinde wurde vereinbart, dass H. in einer anderen Stadt in ein betreutes Wohnen kommt. Hierzu wurde dem Vater ein Attest über die Krankheit und die Notwendigkeit einer Betreuung außerhalb des Wohnortes ausgehändigt. Dieses Attest wurde der Moschee-Gemeinde vorgelegt, und alle waren aufgrund der Krankheit von H. mit diesem Wohnortwechsel einverstanden. Nach einem Jahr zog H. aus der betreuten Wohnung aus und lebt seither allein. Es besteht weiterhin ein guter Kontakt zu den Eltern und Geschwistern.

4.4.1 Ressourcenorientierung

Bei der Arbeit in sozialen Berufen ist zu beachten, dass die Anstrengungen zur Bewältigung des Alltags, die zugewanderte, und insbesondere geflüchtete Familien vor, während und nach der Migration erbringen, kaum ausreichend gewürdigt werden können. Hieraus lassen sich oft gleichzeitig Ressourcen für die Bewältigung aktueller Herausforderungen erschließen.

Praxistipp

Es lohnt sich, der Familie oder den Einzelnen die Leistung im Zuge der Migration bewusst zu machen und genau nachzufragen, was alles schon bewältigt wurde, und vor allem, wie.

Im oben beschriebenen Fallbeispiel konnten bei H.s Vater z.B. sein Verantwortungsbewusstsein und seine Fürsorge für die Familie und die einzelnen Familienmitglieder als Ressourcen genutzt werden. Durch die Verdeutlichung der Krankheitsfolgen und der Bedürfnisse von H. für eine Genesung war er dann bereit, an einer für alle tragbaren Lösung mitzuarbeiten.

4.4.2 Transnationale Familienkonstellationen

Die jeweilige Familienkonstellation einschließlich der nicht in Deutschland lebenden, wie auch der vermissten oder verstorbenen Familienmitglieder sollte berücksichtigt werden. Es sollte nicht stillschweigend von in Deutschland üblichen Familienformen und -praktiken ausgegangen werden.

Praxistipp

Fragen Sie offen z.B. nach der Bedeutung von Familie und nach den zugehörigen Familienmitgliedern, um ein Verständnis für die Strukturen und Dynamiken zu bekommen.

Für H.s Problematik war das traditionelle Familienbild ihrer Eltern sowie die enge Einbindung in die Gemeinde mit ausschlaggebend. Beides wurde durch die Fachkraft nicht in Frage gestellt oder diskutiert. Eine tragfähige Lösung konnte vielmehr gemeinsam mit der Familie bzw. insbesondere dem Vater erarbeitet werden, indem seine Vorstellungen und Sichtweisen dazu besprochen wurden und in der „Logik“ dieser Vorstellungen eine Möglichkeit gefunden wurde, der Tochter zu helfen ohne seinem Ansehen und der sozialen Einbindung der Familie zu schaden.

4.4.3 Trennungen und Bindungstheorie

Nach einer (Flucht-)Migration sind oft auch bindungstheoretische Zusammenhänge zu berücksichtigen, um Familien adäquat zu unterstützen, deren Beziehungen als Folge einer ungewollten Trennung misslingen. Auch die beschriebenen Generationenkonflikte und der Umgang damit können für die Begleitung oder Beratung ebenfalls eine wichtige Rolle spielen.

Praxistipp
Über die Dynamik und die Folgen von familiären Akkulturationsstrategien sowie von Parentifizierungseffekten sollte aufgeklärt werden, damit die Eltern aktiv Verantwortung gegenüber ihren Kindern übernehmen, ohne diese zu sehr in der Herkunftskultur gebunden zu halten.

Im Fall von H. spielten Trennungen oder eine Beeinträchtigung der Bindung weniger eine Rolle. Dafür lassen sich H.s Erkrankungen als eine Form des Umgangs mit der familiären Akkulturationsstrategie ihrer Eltern (Prototyp „Känguru-Familie“) und dem damit verbundenen Druck deuten. Über die diagnostizierbare Erkrankung war es hier den Eltern möglich, die Notlage ihrer Tochter zu erkennen und ihr mehr Eigenständigkeit zu gewähren.

4.4.4 Systemische Betrachtungsweise

Grundsätzlich ist eine systemische Betrachtungs- und Arbeitsweise hilfreich, um Verhaltensweisen, Problemlagen oder Krankheitssymptome im Zusammenhang mit dem sozialen Umfeld zu verstehen. Die einzelne Person wird in ihrem Beziehungsgeflecht zu Familie und Gemeinde innerhalb eines bestimmten kultur-sozial-politischen Kontextes gesehen. Zusammen mit dem Verständnis für die (Flucht-)Migrationserfahrung als einem notwendigen Entwicklungsprozess ist dies die Grundlage für eine konstruktive psychosoziale Arbeit mit Menschen mit Migrationshintergrund (vgl. Radice von Wogau 2004, S. 58).

Praxistipp
Der Einbezug der Familie und die Berücksichtigung der jeweiligen kulturell geprägten Rolle der Familienmitglieder der Großfamilie ermöglicht ein besseres Verständnis für mögliche familiäre Konflikte und Beziehungsabhängigkeiten (z.B. Heirat von Cousinen, finanzielle Unterstützung der Familie im Herkunftsland, Zwangsheirat etc.).

Der Einbezug ihrer Familie und die Betrachtung der familiären Konflikte und Dynamiken war im Fall von H. ein wesentlicher Schlüssel für eine langfristige Verbesserung und Stabilisierung ihrer Gesundheit, aber auch ihrer Lebenssituation insgesamt.

II Transkulturelle Perspektiven auf spezifische psychologische Themen

5. Gefühle und Emotionalität

Gefühle und Emotionalität haben einen Einfluss auf zwischenmenschliche Interaktionen und die Gestaltung von Beziehungen. Das Wissen über und Bewusstsein für unsere kulturelle Prägung in Bezug auf Gefühle und Emotionalität sowie die grundsätzliche Annahme und Akzeptanz jeglicher Art und Intensität von Gefühlsäußerungen ist bei der Arbeit in sozialen Berufen mit Menschen mit einer anderen kulturellen Sozialisation notwendig (Kizilhan 2013b).

5.1 Einfluss von Religion

Die Religion in Form von religiösen Werten und Praktiken, als Bestandteil einer Kultur, sowie das mit ihr verknüpfte Menschenbild bringen bestimmte emotionale Grundstimmungen mit sich. Dies wird hier exemplarisch in Bezug auf den Islam aufgezeigt.

Nach Kizilhan und Salman (2015, S. 6) sind Angst und Unsicherheit in traditionellen islamisch geprägten Gesellschaften tief verankert. Als Gründe dafür benennen sie zum einen die strikt einzuhaltenden religiösen Regeln und Anweisungen des Islam sowie seine Vorstellung von einem willensschwachen, zu kontrollierenden Menschen. Die ständige, unterschwellige Gefahr, gegen Regeln oder Vorschriften zu verstoßen, kann zu Ängsten und Unsicherheit führen (vgl. ebd.). Zum anderen gab es in der Geschichte der islamisch geprägten Gesellschaften (dies gilt auch für andere Religionen) immer wieder existenzbedrohende Angriffe oder Bedrohungen durch verschiedene externe Mächte, was zu einer tiefen unterschwelligen Existenzangst führte (vgl. ebd.).

Kurz zusammengefasst

Religiöse Werte, Regeln und Praktiken sowie damit verbundene Vorstellungen über den Menschen haben einen tiefgreifenden, unbewussten Einfluss auf die Gefühlswelt.

Anregungen zur (Selbst-)Reflexion

- Wo erkennen Sie eine mögliche religiöse Prägung unserer Gesellschaft in Bezug auf Gefühle?
- Inwiefern könnte dies eine Rolle für Ihre eigene Gefühlswelt haben? (Unabhängig von Ihrer eigenen Religiosität kann auch die in Ihrer Familie oder in Ihrem Umfeld ausgeübte Religion einen Einfluss haben.)

5.2 Historische Ereignisse

Fast überall auf der Welt gab es bereits kriegerische Auseinandersetzungen, Bedrohungen und Gewalt. Diese kollektiven historischen Ereignisse wirken auch Generationen später auf emotionaler Ebene noch nach (vgl. Kapitel 2.3.2), oft ohne dass dies bewusst oder zuordenbar ist.

In Regionen, in denen es immer wieder zu kriegerischen Auseinandersetzungen und täglichen Kämpfen zwischen verschiedenen Gruppen kommt, wird der Umgang mit Gewalt und Tod mit der Zeit zu einem Teil des Alltags. So werden körperliche Bestrafungen, aber auch Verstümmelung, Folter und grausame Formen der Tötung hingenommen als selbstverständliche Bestandteile des Alltagslebens. Gleichzeitig verstärkt sich die zwischenmenschliche Aggressivität und Angst, einhergehend mit einer erhöhten Emotionalität und Sensibilität gegenüber anderen bzw. Fremden. Sicherheit (physisch und psychisch) und emotionale Stabilität werden in den nahen zwischenmenschlichen Beziehungen innerhalb der Familie und anderer Solidargemeinschaften gesucht (vgl. Kizilhan/Salman 2015, S. 8).

Aggressivität als eine Form von Emotion kann sich auch nach innen richten. Die Folge sind innerpsychische Konflikte, Krankheiten wie Depressionen, im Extremfall sogar Selbsttötungsabsichten. Die Gefühle, die sich hinter dem aggressiven Verhalten verbergen, sind Wut und Angst, also Gefühle, die jeder Mensch hat. Werden diese unterdrückt, kann es passieren, dass diese sich ein „Ersatzventil" suchen und als fehlgeleitete Aggressionen in Form von Herrschsucht oder Grausamkeit gegenüber Schwächeren zum Ausdruck kommen. Nach diesem Verständnis könnten die Restriktionen und Verbote in kollektiven Kulturen als Ausdruck einer unterdrückten Aggression verstanden werden (vgl. Kizilhan/Salman 2015, S. 9).

Aggressionen können nicht nur Ausdruck geringer Selbstachtung, tiefer Verunsicherung, von Angst und Frustration sein, sondern auch als Ausdruck von Kraft und Mut, etwa zur Verteidigung, von Gesellschaften unterstützt und erwartet werden. Dies ist in archaischen Gesellschaften der Fall (vgl. ebd.).

Kurz zusammengefasst

Gewaltvolle kollektive Ereignisse in der Vergangenheit können über Generationen hinweg zu einer erhöhten gesellschaftlichen Gewalttoleranz und Aggressivität führen. Aggressionen können sich nach innen richten, in Form innerpsychischer Konflikte und psychischer Krankheiten, oder nach außen, durch Herrschsucht und Unterdrückung von Schwächeren.

Anregungen zur (Selbst-)Reflexion

- Erleben Sie bei Ihren Klient*innen Emotionen wie Aggressivität, Verunsicherung, Angst oder Frustration? Inwiefern könnten hier historische bzw. gesellschaftliche Prägungen mit einen Einfluss haben? Kennen Sie die Geschichte der Herkunftsländer bzw. der Herkunftsregionen oder -gemeinschaften?

- Wenn Sie an Ihre eigene Herkunft denken, inwiefern gab es hier bedeutende kollektive Ereignisse in der Vergangenheit, die möglicherweise heute noch emotional nachwirken?

5.3 Kulturspezifische Aspekte von Emotionen

Die kulturellen Unterschiede bei Gefühlen und Emotionalität zeigen sich wieder besonders deutlich anhand der Dimensionen individualistisch und kollektivistisch bzw. modern/westlich und traditionell. Die Darstellung der Unterschiede zielt nicht auf eine Wertung der kulturellen Unterschiede ab, sondern darauf, eine Sensibilität für diese zu fördern.

5.3.1 Harmonie und Gesichtswahrung

Soziokulturelle Bedingungen haben, wie zahlreiche Studien zeigen, auch einen Einfluss darauf, wie Emotionen moduliert, also bewusst beeinflusst werden (s. Abbildung 6). Jede Situation (Situationsstimuli) führt dazu, dass die mit der Zeit bzw. Sozialisation verinnerlichten Verhaltensweisen aktiviert werden und zu entsprechenden kognitiven und emotionalen Reaktionen (subjektive Kulturtheorie) führen. Dies aktiviert wiederum kulturspezifische Bewältigungsstrategien und führt somit zu bestimmten Verhaltensweisen (Outcome). So können z. B. aufgrund von erlernten kulturellen Verhaltensmustern Emotionen wie Wut, Ärger und Trauer in der Gemeinschaft unterdrückt werden, um nicht als schwach abgewertet zu werden oder um die Gemeinschaft zu schützen und andere nicht traurig oder betroffen zu machen.

Die kulturspezifischen Überzeugungen, Werte und Motive und die daraus folgenden Verhaltensweisen haben zum Ziel, das Wohlbefinden der einzelnen Person und die soziale Integration in die Gesellschaft zu entwickeln bzw. aufrechtzuerhalten. In traditionell-kollektivistisch geprägten Gesellschaften wird das Wohlbefinden der einzelnen Person und das Wohl der Gemeinschaft bzw. Gesellschaft in einem engen Zusammenhang gesehen. Die Autonomie der einzelnen Person findet ihre Grenzen an den Interessen der Gemeinschaft (Chirkov et al. 2003). Es ist wichtig, Harmonie und Konformität in der sozialen Gruppe zu wahren und Risiken zu vermeiden, die die Verbindung bzw. Zugehörigkeit zur Gruppe verletzen könnten. Dafür muss den Erwartungen, Normalitäts- und Wertvorstellungen der Gesellschaft, abhängig von der jeweiligen sozialen Position im hierarchischen Gesellschaftsgefüge (s. Kapitel 4.3.1), entsprochen werden. Vorgegebene kulturelle Normen können hier einen be-

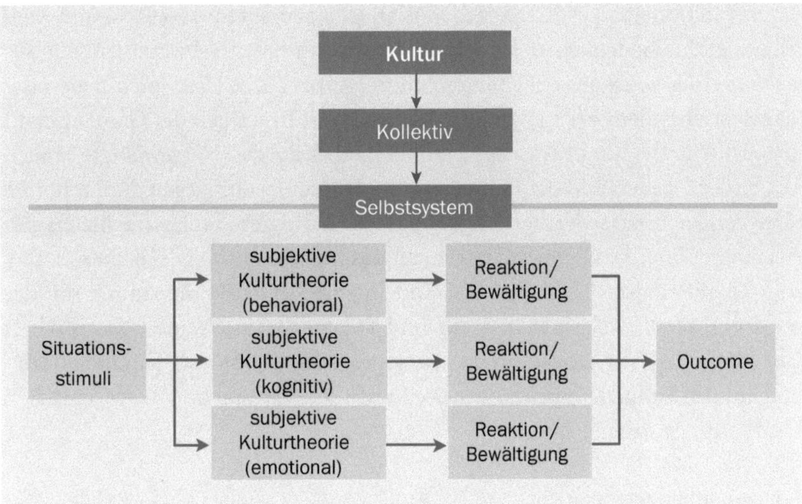

Abbildung 6: Kulturelle Einflüsse auf Verhalten, Denken und Emotionen bei Menschen aus kollektivistisch geprägten Gesellschaften (Kizilhan 2018c, S. 63)

sonders starken Einfluss auf die Gefühlsmodulation nehmen (Gross/John 2003; Butler/Gross 2009; Chentsova-Dutton et al. 2007).

Kurz zusammengefasst

Die Unterordnung der persönlichen Bedürfnisse und Interessen zum Wohle des Kollektivs kann dazu führen, dass individuelle Gefühle wie z. B. Wut oder Enttäuschung, die der Harmonie entgegenstehen, nicht wahrgenommen oder als unwichtig bewertet werden.

Anregungen zur (Selbst-)Reflexion

- Wenn Sie mit Menschen aus traditionell-kollektivistisch geprägten Gesellschaften arbeiten, welchen Umgang mit Gefühlen erleben Sie bei diesen in Bezug auf persönliche und auf die Gemeinschaft bezogene Gefühle?

5.3.2 Scham- und Schuldgefühle

In westlichen Gesellschaften erzeugt ein als Unrecht wahrgenommenes Verhalten Schuld bzw. Schuldgefühle, unabhängig von der Art der Beziehung der Beteiligten bzw. Betroffenen. Als Ausgleich werden in der Regel ein Schuldeingeständnis bzw. eine Entschuldigung und, wenn möglich, eine Wiedergutmachung eingefordert.

In traditionellen, insbesondere in islamisch geprägten Gesellschaften, sind Schamgefühle bedeutender als Schuld. Es wird in diesem Zusammenhang sogar von einer sogenannten „Schamkultur" gesprochen. Hier spielt neben der Tat selbst vor allem der mögliche Gesichtsverlust innerhalb der Gemeinschaft eine große Rolle. Ein drastisches Beispiel hierfür ist, dass vergewaltigte Frauen als „entehrt" gelten und damit ihr Gesicht verlieren, wohingegen die Tat für die Täter vergleichsweise wenige Folgen hat. Was als angemessenes Verhalten gilt, entscheidet hier die Gemeinschaft, nicht das Individuum (vgl. Kizilhan 2018d, S. 63). Daher ist das Denken und Handeln eines Individuums immer mit der Frage gekoppelt, welche Bedeutung und Folgen dies für seine Gemeinschaft haben kann. Diese Gruppenorientierung prägt die Kultur und damit die Beziehungen, den Umgang miteinander, die Konfliktgestaltung und die psychischen Verarbeitungsmechanismen.

Kurz zusammengefasst

Ein als Unrecht wahrgenommenes Verhalten erzeugt in westlich geprägten Gesellschaften Schuld bzw. Schuldgefühle, in traditionellen-kollektivistischen hingegen Schamgefühle. Während in einer „Schuldkultur" unrechtes bzw. kulturell unangemessenen Verhalten von Fall zu Fall toleriert oder wiedergutgemacht werden kann, wird es in „Schamkulturen" hingegen als ein nichttolerierbarer Affront gegen die Gemeinschaft verstanden.

Anregungen zur (Selbst-)Reflexion

- Wenn Sie mit Menschen aus traditionell-kollektivistisch geprägten Gesellschaften arbeiten, nehmen Sie Schamgefühle bei diesen wahr? Werden möglicherweise aus Scham bestimmte Themen oder Erfahrungen nicht angesprochen?

5.4 Gefühle und Emotionalität in der Praxis

Welchen Einfluss kulturell geprägte Gefühle und Emotionalität auf das Wohlbefinden und die Gesundheit einer Person haben können, zeigt das folgende Fallbeispiel.

Fallbeispiel

Der 34-jährige türkischstämmige Herr M. heiratete acht Jahre vor dem Kontakt eine in Deutschland lebende und aufgewachsene Türkin und migrierte nach Deutschland. Aufgrund der unterschiedlichen Sozialisation (Herr M. ist in einem türkischen Dorf geboren und aufgewachsen) und der patriarchalischen Vorstellungen von Herrn M. kommt es immer wieder zu Konflikten. Nach einem heftigen Streit mit der Ehefrau informieren die Nachbarn die Polizei. Als Herr M. die Polizei vor seiner Wohnung sieht, bricht er plötzlich zusammen und ist nicht mehr in der Lage, wieder aufzustehen. Er wird notfallmäßig ins Krankenhaus gebracht. Mehrere somatische und neurologische Untersuchungen führen zu keinem Befund. Herr M. kann sich auch nach sechs Monaten nur mit Gehstützen in der Wohnung bewegen. Er wird von der Ehefrau und einer anderen Verwandten rund um die Uhr versorgt. Herr M. ist kommunikativ eingeschränkt und spricht nur, wenn er gefragt wird.

Im Verlauf von mehreren Gesprächen kommen die Gefühle von Herrn M. zur Sprache, als ein wesentlicher „Schlüssel" für eine Verbesserung seiner Situation:

Nach einer längeren Phase des Vertrauensaufbaus berichtet Herr M. über seine Kränkung und das Gefühl der Demütigung, als die Polizei vor seiner Wohnung stand. Er habe sein „Gesicht verloren", da Fremde mitbekommen hätten, dass seine Frau nicht auf ihn höre. Er glaube, ein „schwacher Mann" zu sein. Er sei dann zusammengebrochen. Durch die Öffnung und die Besprechung der Gefühle konnten geeignete Interventionen gefunden werden. So wurde die Ehefrau in den Hilfeprozess mit einbezogen, über den Zusammenhang zwischen psychischen und körperlichen Beschwerden aufgeklärt und eine neue familiäre Perspektive (veränderte Geschlechterrollen, Umgang mit der traditionellen Familie im Herkunftsland etc.) erarbeitet. Am Ende des zehnwöchigen Hilfeprozesses konnte Herr M. wieder ohne Gehstützen sicher gehen.

5.4.1 Gesprächsführung und Kommunikation

Gefühle und Emotionalität spielen für soziale Berufe bei der tagtäglichen Kommunikation und Interaktion eine enorme Rolle. Ein kultursensibles Verständnis ist hilfreich, um Fehldeutungen und Missverständnissen vorzubeugen.

Beziehungstiefe und Zusammengehörigkeitsgefühl entstehen in westlich geprägten Gesellschaften hauptsächlich durch aktive Kommunikation. Damit sich ein Gefühl von Vertrautheit und Verbundenheit entwickeln kann, ist es wichtig, dass die Beteiligten hierbei Offenheit und Interesse an der Aufrechterhaltung der Kommunikation zeigen. *Längeres Schweigen* wird bei uns oft als eine Störung in der Kommunikation und damit als unangenehm empfunden.

In anderen Kulturen, z. B. in China, Japan oder Korea, gilt Schweigsamkeit bzw. eine bedachte, wortkarge Redeweise hingegen als moralische Tugend. Humanität und Harmonie gelten hier als Grundsätze, die sich darin ausdrücken, dass zwischen zwei Menschen ein unausgesprochenes Einverständnis herrscht. Wünsche und Absichten müssen nicht explizit geäußert werden, sie sollen auf der Basis einer inneren Verbundenheit wahrgenommen und gedeutet werden (vgl. Choi/Han 2008, S. 215).

Praxistipp

Längeres Schweigen oder Zurückhaltung im Gespräch muss kein Anzeichen für eine Störung oder für fehlende Motivation und Offenheit für den Hilfeprozess bedeuten, sondern kann ebenso ein Zeichen von zwischenmenschlichem Respekt sein.

Der Ausdruck von Emotionen, verbal und nonverbal, ist stark an den (kulturspezifisch interpretierten) *situativen Kontext* gebunden (vgl. Hall 1989, S. 74) und zeichnet sich in kollektiven Gesellschaften durch ein hohes Maß an Implizitheit und Indirektheit aus. „Hierarchie bestimmt Kommunikation" (Kizilhan 2018c, S. 64).

Praxistipp

Dies kann dazu führen, dass sich eine Person bei der psychosozialen Arbeit (oder auch Therapie) gegenüber der Fachkraft passiv und im Gespräch zurückhaltend verhält und nur antwortet, wenn eine Frage gestellt wurde, als Zeichen des respektvollen Umgangs gegenüber einer höher gestellten Person.

Im beschriebenen Fallbeispiel hatte Herr M. zu Beginn nur gesprochen, wenn er etwas gefragt wurde. Dies könnte aus westlicher Sicht als Symptom seiner Erkrankung oder als mangelnde Motivation (fehl-)gedeutet werden. Nach mehreren Gesprächen und nach dem Aufbau eines Vertrauensverhältnisses, das die kulturspezifisch wahrgenommene Hierarchie zwischen Fachkraft und hilfesuchender Person in den Hintergrund rücken ließ, konnte Herr M. sich öffnen und über seine Gefühle sprechen.

Indirekte Kommunikation kann ein Mittel sein, das eigene Gesicht und das des Gegenübers zu wahren. So würde als Beispiel ein Mann in Geldnot aus einer kollektiven Kultur einen Freund nicht direkt ansprechen und um Hilfe bitten. Er könnte sein Gesicht verlieren, wenn dieser seine Bitte ablehnen würde bzw. einen Gesichtsverlust seines Freundes bewirken, wenn dieser der Bitte nicht nachkommen kann. Durch eine indirekte Erwähnung, dass „es Leute gibt, die finanzielle Probleme haben", kann der Freund vermutlich seine Situation erfassen und ihm gegebenenfalls, ohne direkte Aufforderung, Geld leihen. Sollte er dies nicht können oder wollen, würde er schweigen und nicht zu einer Reaktion gezwungen sein (vgl. Kizilhan 2018c, S. 64).

Praxistipp

Auf Andeutungen oder indirekte Erwähnungen einer möglichen Problemlage ist aufmerksam zu achten. Es ist möglich, dass eigene Schwierigkeiten nicht direkt benannt werden, sondern z. B. von Freunden oder Bekannten erzählt wird, die ein bestimmtes Problem haben. Im Gespräch könnten mögliche Hilfen oder Lösungsmöglichkeiten für die andere, stellvertretende Person besprochen werden.

Auch in der Alltagskommunikation spielt eine implizite, bevorzugt durch den situativen Kontext vermittelte Kommunikation eine wichtige Rolle. Wichtiger als der sachliche Inhalt der Äußerungen ist oft die interpersonale Beziehung der Kommunikationspartner*innen (vgl. Kizilhan 2017b, S. 104), die in der Regel durch *implizite Verhaltens- und Kommunikationsweisen* zum Ausdruck kommt.

Respekt und Sensibilität sind hier sehr wichtig für eine harmonische Interaktion, insbesondere wenn die Meinung des Gegenübers nicht geteilt wird. Konfrontation oder offene Gefühlsausbrüche sind zu vermeiden, ebenso die Ansicht des Gegenübers als unwahr darzustellen, da dies zu einem Gesichtsverlust des Gegenübers führen könnte (vgl. Kizilhan 2018c, S. 63).

Praxistipp
Um Wünsche oder Absichten angemessen interpretieren zu können, ist es unabdingbar, zwischen den Zeilen zu lesen und non- und paraverbale Signale in der Kommunikation mit zu berücksichtigen. Dafür sind eine transkulturelle Sensibilität sowie kulturspezifisches Wissen über die Bedeutung nonverbaler Signale erforderlich.

Im Fall von Herrn M. war es wichtig, seine Vorstellungen zu Männlichkeit und zu den Geschlechterrollen nicht zu bewerten, auch nicht durch Mimik oder Gestik. Dadurch konnten eine tragfähige professionelle Beziehung erhalten und im nächsten Schritt neue Perspektiven erarbeitet werden.

5.4.2 Tabus

In kollektiv geprägten Gesellschaften sieht sich die einzelne Person als Teil einer Solidargemeinschaft, mit spezifischen Aufgaben und Pflichten. Im Vordergrund steht, dass ihr selbst, insbesondere aber der Kern- und Großfamilie, kein Schaden zugefügt wird. Dies kann dazu führen, dass persönliche Gefühle und Beschwerden nicht geäußert werden, um *die Familie nicht zu belasten* oder ihr gar zu schaden (vgl. Kizilhan/Bermejo 2009, S. 512).

Praxistipp
Bevor tabuisierte Themen angesprochen werden, ist ein intensiver Vertrauensaufbau erforderlich. Auch die Zusicherung der Schweigepflicht kann besonders wichtig sein, insbesondere auch in Bezug auf die Familie oder Gemeinschaft. Die Bedeutung der Familie und der Gemeinschaft für ein Problem oder Thema sowie die Bedeutung des Problems oder Themas für die Familie und die Gemeinschaft sind immer mit zu berücksichtigen. Außerdem kann auch die Erarbeitung von Autonomie und Handlungsspielräumen gegenüber der Familie bzw. Gemeinschaft ein Thema sein.

Im Hilfeprozess mit Herrn M. hat es sich als sehr hilfreich erwiesen, nicht zu schnell auf die Erarbeitung einer Verbesserung bzw. Lösung zu drängen, sondern Zeit für den Beziehungsaufbau zu geben. Nur so konnte er schließlich über seinen Gesichtsverlust, auch gegenüber den in der Türkei gebliebenen, traditionell eingestellten Familienmitgliedern sprechen.

Im Rahmen der Begleitung, Beratung oder Behandlung kann die *Angst vor einem Verlust der „Ehre"* dazu führen, dass schwierige Themen, wie z. B. sexuelle Gewalt oder Folter, verschwiegen werden, da mit dem Verlust der Ehre der eigene Ausschluss aus der Familie bzw. der Ausschluss der Familie aus der Gemeinschaft drohen würde (vgl. Kizilhan 2018c, S. 64).

Praxistipp

Bei der Arbeit mit Menschen mit Migrationshintergrund können kollektiv-dysfunktionale Kognitionen des Ehrverlustes, die Angst vor einer möglichen Zerstörung der Gesamtfamilie und Ausgliederung durch die Herkunftsgemeinschaft eine wichtige Rolle spielen.

Ein kultursensibles Verständnis für Emotionen und Emotionalität ist oft ein „Schlüssel" im Hilfeprozess. Es ist erforderlich, wenn Menschen aus kollektiven Kulturen stark beeinträchtigt sind und herkömmliche Vorgehensweisen aufgrund des unterschiedlichen Emotionsausdrucks, kulturspezifischen inneren und äußeren Konfliktbearbeitungsansätzen und -strategien nicht ausreichend wirken. Es ist außerdem wichtig, um Missverständnisse und Störungen in der Kommunikation und Beziehung zwischen Hilfesuchenden und Fachkraft zu vermeiden.

6. Sexualität und Gewalt

Das Thema Sexualität ist nicht nur ein sehr bedeutsames Thema für das allgemeine Wohlbefinden, sondern der Umgang damit ist auch sehr stark gesellschaftlich und kulturell geprägt.

In manchen Gesellschaften ist das Thema Sexualität gesellschaftlich gänzlich tabuisiert, was bei den Menschen, die dort sozialisiert wurden, zu erheblichen Unsicherheiten im Umgang damit führen kann. In Gesellschaften, in denen ein hierarchisches Geschlechterverhältnis vorherrscht, wirkt sich dies i. d. R. auch auf die Sexualität aus. In traditionellen Gesellschaften vermischen sich oft patriarchalische Sitten und Traditionen mit religiösen Verhaltensregeln (vgl. Baumeister 2007, S. 70), was dazu führt, dass Mädchen und Frauen oft nicht selbst über ihre Sexualität bestimmen können, also darüber, wann, mit wem und wie sie Geschlechtsverkehr haben möchten. In manchen dieser Gesellschaften besteht ein traditioneller „Ehrenkodex", der die Sexualität der Mädchen und Frauen an die „Familienehre" knüpft und dadurch die Kontrolle der Familienmitglieder darüber rechtfertigt.

Diese Wertvorstellungen können zum Teil auch bei nachfolgenden, eher westlich-modern-geprägten Generationen noch wirksam sein und vor allem für Mädchen und Frauen im Alltag zu zahlreichen Einschränkungen und Belastungen führen. Belastungen, die in der Begleitung von Betroffenen besonderer Kultursensitivität und Achtsamkeit bedürfen, sind Zwangsverheiratung und sexuelle Gewalt (Kizilhan 2006).

6.1 Zwangsverheiratung

Unter einer Zwangsverheiratung versteht man eine durch massiven psychischen Druck, durch Gewalt oder durch Androhung von Gewalt erzwungene Ehe (vgl. Groß 2008, S. 16).

Die Eltern der Betroffenen sind in der Regel einverstanden. Sie übernehmen in gewisser Weise die Rolle der Täter*innen und zwingen die eigene Tochter oder den Sohn zur Heirat mit einer vorbestimmten, teilweise bis zur Hochzeit nicht bekannten Person (vgl. İlkkaracan 1998, S. 70 f.). Die Zwangsverheiratung ist nicht an eine bestimmte Religion gebunden (vgl. Kizilhan 2015b, S. 430). Sie wird häufig in traditionell, kollektivistisch und patriarchalisch geprägten Gesellschaften praktiziert, als gängige Vorgehensweise und gestützt durch religiöse Bräuche (vgl. İlkkaracan 1998, S. 73). In diesen traditionellen Gesellschaften bzw. Gemeinschaften dient die Eheschließung dem Kollektiv, etwa der (Groß-)Familie oder dem Stamm (vgl. Kizilhan 2006, S. 29 ff.). Sie soll zum Schutz (z. B. Heirat in einen mächtigen Stamm) und zum Überleben (z. B. Kinderzeugung) des Kollektivs beitragen. Die Ehe wird hierbei funktional und weniger emotional bewertet (vgl. Toprak 2007, S. 72 ff.), die einzelne Person hat ihre Interessen und Bedürfnisse dem Wohl der Gemeinschaft bzw. des Kollektivs unterzuordnen. Dies wird ggfs. durch den Einsatz von Macht und Gewalt erwirkt.

Gleichzeitig sind die Praktiken der Zwangsverheiratung oft Ausdruck und Mittel der Unterordnung von Mädchen und Frauen in patriarchalischen Gesellschaften und Teil der gesellschaftlichen Kontrollmechanismen über die weibliche Sexualität (vgl. İlkkaracan 1998, S. 73). Zwangsverheiratung geht häufig einher mit anderen Formen schwerer innerfamiliärer Gewalt gegenüber den betroffenen Mädchen und Frauen, wie körperliche Misshandlung oder Erniedrigung (vgl. Strobl/Lobermeier 2007, S. 33).

Wehren sich Mädchen und Frauen gegen eine Zwangsverheiratung, wird dies in manchen Fällen als Verletzung der „Familienehre" interpretiert und sie werden durch die Eltern und durch Familienangehörige bedroht und unter erheblichen psychischen und physischen Druck gesetzt (vgl. Groß 2008, S. 16). Im Extremfall kann dies bis hin zur Ermordung durch engste, in der Regel männliche Familienangehörige führen, um durch den Tod die „Familienehre" wiederherzustellen. Die Rede ist dann von sogenannten „Ehrenmorden" (Kizilhan 2011b).

Fügen sich die Betroffenen, ist die Ehe nach einer Zwangsverheiratung häufig durch häusliche, psychische, physische und insbesondere sexuelle Gewalt gegenüber der Frau bzw. dem Mädchen geprägt (vgl. Kizilhan 2015b, S. 434). Die mit der Zwangsverheiratung verbundenen erheblichen Belastungen wie Ängste, Gewalterfahrungen und Ausgrenzungen innerhalb der Ehe und des sozialen Umfelds, haben oft schwerwiegende medizinische und psychosoziale Folgen. Die betroffenen Mädchen und Frauen erkranken häufiger an bestimmten psychischen Erkrankungen (Depressionen, Persönlichkeitsstörungen, Essstörungen und psychosomatische Beschwerden). Gleichzeitig sind im Falle einer Erkrankung auch die Symptome stärker. Deutlich häufiger haben zwangsverheiratete Frauen auch Suizidgedanken (vgl. Kizilhan 2015b, S. 433).

Nur wenige zwangsverheiratete Frauen entscheiden sich für eine Trennung oder Scheidung – aus religiösen oder kulturellen Gründen, jedoch auch aufgrund der sozialen und finanziellen Abhängigkeit und da sie dann mit noch schwererer Gewalt durch den Ehemann und dessen Familie, aber auch durch die eigene Familie rechnen müssen (vgl. Schröttle/Müller 2004, S. 79).

Auch Jungen bzw. junge Männer sind von Zwangsverheiratung betroffen, wenn auch seltener. Es kommt vor, dass auch sie bei einer Weigerung bedroht, beschimpft, geschlagen und in extremen Fällen ermordet werden. Auch diese berichten über zahlreiche Belastungen und Konflikte in der Ehe, allerdings nicht von Gewalterfahrungen, welche bei den Frauen sehr häufig vorkommen (vgl. Kizilhan 2015b, S. 435). Studien zu den möglichen Belastungen zwangsverheirateter Männer fehlen bislang.

Kurz zusammengefasst

In manchen Gesellschaften wird auch heute noch die Zwangsverheiratung praktiziert. Sie ist Ausdruck und Praxis der Unterwerfung von Frauen und Mädchen und häufig mit anderen Formen von Gewalt vor und nach der Verheiratung verbunden.

Anregungen zur (Selbst-)Reflexion

- Kennen Sie Menschen, die unter Zwang verheiratet wurden?
- Wenn Sie an unsere Gesellschaft in Deutschland denken, wie haben sich hier die Frauenrechte und die Gesetze zur Gleichbehandlung in den letzten Jahrzehnten entwickelt?
- Kennen Sie die deutschen Gesetze und Rechte zur Eheschließung (im Bürgerlichen Gesetzbuch bzw. Strafgesetzbuch)?

6.1.1 Zwangsverheiratung in Deutschland

Bei der Arbeit mit Menschen mit Migrationsgeschichte kann ein Verständnis des Themas Zwangsverheiratung insbesondere in zwei Kontexten von Bedeutung sein, zum einen für die Arbeit mit Erwachsenen, in der Regel Frauen, die zum Teil schon als Kind[5] zwangsverheiratet wurden und unter den Folgen leiden, zum anderen bei der Arbeit mit Jugendlichen und jungen Erwachsenen, die von einer Zwangsverheiratung bedroht oder betroffen sind.

Trotz Verbot findet Zwangsverheiratung auch in Deutschland statt bzw. wird von Deutschland aus mitinitiiert. Hier lassen sich vier Formen bzw. Vorgehensweisen unterscheiden (vgl. Groß 2008, S. 16):

- die Zwangsverheiratung von Deutschen mit Migrationshintergrund, mit dem Ziel, die Bindung an die Herkunftskultur zu stärken,
- die Zwangsverheiratung mit einem ausländischen Ehemann, um diesem eine Aufenthaltsgenehmigung in Deutschland zu ermöglichen,

5 Laut UNICEF (2020a) werden weltweit ca. 12 Millionen Mädchen jährlich vor ihrem 18. Geburtstag verheiratet. In vielen islamisch geprägten Ländern kommt es außerdem häufiger vor, dass ältere Männer Mädchen zwischen 11 und 13 Jahren heiraten (vgl. Ateş 2016, S. 158).

- die Importehe, bei der ein oft sehr junges, „traditionell" erzogenes Mädchen aus dem Ausland mit einem in Deutschland lebenden Mann verheiratet wird, und
- die Zwangsverheiratung in den „Ferien", bei der in Deutschland lebende Frauen und Mädchen im Herkunftsland der Eltern zur Heirat eines dort lebenden Mannes und zum Verbleib in diesem Land gezwungen werden (Verschleppung) (vgl. Groß 2008, S. 17).

Kurz zusammengefasst

Auch in Deutschland lebende Mädchen und Frauen (wie auch Jungen und Männer) können von einer Zwangsverheiratung in Deutschland oder im „Urlaub" im Herkunftsland betroffen sein.

Anregungen zur (Selbst-)Reflexion

- Wird Zwangsverheiratung im Rahmen Ihrer Arbeit thematisiert, z. B. durch präventive Angebote für Jugendliche, eine standardisierte Vorgehensweise zur Gefahreneinschätzung oder Angebote für Erwachsene zum Thema Partnerschaft?

6.1.2 Arrangierte Ehen

Von einer Zwangsverheiratung abgegrenzt wird häufig die sogenannte arrangierte Ehe. Diese wird ebenfalls von den Eltern, weiteren Verwandten und Bekannten initiiert, jedoch wird hier das Einverständnis beider zukünftiger Eheleute vorausgesetzt. Eine arrangierte Ehe muss für das Paar nicht zwangsläufig problematisch und mit Unterdrückung und häuslicher Gewalt verbunden sein, wenn die Entscheidung bzw. Zustimmung zu dem vorbestimmten Partner bzw. der Partnerin aus freiem Willen getroffen werden kann (vgl. Straßburger 2007, S. 69). Allerdings sind die Grenzen zur Zwangsheirat fließend. Sollte durch Sozialisation gelernt worden sein, die eigenen Interessen dem Wohl der Gemeinschaft unterzuordnen und den Eltern, Verwandten oder Bekannten nicht zu widersprechen, wird die Heirat zwar stillschweigend akzeptiert, sie stellt jedoch trotzdem eine gewisse Form der Zwangsverheiratung dar (Fish 2010; Imamoğlu/Ads/Weisfeld 2019). Auch kann der Wille bereits sehr subtil beeinflusst werden, durch die Betonung familiärer Erwartungen (vgl. Straßburger 2007, S. 70) oder der negativen (wirtschaftlichen oder sozialen) Folgen einer Ablehnung des Heiratskandidaten für die Familie.

Kurz zusammengefasst

Nicht alle Eheschließungen, bei denen der Partner bzw. die Partnerin durch die Eltern oder Verwandten ausgesucht wurden, werden als Zwangsverheiratungen betrachtet, sofern die Eheleute ein Mitspracherecht haben und die sogenannte „arrangierte Ehe“ als kulturelle Praxis unterstützen. Die Grenzen sind jedoch fließend.

Anregungen zur (Selbst-)Reflexion

- Welche Einstellungen haben Sie persönlich zur Ehe allgemein und zur „arrangierten Ehe“?
- Welche Bedeutung könnte Ihre persönliche Einstellung für Ihre Professionalität gegenüber Menschen haben, die in einer „arrangierten Ehe“ geheiratet haben?

6.2 Sexuelle Gewalt

Sexuelle Gewalt „[…] tritt als Form der geschlechtsbezogenen Gewalt häufig im häuslichen Umfeld auf. Sie ist definiert als Gewalt zwischen Erwachsenen in der Familie oder Paarbeziehung […]“ (Teubert/Sauer 2018, S. 400) und umfasst alle sexuellen Handlungen, die durch Ausübung von Kontrolle und Macht einer anderen Person aufgedrängt oder aufgezwungen werden (vgl. Bundesministerium für Arbeit, Familie und Jugend Österreich 2020, o. S.). In ihr drücken sich auch ungleiche Geschlechterverhältnisse aus, so sind in der überwiegenden Zahl der Fälle Frauen (und Mädchen) die Opfer.[6] Kinder und Jugendliche sind hierbei häufig nicht nur Zeug*innen der Gewalt ihrer Eltern, sondern auch selbst direkt betroffen (vgl. Maschewsky-Schneider et al. 2004, S. 23).

Bei sexueller Gewalt gegen Kinder und Jugendliche wird oft von „sexuellem Missbrauch“[7] gesprochen. Aus rechtlicher Sicht umfasst dieser in Deutschland jede sexuelle Handlung, die von Erwachsenen an Mädchen und Jungen unter 14 Jahren vorgenommen wird. Es handelt sich auch um „sexuellen Missbrauch“, wenn Kinder über 14 Jahren (und Erwachsene) aufgrund von körperlicher, seelischer, geistiger und/oder sprachlicher Unterlegenheit nicht wissentlich zustimmen können und der Täter oder die Täterin dabei seine bzw. ihre Machtposition ausnutzt. Sexuelle Gewalt gegen Kinder und Jugendliche findet nicht nur im häuslichen Umfeld statt.

Wichtig ist, sexuelle Gewalt ist keine Besonderheit von bestimmten Kulturen, Gesellschaften oder Personengruppen. Auch in Deutschland gibt es schichtunabhängig sexuelle Gewalt. Im Folgenden soll der Schwerpunkt je-

6 Laut UNICEF (2020b) sind weltweit ca. 15 Millionen Mädchen zwischen 15 und 19 Jahren bereits Opfer sexualisierter Gewalt geworden.

7 Da der Begriff „sexueller Missbrauch“ impliziert, dass es auch einen zulässigen „sexuellen Gebrauch“ geben könnte, wird dieser Begriff zunehmend vermieden, im Gesetzestext (StGB) ist er allerdings noch so benannt.

doch, entsprechend der Ausrichtung dieses Buches, auf spezifischen Aspekten für die Arbeit mit Menschen mit Migrationsgeschichte liegen.

In Kriegs- und Bürgerkriegsgebieten, z. B. im ehemaligen Jugoslawien und in afrikanischen und asiatischen Ländern, wurde und wird nach wie vor schwere sexuelle Gewalt (gegen Kinder und Jugendliche, gegen Frauen und auch gegen Männer) zum Teil systematisch als Kriegswaffe eingesetzt (vgl. Save the Children Deutschland 2019, S. 18 f.).

Gleichzeitig scheint sexuelle Gewalt in verschiedenen Ländern auch ein gesamtgesellschaftliches Problem in Friedenszeiten zu sein. Sexuelle Gewalt, insbesondere an Kindern, ist in den meisten Gesellschaften nach wie vor ein Tabuthema. Es beschäftigt uns dennoch seit jeher und in allen Kulturen, wobei die Prävalenzraten, die Ursachenerklärungen und die Vorstellungen darüber, wie damit umzugehen ist, unterschiedlich sind. Während sich in der westlichen Welt in den letzten 30 Jahren sowohl die Forschung wie auch die Öffentlichkeit zunehmend diesem Thema widmet, kann dies in den Nicht-Industrieländern und der islamischen Welt nicht beobachtet werden (vgl. Ateş 2016, S. 159). Die Reaktionen der Bevölkerung, der gesellschaftlichen Institutionen (z. B. der Polizei) und der Gesundheitsberufe in arabischen Ländern wie z. B. Iran oder in Teilen der Türkei, in Indien oder auch in den ehemaligen Sowjetrepubliken zeugen – von Ausnahmen abgesehen – von geringem Interesse am Leid der Opfer bis hin zu einer feindseligen Ablehnung Betroffener. In Indien z. B. wurde dies u. a. im Jahr 2012 durch den öffentlich gewordenen Fall einer jungen Frau, die von mehreren Männern in einem Bus vergewaltigt und getötet wurde, deutlich.

Unter den zugewanderten Menschen in Deutschland zählen vor allem unbegleitete minderjährige Ausländer*innen, Kinder illegal eingewanderter Familien und auch Kinder aus Kriegsgebieten, die in der Heimat, auf der Flucht, aber auch im Aufnahmeland kaum geschützt sind, zur Hochrisikogruppe für sexuelle Gewalt (Hodes et al. 2008; Fedeli et al. 2010). Aus gesamtgesellschaftlicher und politischer Sicht ist die zunehmende Zahl von rassistisch motivierter Gewalt gegenüber Menschen mit Migrationsgeschichte ein weiterer Aspekt, der zu berücksichtigen ist (Pearce et al. 2004). Allerdings sind die Daten zu sexuellen Übergriffen im Zusammenhang mit rassistisch motivierter Gewalt bisher nicht ausreichend empirisch erhoben worden.

Kulturelle Vorstellungen von Familie und Religion, individuelle Biografien und Migrationserfahrungen erschweren es Menschen mit Migrationshintergrund möglicherweise, sich dem Thema sexuelle Gewalt (gegen Kinder und Jugendliche) sowohl in der Öffentlichkeit als auch in Institutionen zu stellen. Dies macht es schwierig, passgenaue Präventionskonzepte für Familien mit Migrationsgeschichte zu entwickeln und einzusetzen. Außerdem fehlt es – angesichts der heterogenen Migrationsgesellschaft in Deutschland, mit Menschen aus über 190 verschiedenen Herkunftsländern (vgl. Statistisches Bundesamt

2020b, o. S.) und einem Vielfachen an ethnischen Hintergründen, unterschiedlichsten Migrationserfahrungen und einer entsprechenden Vielzahl an kulturellen, sozialen und religiösen Werten – an ausreichenden Informationen über sexuelle Gewalt in Familien mit Migrationserfahrung. Dies erschwert die kultursensible Anpassung bestehender Hilfesysteme und -konzepte.

Kurz zusammengefasst

Sexuelle Gewalt ist ein Ausdruck von Machtmissbrauch und trifft gesellschaftlich schwächere bzw. weniger geschützte Gruppen wie Kinder und Frauen oder Menschen ohne legale Aufenthaltserlaubnis besonders. Insbesondere in Kriegsgebieten und in traditionellen patriarchalisch geprägten Gesellschaften ist sexuelle Gewalt verbreitet, jedoch gibt es sexuelle Gewalt auch in Deutschland, auch bei Menschen ohne Migrationsgeschichte. Präventions- und Interventionskonzepte müssen die verschiedenen kulturellen, sozialen und religiösen Werte berücksichtigen, um Legitimationen für sexuelle Gewalt wirksam entkräften zu können.

Anregungen zur (Selbst-)Reflexion

- Ist sexuelle Gewalt in Ihrem Arbeitsbereich bzw. bei den Menschen, mit denen Sie arbeiten, ein (mögliches) Thema?
- Erleben Sie in Ihrem Arbeitskontext Aussagen oder Einstellungen, die sexuelle Gewalt legitimieren oder verharmlosen? Wenn ja, wie gehen Sie damit um? Haben Sie Möglichkeiten, diese aufzugreifen und zu entkräften?

Da ein beträchtlicher Teil der Menschen mit Migrationserfahrung aus schamgeprägten Kulturen kommt, wird im folgenden Kapitel gesondert auf Aspekte sexueller Gewalt in diesen Gesellschaften eingegangen.

6.2.1 Sexuelle Gewalt und Schamkultur

Sexuelle Gewalt verletzt das Intimste einer Person. Die meisten Betroffenen entwickeln daher, unabhängig von der gesellschaftlichen Sozialisation, starke Schamgefühle in Bezug auf den eigenen Körper und die eigene Person. In einer Schamkultur kommen jedoch noch Schamgefühle in Bezug auf einen möglichen Gesichtsverlust in der Gemeinschaft hinzu.

Betroffene entwickeln oft eine hohe Scham, da sie nicht in der Lage waren, die Tat zu verhindern. Hinzu kommt, dass die Tat auch die eigene Familie in der Gemeinschaft als schwach erscheinen lässt, da diese nicht in der Lage war, das Familienmitglied zu schützen. Das Gefühl, die Familie in eine schwierige Situation gebracht zu haben, kann zu Gefühlen von wahrgenommener „Schande" bis hin zu Suizid oder Suizidversuchen bei den Betroffenen führen.

Oft verstärken religionsspezifische Vorstellungen von Sexualität in „Schamkulturen“ die Angst davor, über erlittene sexuelle Gewalt zu sprechen. So ist es z. B. nach islamischem Glauben für eine Frau eine Pflicht, jungfräulich in die Ehe zu gehen. Jungfräulichkeit wird mit der Unversehrtheit des Hymens gleichgesetzt. Ist dieses in der Hochzeitsnacht nicht intakt, ist die Ehre der Familie der Frau verletzt. Die Angst, als „ehrlos“ von der eigenen Familie ausgegrenzt zu werden oder die eigene Familie in Schwierigkeiten zu bringen, weil das Hymen nach erlittener Gewalt nicht mehr intakt ist, erschwert es den Betroffenen, sich einem Familienmitglied oder gar einer fremden Person anzuvertrauen. Dies führt dazu, dass viele Gewalttaten im Verborgenen bleiben.

Gerade wenn die Gefahr besteht, als Betroffene*r von der eigenen sozialen Gemeinschaft sanktioniert und ausgegrenzt zu werden, kann sexuelle Gewalt im Kindesalter und oft auch im Erwachsenenalter psychologisch nicht verarbeitet werden und zur Entwicklung von psychischen Erkrankungen beitragen.

Kurz zusammengefasst

In „Schamkulturen“ wird aus Angst vor Ausgrenzung und Stigmatisierung und aus Sorge um einen Gesichtsverlust der Familie erlittene sexuelle Gewalt oft verschwiegen. Dies hat zur Folge, dass die Tat unbestraft bleibt und die Verarbeitung für das Opfer erschwert wird.

Anregungen zur (Selbst-)Reflexion

- Arbeiten Sie mit Menschen, die von der Herkunft her durch eine „Schamkultur“ geprägt sind? Wenn ja, wie ermöglichen Sie den Aufbau eines Vertrauensverhältnisses, in dem auch schambesetzte Themen angesprochen werden können?

6.2.2 Folgen für Kinder

Sexuelle Gewalt hat insbesondere für Kinder oft schwere und dauerhafte Folgen. Manche Kinder leiden noch Jahre nach der erlittenen Gewalt unter Depressionen, Trauma- oder Persönlichkeitsstörungen und Suizidgefährdung. Die psychosomatischen Symptome können dabei auch kulturspezifisch ausgeprägt sein (vgl. Assion 2005, S. 139 f.). So stellte Kizilhan (2011c) bei jungen türkischen Mädchen nach einer Vergewaltigung fest, dass sie neben einer Traumastörung auch einen Waschzwang entwickelten, da sie ihren Körper als verschmutzt ansahen. Sie waren täglich mehrere Stunden mit seiner Reinigung beschäftigt. Ein Grund dafür war, dass die Mädchen schon als Kinder gelernt hatten, vor den täglichen Gebeten bestimmte Rituale, dazu zählten auch Waschungen, wie es im Islam vorgeschrieben ist, vorzunehmen. Die dysfunktionale Überzeugung eines verschmutzten Körpers infolge der Vergewaltigung verstärkte dies. Dabei steht der Waschzwang weniger mit der religiösen Erziehung in Zusammenhang als vielmehr mit der täglichen Religionsausübung.

Neben psychosomatischen Beschwerden, die sich kulturspezifisch anders zeigen und anders erlebt werden, berichten Studien über Symptome wie Kopf-, Hals-, Magen- und Unterleibsschmerzen ohne erkennbare organische Ursachen, wie sich auch bei Kindern ohne Migrationsgeschichte auftreten. Ess- und Schlafstörungen sowie Erstickungsanfälle und Sprachstörungen können hinzukommen. Kinder, die sexuelle Gewalt erleiden und die noch in der Familie mit dem Täter bzw. der Täterin leben, leiden unter besonders schweren Schlafstörungen und Albträumen, da hier die Gewalt meist nachts ausgeübt wird und noch andauert.

Besonders schwierig kann für die Betroffenen und das Umfeld sein, dass sexuelle Gewalt nicht immer gewalttätig ist, im Sinne des Zufügens von körperlichen Schmerzen. In manchen Fällen geht der Täter bzw. die Täterin zärtlich, liebevoll und zugleich dominant vor. Es ist dann also eine Form der Gewalt, die die Betroffenen in ambivalente Situationen bringt: Das Elternteil, Großelternteil, die bekannte oder befreundete Person der Familie, der Lehrer bzw. die Lehrerin etc. suggeriert, er bzw. sie möchte etwas Liebevolles tun, überschreitet dabei aber auf eine für die Betroffenen brutale, abscheuliche Art körperliche und seelische Grenzen. Macht wird dabei nicht selten mit einer freundlichen Fassade durchgesetzt. Durch Erklärungen wie „Wenn du nicht so sexy wärst…“, „Wenn du dich nicht so aufreizend kleiden würdest…“ und „Ich merke doch, wie dein Körper reagiert, du willst es doch auch…“ gibt der Täter bzw. die Täterin dem oder der Betroffenen das Gefühl, mitzumachen. So wird bewusst suggeriert, das Kind oder der bzw. die Jugendliche sei selbst daran schuld. Für die Betroffenen kommt erschwerend hinzu, dass manchmal im Zusammenhang mit sexueller Gewalt körperliche Lust bis hin zum Orgasmus erlebt wird (vgl. Sigusch 2011, S. 1900): Die körperliche Reaktion auf die sexuelle Stimulation überlagert dann das psychische und physische Gewalterleben (vgl. Teubert/Sauer 2018, S. 402).

Kurz zusammengefasst

Die Folgen sexualisierter Gewalt sind oft langwierig und schwerwiegend und können psychosomatische Symptome, die sich je nach kulturellem Hintergrund unterschiedlich zeigen können, wie auch körperliche Beschwerden umfassen.

Anregungen zur (Selbst-)Reflexion

- Falls Sie mit Kindern und Jugendlichen arbeiten, gibt es bei Ihrer Arbeit ein Schutzkonzept zu sexualisierter Gewalt? Gibt es eine Vorgehensweise für den Fall, dass ein Verdacht besteht? Wissen Sie, was bei der Begleitung der Betroffenen zu beachten ist?

6.3 Sexualität und Gewalt in der Praxis

Da die psychischen und sozialen Folgen von Zwangsverheiratung und sexueller Gewalt so schwerwiegend sind, muss in der Praxis ein besonderer Schwerpunkt auf der Prävention liegen. Gewaltpräventions- und Gewaltschutzkonzepte sollten grundsätzlich darauf ausgelegt sein, Menschen in ihrer Eigenverantwortung, Selbstwirksamkeit und im grenzachtenden Verhalten zu stärken. Hierbei wird von *Verhaltensprävention* (→) gesprochen, bei der der Fokus auf der individuellen Person liegt. Gewaltprävention darf aber nicht nur darauf abzielen, die betroffene Person zu stärken. Sie muss auch dafür sorgen, dass der Schutz jeder Person als gesamtgesellschaftliche Aufgabe gesehen wird, damit nicht die Einzelnen erst gestärkt und dann einem System, in dem (sexualisierte) Gewalt nicht selten legitimiert, bagatellisiert oder ignoriert wird, überlassen werden. Entsprechende Ansätze werden als *Verhältnisprävention* (→) bezeichnet.

Praxistipp

Gewaltprävention bedeutet, sich sowohl an Einzelne als auch an Familien, Einrichtungen (z. B. Kindergärten und Schulen), an das soziale Umfeld (z. B. Migrant*innenvereine oder Moscheegemeinden) und an die Politik zu richten. Sie umfasst die Verhaltensebene wie auch die Ebene der Verhältnisse.

6.3.1 Gewaltprävention auf der Ebene der Verhältnisse

Werden Menschen oder bestimmte Gruppen von Menschen zielgerichtet durch Gewalt geschädigt, dies kann physisch, psychisch, materiell oder gesellschaftlich sein, dann ist dies nur durch die Ausübung bzw. den Missbrauch von Macht möglich. „Gewalt ist immer an Macht geknüpft, denn nur Macht ermöglicht dauerhafte, zielgerichtete Aggressionen […].“ (Kizilhan/Salman 2015, S. 8). Die Machtverhältnisse sind immer gesellschaftlich bedingt, durch unterschiedliche Zugänge zu Ressourcen und Verwirklichungschancen (z. B. zu Bildung, Arbeit, finanzieller Unterstützung, politischer Lobby), die sich auch in den Institutionen widerspiegeln. Je ungleicher die Rechte und Machtverhältnisse sind, z. B. zwischen den Geschlechtern, Generationen oder Menschen mit und ohne Zuwanderungsgeschichte, desto mehr wird das Ausüben von Gewalt begünstigt. Daher müssen im Rahmen von Präventionskonzepten immer auch die sozialen Rahmenbedingungen und die gesellschaftlichen und institutionellen Machtverhältnisse mit bearbeitet werden. Ohne ein Bewusstsein und Praktizieren von grenzachtendem Umgang auf gesamtgesellschaftlicher Ebene, also das Schaffen von vor Gewalt schützenden Verhältnissen, kann Gewaltprävention nicht nachhaltig wirken.

Es ist also notwendig, zu verstehen, dass das Verständnis von grenzachtendem Umgang, Sexualität und sexualisierter Gewalt auch durch den gesellschaftlichen Umgang geprägt ist. Galtung (1998, S. 341 ff.) nennt dies „kulturelle Gewalt“. Das heißt, Gewalt kann gesamtgesellschaftlich legitimiert, beschönigt, vernebelt und auch verherrlicht werden. Bezogen auf Deutschland zeigen Analysen im Kinderschutz, dass gerade die Verhältnisse in pädagogischen Kontexten nicht selten sexualisierte Gewalt begünstigen (ausführlich dazu Pöter/Wazlawik 2018). Aber auch die Tabuisierung von sexualisierter Gewalt in Deutschland in den letzten 20 Jahren zeigt, dass wir bisher gesamtgesellschaftlich vermutlich in einer eher Gewalt begünstigenden Kultur leben.

Abbildung 7 zeigt als Überblick unterschiedliche Ebenen und gesellschaftliche Zusammenhänge, die sowohl direkt als auch indirekt sexualisierte Gewalt, aber auch andere Formen von Gewalt, fördern (vgl. Teubert/Sauer 2018, S. 401). Flankiert und bestärkt werden die Gewaltformen durch eine Gewaltsymbolik und durch Gewalt, die durch Sprache verübt wird.

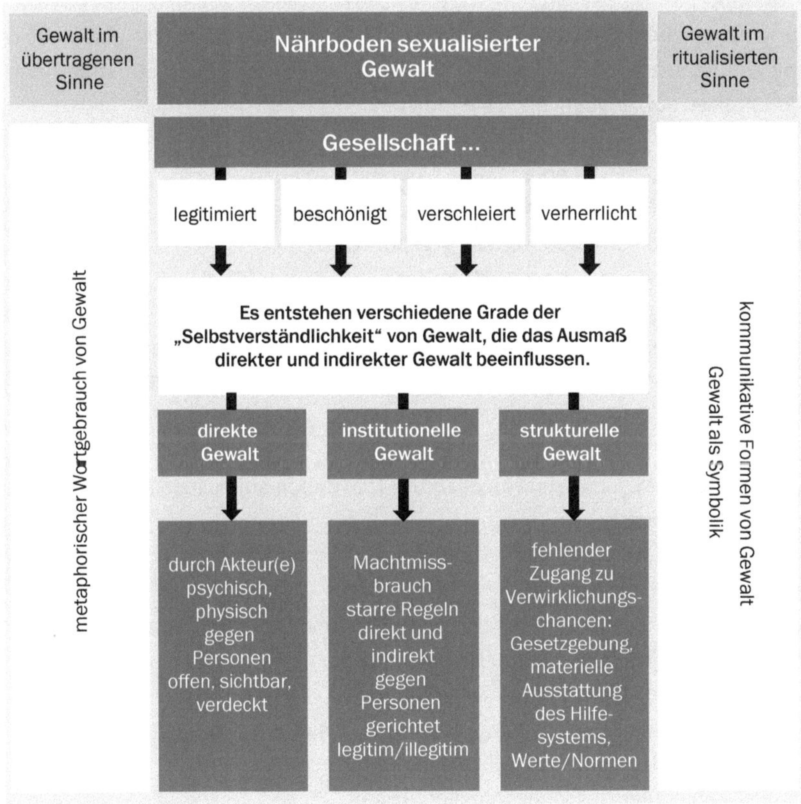

Abbildung 7: Zentrales Begriffs- und Bedeutungsfeld von Gewalt (Teubert 2018, angelehnt an Imbusch 2002)

Aus diesen Zusammenhängen ergeben sich Ansatzpunkte für die Gewaltprävention auf der Ebene der Verhältnisse. Bei Präventionsansätzen für Menschen mit Migrationsgeschichte sind oft sowohl die Verhältnisse in Deutschland wie auch die der Herkunftsgesellschaft wirksam. Beides muss also berücksichtigt werden, wie auch mögliche Wechselwirkungen.

Sexualisierte Gewalt kann verhindert und bearbeitet werden, indem die Entstehungszusammenhänge und Schutzmöglichkeiten sowohl bei der einzelnen Person und ihrem sozialen Umfeld als auch im gesellschaftlichen Bewusstsein verankert sind. Dafür ist die Schaffung eines Bewusstseins für einen grenzachtenden Umgang, sowohl in Einrichtungen wie Schulen und Kitas als auch im Beratungskontext, erforderlich. Betroffene sollten barrierefrei Zugang zu Informationen zu Rechten und Schutzmöglichkeiten erhalten. Fachkräfte in sozialen Berufen benötigen eine grundsätzliche Haltung zum Phänomen Gewalt und einen sensiblen Umgang mit Machtverhältnissen.

Praxistipp

Für eine ganzheitliche Gewaltprävention und als Voraussetzung für einen nachhaltigen Schutz auf individueller Ebene sind gewaltschützende Strukturen und Verhältnisse aufzubauen, die folgende Punkte sicherstellen:

- Gewalthandeln wird erkannt und nicht mehr toleriert.
- Eine gewaltfreie Sprache wird eingesetzt (z. B. Rosenberg 2012).
- Gesetze und Verfahren werden angepasst.
- Risikofaktoren in pädagogischen Kontexten (Pöter/Wazlawik 2018) werden eliminiert.
- „Schlüsselpersonen aus Gesellschaft und Politik positionieren sich und agieren entsprechend grenzachtend mit einem selbstreflexiven Machtbewusstsein" (Teubert/Sauer 2018, S. 404 f.).

Im Kontext von Migration und Flucht muss Prävention auf politischer Ebene auch folgendes umfassen:

- Einsatz für Frauenrechte
- Mobilisierung von Migrant*innenorganisationen, die sich für ein demokratisches und gleichberechtigtes Leben einsetzen
- Initiativen von Geflüchteten aufgreifen
- gemeinsames Mobilisieren gegen Kriminalisierung von Migrant*innen aufgrund ihrer Herkunft und Religion
- klare Ablehnung jeglicher Form von Gewalt
- Vernetzung professioneller und ehrenamtlicher Arbeit, auch unter Einbezug migrantischer Selbstorganisationen (Goltz 2015)

Eine interdisziplinäre Zusammenarbeit mit Fachberatungsstellen, Therapeut*innen, Jugendämtern und Regeleinrichtungen, Migrant*innenvereinen und Moscheegemeinden sowie Kirchen sind eine wichtige Voraussetzung für die Entwicklung nachhaltiger *sozialräumlicher Strukturen* für die Gewaltprävention.

Muttersprachliche Fachkräfte oder auch Multiplikator*innen können hilfreich sein, um Zugang zu neu zugewanderten und geflüchteten Familien zu bekommen. Auch Informationsmaterial in verschiedenen Sprachen für Eltern und Betroffene, die nicht ausreichend die deutsche Sprache beherrschen, kann helfen, Sprachbarrieren zu überwinden. Besonders effektiv im Sinne einer Prävention sind gemeinsame Seminare und Workshops von Migrant*innenvereinen und staatlichen Institutionen, mit Expert*innen, Kindern und deren Familien. Die beteiligten Erzieher*innen, Lehrkräfte und andere Professionelle sollten dafür ausreichend kultursensibel ausgebildet sein.

Auch an Kindergärten und Schulen sollten spezielle kultursensible Programme oder Projekte angeboten werden. Ein starker familiärer Zusammenhalt und mögliche „Familiengeheimnisse" erschweren es Kindern, mit fremden Personen, dazu gehören auch Erzieher*innen und Lehrpersonen, zu sprechen. Daher sollten neben Themen wie Religion, Sexualität, Kinderrechte oder die Rolle der Familie auch Gefühle (insbesondere Schuld und Scham) sowie Möglichkeiten, wie Kinder sich einer erwachsenen Person anvertrauen können, besprochen werden. Es sollte auch explizit darauf hingewiesen werden, dass sexualisierte Gewalt gegen Kinder durch eigene Familienmitglieder vorkommen kann, ohne dabei die Kinder zu verunsichern. Im Fokus steht, die Kinder und Jugendlichen in ihren Kompetenzen und ihrem Selbstbewusstsein zu stärken und sie über ihre Rechte und über Hilfemöglichkeiten aufzuklären.

Im Rahmen der Elternarbeit sollte insbesondere für die Themen Kinderrechte, Gewalt an Kindern und häusliche Gewalt sensibilisiert werden (vgl. Bussmann 2005, S. 255). In vielen Herkunftsländern herrschen noch politische Gewalt, Krieg, die Verherrlichung von Gewalt in den Medien sowie gewaltlegitimierende Geschlechterrollen und Erziehungskonzepte, was zu einer erhöhten Gewalttoleranzschwelle innerhalb der Familie führen kann, auch noch nach der Ankunft in Deutschland (vgl. Klett 2020, S. 35 f.). Eine Sensibilisierung der Eltern dafür, wo (sexualisierte) Gewalt in der Familie beginnt, welche Formen es gibt und welche Folgen sie haben kann, ist daher wichtig.

Unter Berücksichtigung kulturspezifischer Aspekte der Familienstruktur ist zu überlegen, ob neben den Kindern und Eltern z. B. auch ältere Schwestern miteinbezogen werden sollten, da diese die deutsche Sprache möglicherweise ausreichend beherrschen, in Deutschland sozialisiert sind und außerdem eher Ansprechpartnerin ihrer jüngeren Schwestern sind als die eigene Mutter, weil sie diese nicht belasten wollen oder weil sie Angst vor einer Strafe etc. haben. Außerdem wissen diese oft mehr über Sexualität als ihre Eltern, die selbst möglicherweise nie richtig aufgeklärt wurden oder aufgrund ihrer traditionellen Erziehung kaum über Sexualität mit ihren Kindern sprechen.

Praxistipp

Gewaltpräventive sozialräumliche Ansätze zielen u. a. darauf ab, den Zugang der zugewanderten Familien, insbesondere der Kinder und Jugendlichen, zum Hilfesystem zu erleichtern und über die Rechte und die Gesetzeslage aufzuklären. Dies kann z. B. durch kultur- und migrationssensible Angebote an Kindergärten und Schulen, durch mehrsprachige Informationsmaterialien oder durch die Einbeziehung wichtiger Familienmitglieder erfolgen. Die Hilfe- und Unterstützungsangebote selbst sollten in Zusammenarbeit mit Migrant*innen-Selbstorganisationen erfolgen und auf die transnationalen und -kulturellen Lebenswelten ausgerichtet sein.

Gewaltprävention muss auch *in den Institutionen* selbst erfolgen. Bedeutsame Institutionen, in denen Gewaltprävention ein Thema sein muss, sind neben den Regeleinrichtungen (Kita und Schule) Behörden, Einrichtungen der Kinder-, Jugend- und Behindertenhilfe, Migrant*innen-Selbstorganisationen, religiöse Gemeinschaften und Vereine sowie das soziale Unterstützungssystem insgesamt. Überall dort, wo Machtungleichheit dadurch entsteht, dass es Fachleute gibt, die über Wissens- und auch Entscheidungsgewalt verfügen, gilt es, den Umgang miteinander so zu gestalten, dass die Würde des bzw. der Einzelnen gewahrt bleibt.

Praxistipp

Notwendig für eine institutionelle Prävention sind:

- Transparenz in den Abläufen, damit nachvollziehbar ist, wie Entscheidungen und Handlungen entstehen
- Interkulturelle Kompetenz, im Sinne einer „differenzsensiblen, reflexiv-selbstkritischen Haltung, die kulturelle Unterschiede weder betonen noch leugnen soll“ (Eppenstein/Kiesel 2008, zit. nach Kurt 2017, S. 330)
- Fachlich-reflexive Handlungskonzeptionen, die vor allem den Aspekt der Würde im Umgang der Fachkräfte untereinander und mit den Adressat*innen beinhalten (Reddemann 2020), gerade weil hier die Erwartung eines eher autoritären Umgangs der Fachkräfte mit den Adressat*innen im Raum steht
- Institutionelle Schutzkonzepte, die „gelebt“ werden

6.3.2 Individuelle Prävention bzw. Verhaltensprävention

Bei der auf die Einzelperson ausgerichteten Verhaltensprävention (→) geht es darum, der Person zu helfen, Handlungsspielräume zu erschließen und ggf. zu erweitern. Dafür wird die Person darin unterstützt, ein Gefühl für sich selbst zu entwickeln, um zu spüren, wann es ihr gut geht und wann dies aus bestimmten Gründen nicht der Fall ist. Aufbauend auf das Selbstempfinden kann eine Selbstwirksamkeit in Bezug auf die Personen im eigenen Umfeld entwickelt werden. Dabei geht es darum, sich gegenseitig deutlich zu machen, unter welchen Bedingungen eine positive Entwicklung und Selbstverwirklichung möglich sind und wann nicht. Das heißt auch, dass jede Person innerhalb ihres sozialen Nahraums Familie, Partner*innen und anderen vermitteln kann, wann diese die eigenen Grenzen überschreiten.

Ein weiterer wichtiger Schutzfaktor ist ein positives Selbstwertgefühl. Dieses beinhaltet eine positive Einschätzung der eigenen Persönlichkeit, der persönlichen Stärken und Schwächen und des Umgangs damit. Die Einstellung „Ich bin es wert, dass mit mir wertschätzend umgegangen und mir geholfen wird“ hilft, Gewalt zu verhindern bzw. mit deren Folgen besser umzugehen und sich Hilfe und Unterstützung zu suchen.

Bei der präventiven Arbeit mit sogenannten Risikogruppen (indizierte Prävention) sollen der Selbstschutz und die Stabilisierung u. a. auch durch das Aktivieren und Nutzen von sozialen Ressourcen gewährleistet werden. So schafft bspw. sozialraumorientierte Arbeit mit den Bewohner*innen eines Quartiers Austauschmöglichkeiten und sensibilisiert für das Thema (z. B. Chawla/Stövesand 2011). Familien- und Generationentreffs oder Migrant*innen-Selbstorganisationen bieten sich z. B. an, um soziale Ressourcen zu aktivieren, die einen „sicheren Ort“, also Schutzmöglichkeiten bieten.

Auch die Arbeit mit (potenziellen) Täter*innen gehört zum Bereich der individuellen Prävention.

Die Stärkung der Persönlichkeit, um letztlich in der Lage zu sein, sich selbst schützen zu können bzw. sich (wieder) als selbstwirksam zu erleben, steht im Vordergrund der am Individuum ansetzenden Prävention. Das Wissen um die Strafbarkeit der Tat und eine starke Persönlichkeit alleine reichen jedoch nicht aus, um Kinder und Jugendliche tatsächlich vor Gewalt zu schützen. Denn wenn sie nicht ernst genommen werden und keinen sicheren Raum erhalten, wird die eigene Stärke unter Umständen ad Absurdum geführt. Daher muss unbedingt darauf geachtet werden, dass parallel zur individuell ausgerichteten Prävention auch die Verhältnisse, in denen Kinder und Jugendliche aufwachsen, zu deren Schutz verändert werden (Pöter/Wazlawik 2018; Teubert 2018).

Die Wechselwirkung von *Verhalten* (Was tun die Kinder?) und *Verhältnissen* (Wo kommen die Kinder und Jugendlichen her? In welchem Umfeld leben sie gerade? Welche Rolle spielt(e) grenzachtendes Verhalten in ihrem Umfeld?) muss also bei der Gewaltprävention in den Fokus gerückt werden.

Für die präventive Arbeit mit Menschen mit Migrationsgeschichte ist es u. a. bedeutsam zu verstehen, wie selbstverständlich Gewalthandeln in deren bisherigem Umfeld eingeordnet wurde. Das gilt sowohl für den behördlichen Kontext in Deutschland und hier erfahrene rassistische Gewalt als auch für in einigen gesellschaftlichen Schichten und in einigen Regionen übliche Gewaltanwendung in der Erziehung (Teubert/Sauer 2018). Im Hinblick auf eine Zwangsverheiratung, aber auch auf andere, oft damit verbundene Formen von Einflussnahme und Gewalt, kann die Unterstützung bei der freien Entwicklung der Persönlichkeit und die Stärkung des Selbstbewusstseins besonders wichtig sein. Die Betroffenen sollten bei der Entwicklung von Möglichkeiten, sich gegen den familiären Druck zu wehren, unterstützt werden, ohne jedoch durch bestimmte westliche Vorstellungen einer Eheschließung ebenfalls wieder eingeschränkt zu werden (vgl. Straßburger 2007, S. 80).

Praxistipp

Individuelle Präventionsansätze zielen auf die Förderung von Selbstwert, Selbstschutz und Selbstwirksamkeit ab, z. B. durch das Aktivieren sozialer Ressourcen. Sie sind ergänzend zu den verhältnispräventiven Ansätzen zu sehen.

Neben dem Schutz vor (sexualisierter) Gewalt („Primärprävention" (→)) ist es ebenso wichtig, konkrete Fälle von (sexualisierter) Gewalt frühzeitig aufzudecken und möglichst rasch zu beenden („Sekundärprävention" (→)) sowie Betroffenen zu helfen, die Folgen bereits erlittener (sexualisierter) Gewalt aufzuarbeiten und einer Reviktimisierung (→) entgegenzuwirken („Tertiärprävention" (→)). Den Betroffenen soll so weit geholfen werden, dass sie in der Lage sind, mit diesen traumatischen Ereignissen umzugehen und ihr Leben einigermaßen in Normalität zu gestalten (vgl. Koch/Kruck 2000, S. 68). Täter*innen sollen daran gehindert werden, weitere Gewalt auszuüben. Hierfür ist oft ein kulturelles Hintergrundwissen über Sexualität und Gewalt erforderlich.

Ansätze der Sekundär- und Tertiärprävention können nur effektiv sein, wenn kultursensible Hilfesysteme existieren, Betroffene diese kennen und auch in Anspruch nehmen. Nach vorsichtiger Einschätzung scheint dies insbesondere bei Kindern und Jugendlichen mit Migrationsgeschichte nur zu einem sehr geringen Teil der Fall zu sein. Schon der Zugang vonseiten des Hilfesystems zu zugewanderten Familien mit traditionellen Vorstellungen ist recht schwierig. Wie bereits ausgeführt, kann sexualisierte Gewalt zum „Schutz des Kollektivs" und aus Angst vor Ausgrenzung verschwiegen werden. Bei ärztlichen Untersuchungen, z. B. wegen ständiger Unterbauchschmerzen oder wegen Verhaltensauffälligkeiten (Aggression, Selbstverletzungen, Depression,

Ängste etc.), werden die wahren Gründe dieser Beschwerden i.d.R. nicht genannt (Hodes et al. 2008).

Ob von *Zwangsheirat* Betroffene Hilfe finden, hängt oft stark von ihren sozialen Netzwerken ab. In den meisten Fällen sind es Freund*innen, die versuchen, sie durch ihr Netzwerk in die Beratungsstellen oder sogar zur Polizei zu bringen. Manchen zwangsverheirateten Frauen fehlen Informationen über ihre Rechte, das Hilfesystem und über Unterstützungsmöglichkeiten in Deutschland. Von Zwangsverheiratung bedrohte Mädchen und Frauen oder Frauen, die sich trennen oder scheiden lassen wollen, sind zum Teil in einem extremen Maß von Gewalt (im Namen der „Ehre") durch die eigene Familie oder den eigenen Partner betroffen. Die Gefährdung kann auch über Ländergrenzen hinweg bestehen. In der Phase der Hilfesuche und Trennung geht es bei vielen daher zunächst um die Ermöglichung von Sicherheit und Schutz. Hierbei kann es wichtig sein, frühzeitig Kontakt mit der Polizei und mit spezialisierten Schutzeinrichtungen aufzunehmen.

Besteht keine akute Gefährdung, kann eine medizinisch-psychiatrische Untersuchung und Behandlung hilfreich sein, um durch die Bearbeitung einer möglichen psychischen Erkrankung ggfs. eine Chronifizierung zu verhindern und um durch die Linderung der Symptome eine neue Lebensgestaltung zu ermöglichen.

Bei der Begleitung, Beratung oder Betreuung von Betroffenen ist es hilfreich, verschiedene transkulturelle Aspekte mit zu bedenken.

6.3.3 Begleitung, Beratung und Betreuung

Folgendes Fallbeispiel verdeutlicht, dass eine mögliche psychosoziale bzw. therapeutische Aufarbeitung erlebter sexueller Gewalt davon abhängt, wie eine Gesellschaft mit dem Thema Sexualität und Gewalt, hier in der Ehe, umgeht. Hohe moralische Vorstellungen und Einschränkungen führen gerade bei Mädchen und Frauen zu erheblicher Sorge und Angst, da besonders sie der Gefahr kollektivistischer Ausgrenzung ausgesetzt sind.

Fallbeispiel

Die 24-jährige türkischstämmige A. berichtet, dass sie bis zu ihrem 16. Lebensjahr in der Türkei bei ihren Großeltern gelebt habe. Die Eltern haben sie mit den anderen Geschwistern, die in Deutschland geboren waren, einmal im Jahr während des Urlaubs besucht. Sie habe lediglich acht Jahre die Schule besucht und habe dann nicht weiter zur Schule gedurft, da die Großeltern krank wurden und sie sie versorgen musste. Sie sei dann gegen ihren Willen im Alter von 16 Jahren mit einem 12 Jahre älteren türkischen Mann aus Deutschland verheiratet worden und zu ihm nach Deutschland gezogen. Hier habe sie nicht arbeiten dürfen und habe relativ schnell Kinder bekommen. Sie sei immer wieder von ihrem Ehemann geschlagen und vergewaltigt worden. Dieser sei alkohol- und spielsüchtig gewesen. Sie habe vorher keine sexuellen Erfahrungen gehabt und könne die Gewalt und Schmerzen, die ihr Ehmann ihr zugefügt habe, nicht vergessen. Sie berichtet, dass er oft fremdgehe und daraus kein Hehl mache, da er sie für sexuell unfähig halte. Er selbst sage offen, dass er sie nicht liebe, sondern seine Eltern ihn zur Ehe gezwungen haben. Er habe eine deutsche Freundin, die er nicht habe heiraten dürfen. A. weiß, dass ihr Ehemann weiterhin die Beziehung zu der deutschen Frau habe und wollte sich scheiden lassen. Die Eltern seien jedoch strikt dagegen, da es ein „Ehrverlust" sei, wenn sie die Ehe beende. A.s Schwiegereltern lebten mehre Jahre mit im Haus, und sie sei von ihnen regelrecht kontrolliert worden und habe kaum die Wohnung verlassen können. A. würde sich gerne scheiden lassen und mit ihren drei Kindern weggehen, wisse aber nicht, wie und wo sie hingehen solle. Sie habe keinen Beruf und kein Geld. Seitdem sie in Deutschland sei, gehe sie regelmäßig wegen Depressionen, Schlafstörungen und körperlichen Beschwerden zum Arzt, was ihr aber nicht wirklich geholfen habe. Sie sei einsam und habe keine Freude am Leben. Sie müsse sich aber um ihre Kinder kümmern und möchte nicht, dass sie eines Tages so wie sie leben.

Im Fall von A. war für eine Aufarbeitung der sexualisierten Gewalt ein Aufenthalt außerhalb der gewaltvollen Beziehung erforderlich.

A. wurde schließlich sechs Wochen in einer psychosomatischen Klinik behandelt. Unter Berücksichtigung ihres persönlichen und kulturspezifischen Krankheitsverständnisses und ihrer Vorstellungen von Krankheitsverarbeitung wurden geeignete Interventionen entwickelt. Sie wurde im geschützten Rahmen der Klinik in ihrer sozialen Kompetenz, in ihrem Selbstwertgefühl und ihrem Selbstwirksamkeitsgefühl bestärkt und über ihre Rechte und über Schutzmöglichkeiten in Deutschland aufgeklärt. Neben den Krankheitssymptomen wurde die erlittene Gewalt mit ihr aufgearbeitet.

Gerade bei einem so intimen und schambehafteten Thema wie Sexualität bzw. sexualisierte Gewalt ist der Aufbau einer Vertrauensbasis und professionellen Beziehung besonders wichtig. Die Berücksichtigung kulturspezifischer Aspekte kann hierbei Missverständnissen vorbeugen und helfen, eine angemessene Balance zwischen Nähe und Distanz zu finden.

Scham und Intimität

Der islamische Glaube prägt ein auf einem starken Schamgefühl basierendes Verständnis von körperlicher Unversehrtheit und Intimität, das für das alltägliche Leben moralische und praktische Implikationen hat. Daraus resultiert der Wunsch, den Körper sorgsam zu bedecken, sich vor Blicken zu schützen und

Körperkontakt mit nichtverwandten und unverheirateten Angehörigen des jeweils anderen Geschlechts zu vermeiden (vgl. Sure 24/30–31, Sure 33/59). Eine Frau muss eigentlich fast den gesamten Körper verhüllen, ausgenommen sind nur Hände, Füße und Gesicht. Das Schamgefühl beeinflusst möglicherweise auch individuelle Entscheidungen und Handlungsweisen in der Beratung und Begleitung. So kann z. B. das Geschlecht der Fachkraft (bei einer medizinischen oder therapeutischen Behandlung auch von Arzt bzw. Ärztin oder Therapeut*in) eine wichtige Rolle spielen.

Praxistipp

Bei Betroffenen islamischen Glaubens können andere Schamgrenzen wirken als wir in der westlichen Welt gewohnt sind. Geschlechtersensibles Arbeiten ist gerade bei sexueller Gewalt besonders wichtig.

Sprache

Bei der Beratung und bei Therapiegesprächen kann aufgrund der geringen Deutschkenntnisse der Einsatz von Sprachmittler*innen notwendig sein (vgl. Kapitel 9.2). Diese sollten aber nicht aus der gleichen sozialen Gemeinde kommen. Bei missbrauchten Mädchen sollte außerdem darauf geachtet werden, Sprachmittlerinnen einzusetzen. Kinder und Jugendliche mit komplexen Traumatisierungen, z. B. aus Kriegsgebieten oder aufgrund schwerer sexueller Gewalt, benötigen Sprachmittler*innen, die zum Thema Trauma ausgebildet sind.

Kinder und Jugendliche mit Migrationsgeschichte, die in Deutschland geboren und aufgewachsen sind, sprechen in der Regel gut Deutsch und können bei einer ausreichenden kultursensiblen Annäherung mit entsprechenden Tools von den Beratungen und Behandlungen profitieren.

Praxistipp

Bei tabuisierten Themen wie sexualisierter Gewalt ist die Schweigepflicht aller Beteiligten besonders wichtig. Für den Vertrauensaufbau kann es wichtig sein, dass der*die Sprachmittler*in nicht aus der gleichen sozialen Gemeinde kommt. Außerdem sollten die Fachkräfte und Sprachmittler*innen möglichst das gleiche Geschlecht haben wie die betroffene Person. Bei der Arbeit mit traumatisierten Gewaltopfern ist außerdem möglichst darauf zu achten, dass alle am Hilfeprozess Beteiligten, auch Sprachmittler*innen oder Therapeut*innen, zum Thema Gewalt und Trauma sowie zu Kultursensibilität geschult sind.

Im Fall von A. entstand durch die Trennung von Klinik und sozialem Umfeld ein „geschützter" Raum und unterstützte den Aufbau von Vertrauen. Sie konnte an einer auf Trauma spezialisierten Behandlung mit transkulturellem Konzept teilnehmen und muttersprachlich betreut werden, weshalb in ihrem

Fall kein*e Sprachmittler*in erforderlich und eine fachliche Expertise gegeben war.

Kulturell oder religiös begründete „Hürden“

Ein Krankheitsfall, aber auch die Suche nach Unterstützung, gerade bei sexueller Gewalt, stellt in vielerlei Hinsicht einen Ausnahmezustand bzw. Notfall dar. Dies führt dazu, dass islamische Regeln, die im Alltagsleben sonst gültig sind, teilweise und vorübergehend außer Kraft gesetzt werden können (z. B. Körperkontakt mit einer fremden Person im Rahmen einer medizinischen Untersuchung). Dies sollten die professionellen Helferinnen und Helfer im Sinne der Betroffenen nutzen.

Praxistipp

Treten kulturell oder religiös begründete „Hürden“ bei der Hilfe und Unterstützung auf, so sollten diese nicht vorschnell als Widerstand gegen die Hilfe gedeutet werden. Oft lassen sich kulturell bzw. religiös passende Lösungsmöglichkeiten erfragen (z. B.: Was sagt der Koran dazu? Wie werden solche Situationen normalerweise gelöst?). Kulturspezifisches bzw. religionsspezifisches Wissen ist hierfür hilfreich.

Kulturell geprägtes Krankheitsverständnis

Um Missverständnissen und Irritationen vorzubeugen sollte folgendes beachtet werden: Nicht alle Kinder und Jugendlichen verstehen gleich, dass körperliche Beschwerden auch etwas mit psychischen Konflikten zu tun haben können. Gerade von sexueller Gewalt betroffene Kinder und Jugendliche berichten häufig über diffuse und unklare Bauchschmerzen, ohne die Gewalt zu erwähnen. Diese sind vor diesem Hintergrund unbedingt sehr ernst zu nehmen und zunächst auch so zu behandeln, wie körperliche Symptome in der Regel behandelt werden. Eine Bewertung als „psychosomatisch“ bleibt eher unverstanden und wird als nicht bedeutsam eingeordnet. Dies kann sich wiederum negativ auf die Beziehung auswirken.

Auch bei Erwachsenen mit traditioneller Orientierung sind deren kulturelle Besonderheiten zu respektieren, etwa wenn es darum geht, Zusammenhänge zwischen Körper und Psyche zu erklären. Körperliche Beschwerden sollten beispielsweise nicht einfach auf psychische Konflikte reduziert werden, obwohl bekannt ist, dass Betroffene aus traditionellen Gesellschaften häufiger über unspezifische Symptome berichten (vgl. Kizilhan/Bermejo 2009, S. 513).

Praxistipp

Bei körperlichen oder psychischen Beschwerden infolge von Gewalt sollte das individuelle bzw. kulturell geprägte Krankheitsverständnis erfragt und respektiert werden. Daran anknüpfend kann ggfs. im Sinne einer Psychoedukation über den westlichen Wissensstand und daraus abgeleitete Lösungs- bzw. Behandlungsmöglichkeiten informiert werden. Auch psychoedukative Maßnahmen und Informationen über sexualisierte Gewalt, Prävention und Intervention müssen der Herkunftskultur der Betroffenen angepasst und zur Verfügung gestellt werden.

Im beschriebenen Fallbeispiel war die Herausarbeitung des Krankheitsverständnisses von A. und ihrer Vorstellungen von Krankheitsverarbeitung eine wichtige Grundlage, um darauf aufbauend individuell wirksame Interventionen zu entwickeln. Parallel zur Bearbeitung der Krankheitssymptome wurde die Gewalt aufgearbeitet. Als wichtige Faktoren für die individuelle Prävention wurden ihr Selbstwertgefühl und ihr Selbstwirksamkeitsgefühl gestärkt und Schutzmöglichkeiten thematisiert.

Einbezug familiärer Themen

Vor allem die Eltern der betroffenen Kinder stellen die Leidensgeschichte oft klagend dar und vermischen zum Beispiel das Leiden des Kindes mit familiären Sorgen. Es erfordert dann viel Geduld, um die Zusammenhänge zu begreifen, die subjektive Sicht der Eltern nachzuvollziehen und sie für eine Kooperation zu gewinnen, um den Kindern bzw. Jugendlichen effektiv helfen zu können. Das fällt in der Regel leichter, wenn zuvor gemeinsam die Migrationsgeschichte der Familie rekapituliert wurde.

Praxistipp

Bei Familien mit Migrationshintergrund bzw. -erfahrung sind die familiären Belastungen im Zusammenhang mit der Migration oft mit zu berücksichtigen und die Ansichten und Anstrengungen der Eltern zu würdigen, um eine Basis für die Zusammenarbeit zu ermöglichen.

6.3.4 Gefährdungseinschätzung

Um in der Einzelfallarbeit das Gewaltrisiko im Blick zu haben und einschätzen zu können, ist eine kultursensible Gefährdungseinschätzung wichtig. Folgende Punkte sind dabei nach Kizilhan und Salman (2018, S. 19) zu berücksichtigen:

- *Allgemein:* z. B. Erarbeitung einer Problemanalyse, Verständigung auf gemeinsame Oberziele und Teilschritte, Umsetzung und laufende Überprüfung der Teilschritte, Erarbeitung aller Schritte und Maßnahmen, klare Rollen- und Aufgabenverteilung etc.
- *Eltern und Herkunftsfamilie:* z. B. Heirat der Eltern, Schuldbildung, häusliche und strukturelle Gewalt, Aufenthalt in Deutschland, Verwandtschaft

und deren Beziehung in Deutschland und Herkunftsland, Tätigkeit der Eltern

- *Familienstruktur:* z. B. Rolle der einzelnen Mitglieder in der Familie, Einfluss der Großfamilie im Aufnahmeland und Herkunftsort, Verbindung zur einer Sippe oder Stamm im Herkunftsland, Sippen und Familienfehden mit anderen Familien im Aufnahme- und Herkunftsland, Geschlechtertrennung, häusliche Gewalt, Missbrauch etc. in der Vergangenheit, Gewalt durch Vater, Mutter, Geschwister etc., Zwangsverheiratung, traditionelle Heirat, freiwillige Heirat, Heirat mit Verwandten in der Familie (z. B. Cousin und Cousine), Beziehung der Eltern zu anderen Ethnien und religiösen Gruppen etc.
- *Religion:* z. B. Ausübung der Religion, Stellung der Religion im Alltagsleben, Besuch von Gebetshäusern, Besuch des Vaters oder anderer männlicher Mitglieder an bestimmten Tagen in den Gebetshäusern, Einhaltung bestimmter Feiertage, Mitgliedschaft/Aktivitäten in religiösen Vereinen und Verbänden, Kleidungsvorschriften
- *Ehre:* z. B. Gespräch über die sogenannte „Ehre“ in der Familie, sexuelle Aufklärung durch Eltern, Verwandte, Kleidungsvorschriften, geschlechtsspezifisches Verhalten und Vorschriften, Hierarchie in der Familie und besonders unter den Geschwistern, außerfamiliäre Beziehungen, Freund/Freundin erlaubt, Freunde aus anderen Ethnien und Religionen, Besuch des Freundes bzw. der Freund(e/in) im Haus/Wohnung der Eltern, Ausgehen auf Veranstaltungen etc.
- *Unterstützung:* z. B. Geschwister, Verwandte, Freunde, Institutionen wie Moscheegemeinden, Vereine, Verbände, Vermittler etc.

Praxistipp

Bei Gewaltopfern, deren Familien nach traditionell-patriarchalischen Werten leben, kann das Hilfesuchen oder Herauslösung aus einer Gewaltsituation als Verletzung der „Familienehre“ verstanden werden und weitere, heftige Gewalt drohen, bis hin zur Ermordung oder Verschleppung. Daher ist eine kultursensible Gefährdungseinschätzung, die diese Risiken mitberücksichtigt, sehr wichtig.

Eine interdisziplinäre Zusammenarbeit mit Jurist*innen, Sozialarbeitenden, Therapeut*innen, Mediziner*innen und den Beschäftigten der staatlichen Verwaltung ist bei der Einschätzung einer Gefährdung und für den Schutz einer betroffenen Person sehr empfehlenswert.

7. Psychische Erkrankungen

Migrationserfahrungen führen nicht zwangsläufig zu psychischen Beeinträchtigungen, jedoch können psychische Erkrankungen in Verbindung mit Migration auftreten bzw. verstärkt werden, da die vielfältigen Herausforderungen und Belastungen oft Einfluss auf das physische und psychische Befinden haben. Bei Geflüchteten können Kriegserlebnisse, Folter oder Verfolgung, einhergehend mit möglichen transgenerationalen Traumata, auch vor und in der Migration und über mehrere Generationen wirken (s. Kapitel 2.3.2).

Psychische Erkrankungen wirken sich oft auf die verschiedensten Lebensbereiche aus. Für die Arbeit in sozialen Berufen ist daher ein Grundwissen über psychische Störungen und die damit verbundenen Symptome und Therapiemöglichkeiten hilfreich. Wichtig ist dabei, die transkulturellen Besonderheiten im Blick zu haben, sonst kann es leicht zu Fehldeutungen kommen. Psychische und somatische Symptome können bei Menschen mit einem anderen kulturellen Hintergrund sozialisationsbedingt anders erlebt und ausgedrückt werden (vgl. Kizilhan 2013a, S. 39 ff.). So äußern sich beispielsweise innerpsychische Konflikte und auch traumatische Ereignisse in traditionellen Gesellschaften häufig durch körperlich wahrgenommene Schmerzzustände, die oft nicht leicht zuordenbar oder verstehbar sind.

7.1 Migrationsbedingte Einflussfaktoren

In Bezug auf das allgemeine Krankheitsspektrum lassen sich nur wenige, spezifische Unterschiede zwischen den Menschen mit und ohne Migrationshintergrund in Deutschland feststellen. Zahlreiche Studien zeigen, dass zwischen Menschen mit und ohne Migrationshintergrund hinsichtlich der physischen und psychischen Belastung durch Störungen oder Krankheiten kaum Unterschiede bestehen (vgl. Kirkcaldy et al. 2006, S. 877). Dabei muss bedacht werden, dass „Menschen mit Migrationshintergrund“ wie auch „Menschen ohne Migrationshintergrund“ jeweils sehr bunt gemischte Gruppen sind und in vielfältigsten Lebenslagen leben.

Einschätzungen dazu, inwieweit psychosoziale Belastungen im Zusammenhang mit Migration im Allgemeinen zu psychischen Erkrankungen führen, sind also schwierig, da weitere Einflussfaktoren mit zu berücksichtigen sind. So wird mit dem spezifischeren Blick auf Menschen mit Fluchterfahrung in verschiedenen Studien von einer um ein Vielfaches erhöhten Rate an psychischen Erkrankungen ausgegangen. Als besonders verletzliche Gruppe gelten

Menschen ohne einen legalen Aufenthaltsstatus. Über deren gesundheitliche Situation liegen allerdings kaum belastbare Daten vor, da der Zugang zu ihnen sehr schwierig ist. Auch gibt es eine Reihe bestimmter psychischer Störungen, die vergleichsweise häufiger bei Menschen mit Migrationserfahrung beobachtet wurden. Dazu zählen Depressionen, psychosomatische Beschwerden, Somatisierung (→) und posttraumatische Belastung. Nicht eine Migration an sich, jedoch bestimmte Faktoren, die im Zusammenhang mit Migration auftreten, können eine psychische Erkrankung begünstigen:

- eine risikoreiche Reise in das Aufnahmeland, die zu Stress, Angstzuständen und depressiven oder dissoziativen Symptomen führt
- Gefühl der Entwurzelung, Trennung von Familie und/oder Partner*in und gewohntem Umfeld
- Überforderung, da die bisher entwickelten Anpassungsfähigkeiten, Bewältigungs- und Problemlösestrategien in der neuen Umgebung als nicht ausreichend oder nicht passend erlebt werden
- starke wirtschaftliche und berufliche Belastungen, Wohnverhältnisse, Existenzsorgen
- Unsicherheiten hinsichtlich der Lebensbedingungen und Zukunftsperspektive
- soziale Isolation, Stigmatisierung (Familien- und Freundesnetzwerke stellen hier eine wichtige Ressource zur Bewältigung des Stresses dar)
- innerfamiliäre Konflikte, zum Beispiel Störungen der Eltern-Kind-Beziehung, wenn die Aufrechterhaltung kultureller Traditionen „erzwungen" wird

Die vielfältigen Einflussbedingungen auf die (psychische) Gesundheit von zugewanderten bzw. geflüchteten Menschen insgesamt sowie die komplexen Zusammenhänge der jeweiligen Faktoren stellt Abbildung 8 dar.

Studien zu migrationsspezifischen Schwierigkeiten zeigen, dass ein signifikanter Zusammenhang zwischen Akkulturationsstress (vgl. Kapitel 3.1) und psychischer Belastung besteht, insbesondere in Bezug auf Depressivität (Haasen et al. 2007). Kurz nach der Einwanderung ist das Risiko, psychisch zu erkranken, am höchsten. Mit zunehmender Aufenthaltsdauer und dem Einleben in die neue Umgebung nehmen die Belastungen häufig ab.

Beim Blick auf den gesundheitlichen Status von Menschen mit Migrationshintergrund ist neben den migrationsbedingten Belastungen auch die soziale Lage als Faktor zu berücksichtigen (vgl. Assion et al. 2018, S. 398). Aus der Sozialepidemiologie ist allgemein bekannt, dass ein niedriger sozioökonomischer Status, wovon Menschen mit Migrationshintergrund überdurchschnittlich betroffen sind, das Risiko einer Erkrankung und eines vorzeitigen Todes erhöht. Gleichzeitig nehmen Menschen in einer ungünstigen sozialen Lage Gesund-

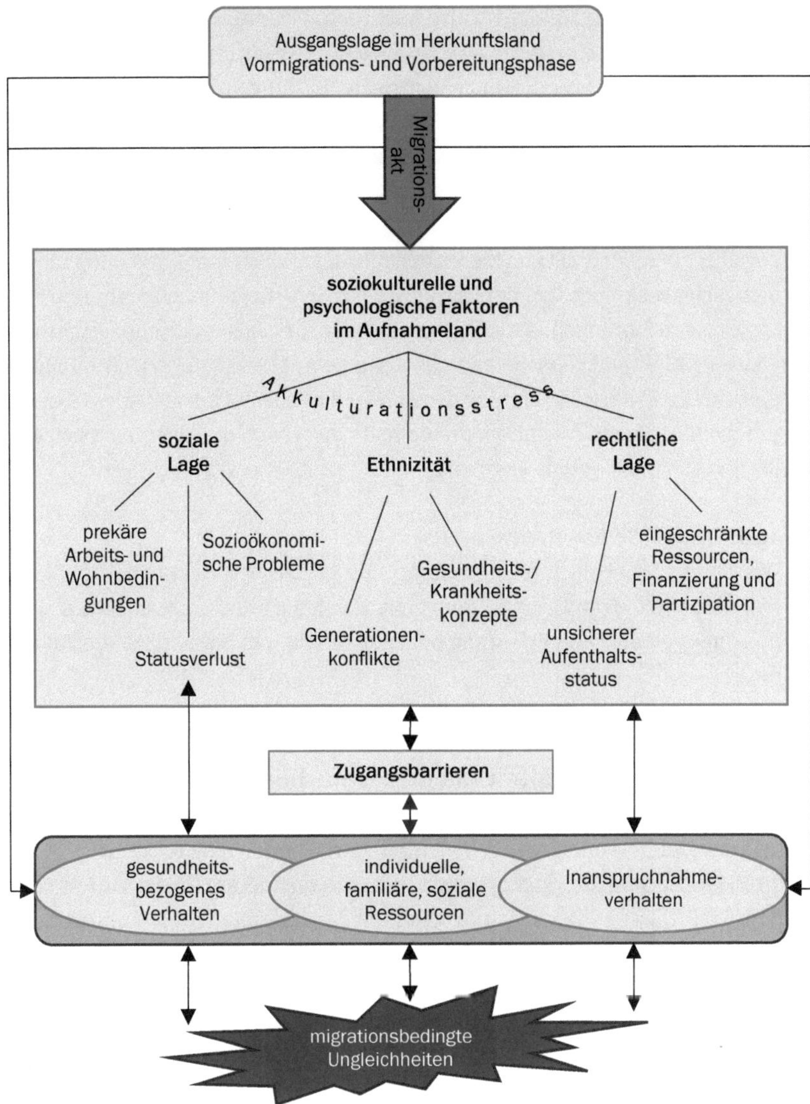

Abbildung 8: Adaptiertes Erklärungsmodell zur Interdependenz von Migration und Gesundheit (Wenzler/Kizilhan 2020, adaptiert nach Mösko/Härter/Bermejo Bragado 2018, S. 236)

heitsleistungen nur unzureichend in Anspruch. Gründe dafür sind verschiedene Barrieren, z. B. eine geringere finanzielle Ausstattung (für die Zahlung von Eigenanteilen etc.) oder auch geringere Bildungsressourcen (geringere Kenntnisse über die Entstehung von Krankheiten, ein entsprechendes Gesundheitsverhalten, fehlende Kenntnisse über die Hilfeangebote etc.).

Kurz zusammengefasst

Die psychische Gesundheit von Menschen mit Migrationshintergrund unterscheidet sich nicht wesentlich von der bei Menschen ohne Migrationshintergrund. Einige psychische Störungen, wie z. B. Depressionen, psychosomatische Beschwerden oder Posttraumatische Belastungsstörungen, lassen sich jedoch häufiger feststellen. Die Einflussfaktoren sind vielfältig, hier spielen insbesondere Belastungen vor der (Flucht-)Migration, die Belastungen durch die Migration bzw. Akkulturation sowie die soziale Lage im Aufnahmeland eine wichtige Rolle.

Anregungen zur (Selbst-)Reflexion

- Wie nehmen Sie die Stressbelastung und psychische Gesundheit bei den Menschen mit Migrationserfahrung, mit denen Sie arbeiten, wahr? Was sind aus Ihrer persönlichen Erfahrung belastende und was unterstützende Faktoren?

7.2 Krankheitsverständnis und -verarbeitung

Beim Verständnis von Krankheiten oder der Krankheitsentstehung gibt es kulturelle Unterschiede. Der Kontakt mit einer anderen Kultur durch Migration beeinflusst zwar nach und nach das Verständnis von Krankheit und Gesundheit sowie das Krankheitsverhalten, gleichzeitig werden jedoch auch die mitgebrachten, oft traditionell bzw. religiös geprägten Vorstellungen und Ausdrucksformen beibehalten (vgl. Machleidt/Salman 2003, S. 7).

7.2.1 Religiöse und magische Vorstellungen

Welche Auswirkungen religiöse und magische Vorstellungen auf die Gesundheit sowie die Lebensqualität insgesamt haben können, zeigt das folgende Fallbeispiel.

Fallbeispiel

Der 46-jährige, türkischstämmige Herr Ö. berichtet über seine Leidensgeschichte. Jahre zuvor habe er kleine Erdhaufen am Eingang seiner Wohnung bemerkt und das Gefühl gehabt, dass es sich hierbei um schwarze Magie handle. Voller Unruhe habe er einen Hodscha aufgesucht, der ihm diesen Verdacht bestätigt habe. Es handele sich um Erde von den Gräbern sieben Verstorbener. Man wolle ihm dadurch Schlechtes antun und ihm sein Leben zur Hölle machen. Seither habe er den Einfluss der bösen Kräfte in fast allen Lebensbereichen erlebt, in seiner Ehe, in einer Beziehung, selbst an seinem Fahrzeug.

Im Gespräch stellte sich heraus, dass es Herrn Ö. wichtig war, die religiösen Regeln des Korans einzuhalten, weil er nicht durch etwaige Verstöße sein zukünftiges Paradies verlieren wollte. So suchte er den Schutz der Gebete, wobei er sich zahlreiche Bücher zu diesem Thema besorgte, so z. B. „Rezepte zum Schutz vor Verwünschungen“ oder „Schutzgebete“. Herr Ö. lebte seit mehreren Jahren allein in einer Zweizimmerwohnung und vermied jeglichen sozialen Kontakt. Nur einmal in der Woche habe er die Moschee zum Gebet aufgesucht, um sich anschließend erneut in seiner Wohnung einzuschließen. Herr Ö. wurde schließlich wegen einer wahnhaften Störung und einer depressiven Stimmungslage psychotherapeutisch behandelt.

In den Psychotherapiesitzungen wirkte er misstrauisch und angespannt und berichtete unentwegt von der schwarzen Magie, die ihn erheblich beeinflusse und derentwegen er auch seine Arbeit verloren habe. Er sehe keine Möglichkeit, diese schwarze Magie zu stoppen.

Durch die kulturellen Kenntnisse des Therapeuten über diese magischen Vorstellungen und einen guten Beziehungsaufbau konnte Herr Ö. sich auf die Behandlung einlassen. Während der Therapie lernte er, mit seinen magischen Vorstellungen seinen Alltag zu bewältigen und schrittweise wieder einer Arbeit nachzugehen, die ihn erheblich stabilisierte. Die magischen Vorstellungen blieben erhalten, jedoch konnte Herr Ö. zunehmend wieder ein Gefühl der Kontrolle über die verschiedenen Lebensbereiche gewinnen.

Wichtige Aspekte solcher magischen bzw. religiös geprägten Vorstellungen werden im Folgenden dargestellt.

Im muslimischen Krankheitsverständnis spielen insbesondere drei Krankheitsdeutungen eine besondere Rolle: die Krankheit als Prüfung Gottes, als Sündenvergebung und als Vorhersehung (arabisch „Qadar“) (vgl. Ilkilic 2002, S. 39 ff.). In der islamischen Vorstellung wird das Leben auf der Erde als ein Ort der Prüfung verstanden, „…wir prüfen euch mit Bösem und Gutem…“ (Sure 21/35). Der Glaube allein ohne entsprechende gute Handlungen reicht nicht aus: „Am Tag, da etwas von den Zeichen deines Herrn kommt, nützt keinem sein Glaube, der nicht vorher geglaubt oder in seinem Glauben Gutes begangen hat“ (Sure 6/158). Nicht alle Muslime*innen haben jedoch eine solche stark religiös-traditionelle Vorstellung und leben nach diesen Richtlinien. Dies hängt mit dem Herkunftsland, der Schulbildung sowie der sozialen und wirtschaftlichen Situation zusammen.

Magische Vorstellungen, wie z. B. Geister, Dschinnen, Symbole und Rituale, haben in bestimmten Regionen, wie den Balkanländern und im Mittleren und Nahen Osten, schon immer eine wichtige Rolle gespielt. So beruhte in den archaischen und antiken Hochkulturen des Mittleren Ostens (babylonisch-assyrische und altägyptische Medizin) das Verständnis von psychischen Erkrankungen auf magisch-religiösen Vorstellungen. Man glaubte, dass z. B. Psychosen durch Geister verursacht würden bzw. als Strafe für die Beleidigung von Göttern zu deuten seien (vgl. Kizilhan 2013a, S. 31). Die Babylonier glaubten, dass psychische Beschwerden u. a. die Folge einer moralischen Verfehlung seien, für die die Gottheit die Seele fordere. Religiöse Waschungen, Gebete, Besuche von Heiligtümern und Opfergaben ergänzten die magischen Handlungen, um die Götter zu besänftigen. Dadurch spezialisierten sich die sog. Priesterärzt*innen oder Wunderheiler*innen nicht nur auf magische Rituale, sondern auch auf spezielle Therapieverfahren (medikamentöse Behandlung, Massagetechniken, Verzehr von bestimmter Nahrung etc.) (vgl. Heine/Assion 2005, S. 31 ff.).

Auch heute noch lässt sich in ländlichen, traditionell geprägten Gebieten im Nahen Osten, aber auch in großen Städten, eine Affinität zur traditionellen Medizin feststellen (vgl. Kizilhan 2010a, S. 56). Diese zeigt sich insbesondere im Glauben an „weiße“ und „schwarze Magie“ sowie am Aufsuchen traditioneller Heiler*innen.

Weiße und schwarze Magie

Im Nahen und Mittleren Osten, aber auch der bei der muslimischen Bevölkerung in den Balkanländern sind seit Jahrhunderten die Begriffe „weiße“ und „schwarze Magie“ bekannt, die auch heute noch in der Alltagsprache immer wieder verwendet werden. Durch weiße Magie wird mittels magischer Handlungen Schutz vor den Einflüssen böser Geister oder Mächte gesucht. Sie wird auch eingesetzt, um die Familienbeziehung oder Ehe vor Unheil zu bewahren. Schwarze Magie hingegen wird eingesetzt, um einer anderen Person bewusst durch Zauber Unheil zuzufügen. Hierzu werden Amulette im Haus des Opfers angebracht, magische Knoten geknüpft, magische Texte aufgeschrieben und gelesen, bestimmte Dinge der Nahrung beigefügt oder auch Erde aus Gräbern für verschiedene Zeremonien benutzt. Die Existenz guter und böser Geister als ein Erklärungsmodell für psychische Störungen, Beziehungskonflikte, Unfälle, etc. wurde bereits von dem islamischen Propheten Mohammed diskutiert (vgl. Heine/Assion 2005, S. 36), was auch heute noch in den Denkmustern der ländlichen Gesellschaft vorhanden ist. Ein Beispiel hierfür ist der „böse Blick“, der als Ursache für Krankheit oder anderes Unglück erlebt wird (vgl. Lersner/Kizilhan 2017, S. 59).

Glaubt die erkrankte Person, dass die Krankheit durch magische Rituale, ohne eigenes Zutun, geheilt werden kann, führt das zu einer passiven Haltung. In diesem Zusammenhang kann auch das oft unkritische und schnelle Einverständnis mit einer medikamentösen Behandlung betrachtet werden. Statt z. B. eine Depression, die aufgrund eines Familienkonfliktes entstanden ist, durch Familiengespräche und mögliche Veränderungen innerhalb des Familiensystems zu behandeln, wird darauf gehofft, durch Antidepressiva schnell wieder gesund zu werden (vgl. Kizilhan 2010a, S. 56).

Kurz zusammengefasst

Ein auf Religion oder Magie basierendes Krankheitsverständnis kann unter Umständen als Ressource in die Behandlung miteinbezogen werden. Es muss nicht per se im Widerspruch zur modernen Medizin stehen, sofern die Gesundung der erkrankten Person das höchste Kriterium des Behandlungserfolgs darstellt. Dschinnen, Geister, Kultstätten, magische Steine, Gebete etc. können auch bei der psychosozialen Versorgung und Begleitung durchaus von Bedeutung sein und genutzt werden, da auch Ehekonflikte oder Schicksalsschläge damit in Verbindung gebracht werden.

Anregungen zur (Selbst-)Reflexion

- Sind Ihnen im Kontakt mit Menschen aus traditionell-religiös geprägten Gesellschaften oder in anderen Kontexten solche Vorstellungen über „weiße" und „schwarze" Magie schon begegnet?
- Welche magischen oder religiösen Vorstellungen finden Sie auch in unserer westlich-modernen Gesellschaft?
- Wie stehen Sie persönlich zu solchen Vorstellungen? Und wie würden Sie im Rahmen Ihrer Arbeit mit solchen Vorstellungen umgehen?

Traditionelle Heiler*innen

Es gibt auch heute noch verschiedene traditionelle Heiler*innen, sowohl im Herkunftsland als auch in Deutschland, z. B. Knochenheiler*innen oder religiöse Heiler*innen, aber auch arabische Ärzt*innen, die in der Tradition der „Vier-Säfte-Lehre" stehen, Pflanzenheiler*innen und die heilkundigen Frauen, die besonders bei gynäkologischen Problemen und der Geburt zu Rate gezogen werden (vgl. Heine/Assion 2005, S. 32 ff.).

So werden beispielsweise Knochenheiler*innen zur Behandlung von Verspannungen, Verrenkungen, vermeintlichen oder tatsächlichen Knochenbrüchen aufgesucht. Religiöse Heiler*innen aus dem Nahen und Mittleren Osten sind in der Regel korankundig, was aber nicht Voraussetzung ist. Auch nicht-islamische traditionelle Heiler*innen sind in vielen Ländern des Orients zu finden. Im türkisch-arabischen Kulturraum werden sie auch Hodschas genannt. Religiöse Heiler*innen werden als befähigt angesehen, magische Einflüsse, wie den bösen Blick, böse Geister oder schwarze Magie als Ursache für eine Erkrankung erkennen zu können. Je nach Problemlage werden auch traditionelle Heiler*innen und die moderne Medizin gleichzeitig in Anspruch genommen.

Kurz zusammengefasst

Traditionelle Heiler*innen werden auch in Deutschland aufgrund eines breiten Spektrums unterschiedlicher Probleme aufgesucht, die von psychischen, neurologischen und psychosomatischen Erkrankungen, wie z. B. Depression, Epilepsie oder chronischen Beschwerden bis hin zu familiären, ökonomischen oder beruflichen Schwierigkeiten reichen (Gün 2003).

Anregungen zur (Selbst-)Reflexion

- Wie ist Ihre persönliche Haltung zu traditionellen oder auch „alternativen“ Heilmethoden?
- Wenn Sie mit Menschen aus traditionell-religiös geprägten Gesellschaften arbeiten, sprechen Sie mit Ihnen über deren Vorstellungen zur Entstehung und Bedeutung von Krankheiten sowie über Heilmethoden?

Glaubensüberzeugungen und Trance-Rituale

Der Glaube an die Existenz von Magie (böse und gute Geister, Flüche, Verwünschungen etc.) ist heute noch in traditionell geprägten Ländern, wie der Türkei vorhanden (Heine/Assion 2005; vgl. Kizilhan 2013a, S. 31 ff.). Dieser ist als ein Teil kultureller Lebenspraktiken anzusehen, die nicht per se als pathologisch zu bewerten sind. Hier kommt es jedoch immer wieder zu Fehleinschätzungen. So scheint bei Menschen aus traditionell-religiösen Gesellschaften die Inzidenzrate bestimmter psychiatrischer Erkrankungen sowohl im Herkunftsland als auch nach der Migration generell erhöht zu sein (Kardels/Pérez González/Beine 2001). Es wurden z. B. häufiger Somatisierungsstörungen (→) (vgl. Erim/Glier 2017, S. 725) und Schizophrenien sowie schizotype und wahnhafte Störungen festgestellt (vgl. Haasen/Kleinemeier/Yagdiran 2005, S. 149; vgl. Assion 2005, S. 140). Eine mögliche Ursache der erhöhten Raten sind Fehldiagnosen. Die westlich geprägten Diagnosekriterien von ICD-11 (→) oder DSM-5 (→) berücksichtigen andere Krankheitsvorstellungen und -verarbeitungen nicht und auch mögliche Verständigungsprobleme im Anamnese- und Diagnoseprozess können Fehleinschätzungen begünstigen (Kizilhan 2010a). Halluzinationen und Wahn gelten z. B. aus westlicher Sicht als schizophreniespezifisch, dies trifft jedoch nicht in allen Kulturen zu (vgl. Cochrane/Bal 1987, S. 188; vgl. Kizilhan 2013a, S. 32). Manche Gedankengänge, die hier als gestört oder wahnhaft eingeordnet werden, müssen im herkunftskulturellen Kontext nicht pathologisch sein. Nach Westenmeyer (1987) ist es im transkulturellen Kontext schwierig, zwischen Wahn und Glaube wie auch zwischen Halluzination und Trance zu unterscheiden. Wahnartige Überzeugungen oder Glaubensüberzeugungen können kulturell bedingt sein und sind somit nicht als krankhaft zu werten. Besessenheits- und Trance-Rituale werden in einigen Kulturen sogar gezielt zur Heilung psychisch kranker Menschen eingesetzt (vgl. Lersner/Kizilhan 2017, S. 43).

Insgesamt zeigen die vorliegenden Studien zur Diagnostik am Beispiel der Psychosen, dass psychotische Symptome in anderen Kulturen seltener zur einer Psychose führen, sondern eher eine Reaktion auf Stress sind, vergleichbar mit Neurosen oder Depressionen in der westlichen Kultur (vgl. Haasen/Kleinemeier/Yagdiran 2005, S. 150).

Kurz zusammengefasst
Die Ausprägungen verschiedener psychischer Erkrankungen können sich kulturabhängig unterscheiden. Was bei uns, aus westlicher Sicht, als Erkrankung eingestuft wird, kann in anderen Kulturen „normal" sein. Dies betrifft insbesondere wahnhafte Gedanken und Vorstellungen oder Trance- bzw. Besessenheitszustände. Es kann also hilfreich sein, nach den in der Herkunftskultur üblichen Vorstellungen zu fragen.

Anregungen zur (Selbst-)Reflexion
- Was wissen Sie über mögliche „normale" Glaubensvorstellungen oder Rituale in den Herkunftskulturen der Menschen, mit denen Sie arbeiten?

7.2.2 Kulturspezifische Symptome

Bestimmte Formen und Darstellungen von psychischen Erkrankungen können kulturspezifisch geprägt und der westlichen Psychiatrie fremd oder gar unbekannt sein, z. B. dissoziatives Haare-Ausreißen als Zeichen des Verlusts von Weiblichkeit oder die Entfernung der Gebärmutter bei einigen Frauen nach einer Vergewaltigung. Auch werden häufig psychische Belastungen durch unterschiedliche, oft unbestimmte körperliche Symptome ausgedrückt, wie nachfolgendes Fallbeispiel zeigt.

Fallbeispiel
Die 43-jährige Kurdin Frau E. klagt über diffuse körperliche Schmerzen. Es seien Wanderschmerzen. Sie berichtet, jeden Tag an unterschiedlichen Körperbereichen starke Schmerzen zu haben. Diese Schmerzen hätten sich seit ca. vier Jahren entwickelt und in der Folge verstärkt. Wegen der Schmerzen könne sie nicht mehr arbeiten. Den Haushalt führten die erwachsenen Töchter, die aber wegen Heirat und Studium bald ausziehen würden. Nach ihrem Tagesablauf befragt, berichtet Frau E., dass sie den ganzen Tag vor dem Fernseher sitze oder schlafe. Sie sei müde, erschöpft, antriebs- und lustlos. Sie gehe kaum aus dem Haus und habe deswegen auch stark zugenommen (bei einer Körpergröße von 161 cm wiege sie 89 kg). Sie nehme ständig Medikamente, die aber nicht wirklich helfen würden. Seit zwei Jahren sei ihr Ehemann aufgrund von Schmerzen frühberentet. So seien sie den ganzen Tag zusammen in der Wohnung und könnten nichts un-

ternehmen. Ohne ihre Kinder, glaube sie, könne sie sich nicht versorgen. Sie hätten keine finanziellen Probleme und in der Vergangenheit habe sie keine schweren Belastungen erlebt. Sie komme mit den Schmerzen nicht zurecht, diese seien unerträglich. Der Körper sei einfach „kaputt".

Bei genauer Anamnese stellt sich neben der Angst, dass die erwachsenen Töchter ausziehen und ihre eigenen Wege gehen könnten (Trennungs- und Bindungsangst), heraus, dass der „ständige" Kontakt zum Ehemann seit seiner Berentung ihre früheren Freiräume eingeschränkt hatte. So habe sie sich z. B. am Vormittag mit einigen Frauen getroffen, sei spazieren gegangen oder habe auch allein das Haus verlassen, ohne „Rechenschaft" abzulegen, was ihr gutgetan habe. Ihr Ehemann sei nun ebenfalls krank und wolle von ihr versorgt werden.

Der Ehemann und die Töchter wurden in die Behandlung mit einbezogen. Frau E. wurde außerdem in eine stationäre psychosomatische Rehabilitation vermittelt. Dies habe ihr gutgetan, da sie in der Klinik frei und ungezwungen etwas für sich habe tun können. Am Ende der Rehabilitation seien ihre Schmerzen zwar noch vorhanden, aber sie wolle zukünftig ihren Freiraum in Absprache mit dem Ehemann neu gestalten.

In verschiedenen Studien zeigte sich insbesondere bei psychisch erkrankten Menschen aus traditionellen Gesellschaften eine *stärkere Somatisierungsneigung* (→). Je nach kultureller Prägung treten bei psychischen Belastungen unterschiedliche körperliche Beschwerden auf (vgl. Kizilhan 2017, S. 2).

Innerpsychische Konflikte und auch Traumatisierungen werden z. B. von türkischen Patient*innen meist über Schmerzäußerungen thematisiert (vgl. Erim/Glier 2017, S. 725). Nigerianer*innen berichten beispielsweise bei Angst und Depressionen über ein „Hitzegefühl" im Kopf, „Wurmkriechen" sowie „beißende Sensationen" im ganzen Körper. In psychiatrischen Kliniken in China wird von „Nervenschwäche", einhergehend mit Müdigkeit, Kopfschmerz, Schwindel und gastrointestinalen Beschwerden gesprochen (vgl. Lersner/Kizilhan 2017, S. 75). Viele Menschen aus Südamerika und dem Mittelmeerraum reagieren auf psychische Belastungen mit Kopf- und Muskelschmerzen, Hitzegefühlen und Kribbeln an den Füßen, Herzproblemen sowie Magenbeschwerden. In einigen Teilen Indiens und des Mittleren Ostens werden rheumatische und rheumaähnliche Schmerzen als „Windschmerzen" bezeichnet. Berichtet wird aber auch von „Wanderschmerzen", die jeden Tag in anderen Körperbereichen auftreten (vgl. Lersner/Kizilhan 2017, S. 75 f.).

Auf der Grundlage der jeweiligen Vorstellungen der traditionellen Medizin haben Menschen aus traditionellen Gesellschaften bestimmte Beschwerden und Krankheitsbilder ganz spezifischen Organen zugeordnet (s. Tabelle 3).

Viele Betroffene sprechen über ihre Beschwerden so, als seien sie rein körperlich. Das subjektive psychische Leiden kann über den Körper symbolisch durch Müdigkeit, Weinen, Laufen mit Gehhilfen etc. ausgedrückt werden. Die

Ätiologie (→)		Beschwerdebild	Therapie	Assoziationen
Nabelfall*	schwer heben, in die Höhe springen, schwere Arbeit, schweres Leben, Stress	Bauch- und Magenschmerzen, Übelkeit, Schwindel, Schwäche, Müdigkeit	Bauch- und Rückenmassage, heiße Teller, Ziehen des Nabels an den richtigen Ort, anschließend Ruhe	schweres Leben, Verlust der Mitte
brennende Leber*	Traurigkeit, Sorgen, schweres Leid	Leber- und Oberbauchschmerzen	Rezitationen aus dem Koran, Einnahme von Kräutern und Säften	Kummer, Trauer, Sehnsucht, Verlust oder Liebeskummer
Rückenschmerzen*	familiäre Konflikte, Sorgen, Rollenproblematik, schwere Arbeit	stechende und ziehende Rückenschmerzen, kaum in der Lage, sich zu bewegen oder etwas zu heben und zu tragen	Massagen, wenig Bewegung und viel Ruhe	Halt, Sitz von Stärke und Ausdauer bei Männern, geschwächte „männliche Identität" (Libidoverlust)
Wander- und „Windschmerzen"**	Kummer, Sorgen, Konflikte, Sehnsucht	Müdigkeit, Schwäche, Antriebslosigkeit, jeden Tag schmerzt eine andere Stelle des Körpers	Massage, Ruhe, keine Belastung	wenig Akzeptanz in der Familie oder Gemeinde, schweres Leben
Beklemmungsgefühl*	Kummer, Sorgen, Schuldgefühle, Sehnsucht, Ärger	Kopf- und Halsschmerzen, Enge- und Erstickungsgefühl, Kurzatmigkeit	Hodscha, Ärzt*in, Benutzung von „Schutzamuletten"	Ängste, Unsicherheit
Karabasan/ Alpdruck***	Angst, Schuld- und Schamgefühle	Gefühl von einer schweren Last auf dem Körper, wobei die Person glaubt, sich nicht bewegen zu können	Ärzt*in, Ruhe, Amulette als Schutz vor einem erneuten Karabasan	Ängste, Unsicherheit, Panik, Kummer
Dissoziatives Haare-Ausreißen (bei Frauen)*	Angst, Schamgefühle, Verlust von Weiblichkeit; tritt häufig bei Frauen vor dem Hintergrund sexueller Gewalt auf	histrionisch (→) anmutende Schreianfälle, Haare-Ausreißen, Kurzatmigkeit, Impulskontrollstörung (→)	Ruhe, Orientierung auf „hier und jetzt"	Ängste, starke Überforderung alltägliche Dinge zu erledigen
Psychogene Ohnmachtsanfälle*	Angst, Erinnerung an traumatische Erlebnisse, Schamgefühle, starke Überforderung im Alltagsleben	Gefühle von Schwäche	Ruhe, ärztliche Behandlung	Ängste, Unsicherheit, Panik, Überforderung, geringe Akzeptanz
Koro****	Angst, Angst vor Verlust der Genitalien	Unruhe, Zittern, Schweißanfälle, Agitiertheit	Aufsuchen von traditionellen Heiler*innen, Ärzt*innen, traditionelle Medizin	Ängste, Kummer, Trauer, Sehnsucht, Verlust
Susto/ nervios***	Schreckhaftigkeit	Unruhe, Zittern, Schweißanfälle, Agitiertheit	Aufsuchen von traditionellen Heiler*innen, Ärzt*innen, traditionelle Medizin	Ängste, Kummer, Strafe der Götter, Verlust

Tabelle 3: Kulturspezifische Syndrome
* Im Nahen und Mittleren Osten, ** in Südchina, *** in Lateinamerika, **** weltweit (Kizilhan 2010a, S. 56, erweitert nach Petersen 1995)

Betroffenen zeigen sich als gebrochene, schwache Menschen. In der Regel halten sie diese regressive und appellative Haltung gegenüber ihrer Familie bzw. den Angehörigen konsequent durch, so dass sie auch in ihrem häuslichen Umfeld nicht mehr aktiv werden. Oft wird davon ausgegangen, dass allein durch Medikamente oder „Ruhen des Körpers“, z. B. im Bett liegen, die Schmerzen wieder zurückgehen. Medikamente oder gar ein operativer Eingriff werden als die geeignete Behandlungsmethode erachtet (vgl. Kizilhan 2017, S. 3).

Kurz zusammengefasst

Psychisch erkrankte Menschen aus traditionell geprägten Kulturen erleben und beschreiben ihre Beschwerden häufig ausschließlich auf körperlicher Ebene, oft als diffuse Ganzkörperschmerzen. Psychische Erkrankungen sind als solche häufig nicht bekannt. Entsprechend wird eine Behandlung der körperlichen Symptome erwartet.

Anregungen zur (Selbst-)Reflexion

- Auch im Deutschen werden bestimmte Gefühlslagen bestimmten Organen zugeordnet (z. B. Herzschmerz oder einen „dicken Hals“ haben). Wo sehen Sie Ähnlichkeiten zu den beschriebenen Vorstellungen und was klingt vielleicht befremdlich?

7.2.3 Gesellschaftliche Einflüsse

Wie psychische Krankheiten erlebt werden und welche Bewältigungsstrategien gefunden werden, ist auch abhängig von den gesellschaftlichen Vorstellungen und vom gesellschaftlichen Umgang mit psychischen Erkrankungen. Die Bedeutung einer starken familiären Bindung, wie sie typisch ist für kollektivistisch geprägte Gesellschaften, wird im folgenden Fallbeispiel deutlich.

Fallbeispiel

Bei der 38-jährigen iranischstämmigen Frau S. wurde vor zehn Jahren eine Schizophrenie diagnostiziert. Sie wurde mehrmals stationär und ambulant behandelt. Sie ist verheiratet und hat drei Kinder im Alter von 14, 16 und 19 Jahren. Mit Beginn der Erkrankung war sie nicht mehr in der Lage ihre damals vierjährige Tochter zu versorgen. Die Schwester, die in der gleichen Stadt wohnte, zog mit ihrer Familie nach einigen Monaten in die Nachbarschaft von Frau S., um die junge Tochter, aber auch die anderen Kinder zu versorgen.

Heute berichtet Frau S., dass sie durch die Hilfe der Schwester eine große Erleichterung spürte, da sie nicht in der Lage war, ihre Kinder zu versorgen, und unter erheblichen Schuldgefühlen litt. Auch der Schwager und deren Kinder seien eine große Hilfe gewesen, da die anderen Kinder und der Ehemann in der Großfamilie große Unterstützung erfahren hätten. Es sei nie die Rede davon gewesen, dass sie z. B. in ein betreutes Wohnen kommen sollte, was in der Klinik vorgeschlagen worden sei, da es ihr damals sehr schlecht gegangen sei. „So etwas kommt für uns nicht in Frage", hatte der Ehemann dem behandelnden Arzt deutlich gesagt. Heute könne sie mit Hilfe ihrer Medikamente einigermaßen mit ihren Halluzinationen umgehen, habe aber weiterhin starke Ängste.

Manchmal verschweigen Betroffene ihr Leiden, aus dem Bedürfnis heraus, die Familie nicht zu belasten. Allerdings können sie ihr Leiden, wenn das Verschweigen nicht mehr möglich ist, in einem stärkeren Ausdruck betonen, um zu zeigen, dass sie nicht mehr in der Lage sind, ihre bisherige Rolle in der Familie auszufüllen. Darauf reagieren kollektivistisch denkende Familien häufig mit übermäßiger Versorgung, wie mit der ständigen Anwesenheit eines Familienmitglieds während der Krankheit, uns übertrieben erscheinenden Autofahrten und Begleitungen zu den unterschiedlichen Behandlungen oder dem Besuch der Community zu Hause oder im Krankenhaus, um Mitgefühl und Solidarität zu bekunden.

Soziale Prozesse können die Rolle der erkrankten Person weiter verstärken. Bei einer Ablehnung eines Rentenantrags und drohender Arbeitslosigkeit können z. B. Männer ihrer traditionellen Rolle als Familienversorger nicht mehr nachkommen. Das führt leicht dazu, dass sie in der Krankenrolle verharren, um ihre Familie von der Krankheit zu überzeugen und ihr Gesicht und ihre Ehre nicht zu verlieren. Dieses Kognitionsmuster ist vor allem in familienorientierten Gesellschaften stark ausgeprägt. Für einige Betroffene beginnt dann zuweilen ein Prozess der Desintegration ihres Lebens und ihrer Leistungsfähigkeit, was u. a. durch Schmerzen symbolisiert und rationalisiert wird. Sie erleben dies als unkorrigierbar, was für die psychosoziale Arbeit eine große Herausforderung darstellt.

Eine körperliche Erkrankung ist, im Gegensatz zu einer psychischen, gesellschaftlich eher „erlaubt", weswegen beide, körperliche und psychische Beschwerden, oft über den Körper zum Ausdruck gebracht werden. Die Psychotherapie, wie wir sie kennen, ist in den traditionellen familienorientieren Gesellschaften größtenteils noch nicht angekommen oder wird als stigmatisierend erlebt.

Psychodynamisch betrachtet kann eine Somatisierung (→), also auf psychische Belastungen zurückzuführende körperliche Beschwerden, für sozial benachteiligte Gruppen und schwer traumatisierte Menschen eine Möglichkeit sein, Ausgrenzung, Gewalterfahrung, soziale Kränkung, Schuld- und Minderwertigkeitsgefühle aus dem bewussten Erleben auf die Körperebene zu verlagern, um so die Selbstachtung zu bewahren. Gleichzeitig besteht dadurch die Hoffnung, dass eine medizinische Behandlung und entsprechende Medikamente helfen können (vgl. Kizilhan 2010a, S. 55).

Kurz zusammengefasst

Die starke Solidarität der Familie für ein erkranktes Mitglied oder ein Mitglied in sonstigen Schwierigkeiten kann zum einen eine große Ressource sein, zum anderen unter bestimmten Umständen jedoch auch einer Besserung nicht nur im Wege stehen, sondern den Zustand sogar noch verschlimmern (vgl. Kizilhan 2010a, S. 57). Es ist ratsam, die Familie hier mit einzubeziehen und diese ausreichend über die Krankheit bzw. die Schwierigkeiten und über die wechselseitigen Dynamiken zu informieren, um eine Änderung des krankheitsfördernden Verhaltens zu ermöglichen, ohne kulturelle Konflikte zu erzeugen. (Dies gilt im Übrigen genauso für deutsche Familien, auch wenn die Dynamiken oft andere sind.)

Besteht kein Wissen über psychische Erkrankungen oder sind diese mit einer gesellschaftlichen Stigmatisierung verbunden, kann eine Aufklärung der Familie bzw. des sozialen Umfelds wichtig sein.

Anregungen zur (Selbst-)Reflexion

- Wie erleben Sie den Umgang mit psychischen Erkrankungen in Deutschland? Inwiefern gibt es hier ebenso noch Stigmatisierungen?

7.3 Ausgewählte psychische Erkrankungen

Die westliche Diagnostik psychischer Störungen orientiert sich an den Kriterien der ICD-11 (→) und des DSM-5 (→). Dies unterstellt bei allen Menschen vergleichbare Belastungen und Reaktionen nach dem Erleben traumatischer Erfahrungen, was sich jedoch nach klinischer Erfahrung und den Befunden der transkulturellen Psychiatrie nicht bestätigen lässt. Im Folgenden werden daher ausgewählte, im Kontext von Migration und Flucht vergleichsweise häufige psychische Erkrankungen und deren kulturspezifische Besonderheiten dargestellt.

Als vertiefende Literatur zur ausführlichen Diagnostik und Behandlung psychisch erkrankter Menschen aus kollektiven Kulturen sei auf Heine/Assion (2005), Hegemann/Salman (2010), Machleidt et al. (2018) und Lersner/Kizilhan (2017) verwiesen.

7.3.1 Depression

Depressionen zählen weltweit mit zu den häufigsten Formen psychischer Erkrankungen (vgl. Wittchen et al. 2010, S. 7). Laut Schätzungen der WHO (2020) sind weltweit ca. 264 Millionen Menschen an einer Depression erkrankt. Die Lebenszeitprävalenz in Deutschland beträgt 13 Prozent, Frauen (16 Prozent) sind dabei häufiger betroffen als Männer (9 Prozent) (vgl. Wittchen et al. 2010, S. 20). Laut WHO (2020) sterben jährlich weltweit fast 800 000 Menschen an Suizid, als eine mögliche Folge von Depressionen.

Depressive Störungen lassen sich wie folgt beschreiben (vgl. WHO 2017, S. 7): Sie zeigen sich insbesondere durch Traurigkeit, Interesse- und Freudlosigkeit, Schuldgefühle, ein geringes Selbstwertgefühl, Schlafstörungen und Appetitlosigkeit, Müdigkeit und Konzentrationsschwierigkeiten. Sie können unterschiedlich stark sein und über einen längeren Zeitraum anhalten oder als Episoden wiederkehrend sein und zu Schwierigkeiten führen, mit den Anforderungen von Arbeit, Schule oder Alltagsleben zurecht zu kommen. In der schlimmsten Form kann eine Depression zu einem Suizid führen.

Transkulturell betrachtet sind körperliche Beschwerden häufig ein wichtiger Aspekt von Depressionen, da sie in vielen außereuropäischen Kulturen eine typische Ausdrucksform depressiver Verstimmungen sind (s. Kapitel 7.2.2). Eine Untersuchung ergab, dass im globalen Vergleich 45 bis 95 Prozent der depressiven Patient*innen im Erstgespräch somatische Symptome als Leitsymptom ihrer Depression erleben (Koch/Kraus 2005). Erst auf Nachfrage bestätigten 89 Prozent der Befragten auch andere Symptome, wie Interessenverlust oder gedrückte Stimmung. Dieser Befund zeigt, dass die introspektive Feststellung innerseelischer Veränderung Ausdruck der westlichen Kultur ist und im globalen Vergleich relativ selten im Vordergrund steht. Trotz regionaler Unterschiede hinsichtlich der Häufigkeit depressiver Störungen besteht weitgehender Konsens darüber, dass Depression als eine kulturübergreifende Erkrankung zu verstehen ist. Eine Depression wird in anderen Kulturkreisen jedoch anders erlebt, was bei der Erkennung und bei der Wahl der Behandlungsstrategie zu beachten ist.

Für diese anderen Erlebensebenen von Depressionen können die Unkenntnis psychologischer Konzepte, soziale Faktoren wie Stigma und Scham sowie eine in der Kultur verankerte Annahme einer Einheit von Körper und Psyche verantwortlich sein. In solchen Fällen können die psychischen Beschwerden dann folglich nur diffus und durch körperliche Beschwerden, wie etwa Schmerzen, wahrgenommen und zum Ausdruck gebracht werden.

Kurz zusammengefasst

Psychische Erkrankungen, wie die Depression, sind nicht in allen Kulturkreisen als solche bekannt. Gibt es kein Konzept im Sinne einer Diagnose für die belastenden Gefühle und Gedanken, wird die Erkrankung oft über diffuse körperliche Beschwerden ausgedrückt.

Fallbeispiel

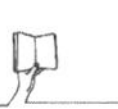

Die bosnische Frau H., die im Zuge des Bürgerkrieges in den 1990er Jahren nach Deutschland geflohen ist und seither hier lebt, berichtet von anhaltendem, stechendem Schmerz in Armen und Beinen sowie häufigen Kopfschmerzen. Die Anamnesegespräche ergeben, dass sich Frau H. seit dem Weggang aus ihrem Heimatdorf entwurzelt fühlt und ihre eigene Zukunft „abgeschrieben" hat. Sie lebe für ihre Kinder weiter, die jedoch inzwischen ihre eigenen Wege gingen. Sie wisse nicht, woher sie die Energie für ihr Leben nehmen solle. Sie dürfe in Deutschland nicht arbeiten und spreche kein Deutsch. Sie fühle sich sehr nutzlos, sei aber gleichzeitig von kleinsten Aufgaben erschöpft.

In der Behandlung von Frau H. ging es darum, ihre kollektive Identität zu stärken und Wege zu finden, auf denen sie ihre Ressourcen einsetzen konnte, um sich wieder als wertvoller Teil einer Gruppe zu fühlen.

Durch die depressive Erkrankung werden u. a. auch zentrale kulturelle Werte widergespiegelt. Bei Erkrankten aus traditionell-kollektivistisch geprägten Familien kann z. B. beobachtet werden, dass sie „Depressionen" mit „Problemen" in der Familie, Ehe oder sozialen Netzwerken gleichsetzen. Die Depression von Frau H. bezog sich auf die Angst vor einer Destabilisierung ihrer Identität, da die familiären Bindungen sich lockerten und nicht mehr den Rückhalt einer traditionellen Familienstruktur boten. Außerdem hatte sie in Deutschland keine soziale Gemeinschaft, in der sie sich angenommen fühlte. Da die eigene Ich-Identität in kollektivistischen Gesellschaften als sekundär und die kollektive Identität als primär empfunden wird, wird der Verlust von sozialen Zugehörigkeiten als umso gravierender erlebt.

7.3.2 Angststörungen

Neben den depressiven Störungen sind auch Angststörungen weltweit sehr weit verbreitet (vgl. WHO 2017, S. 5). In Europa sind Angsterkrankungen sogar die häufigsten psychischen Erkrankungen, wird die 12-Monats-Prävalenz (14 Prozent) bei den 14- bis 65-Jährigen betrachtet. Ca. 61,5 Millionen Menschen sind betroffen (vgl. Ströhle/Gensichen/Domschke 2018, S. 612).

Angststörungen zeigen sich durch Gefühle von Ängstlichkeit und Furcht. Sie umfassen u. a. die generalisierte Angststörung, Panikstörungen, Zwangsstörungen, Phobien und soziale Ängste. Die Symptome können von mild bis sehr heftig auftreten und sind in der Regel eher länger anhaltend bzw. chronisch (vgl. WHO 2017, S. 7).

Angststörungen gehören, wie auch Depressionen, zu den Störungen, die in der Symptompräsentation am stärksten von kulturellen Einflüssen beeinflusst werden, d. h. am stärksten über Kulturen hinweg variieren. Je nach Kultur können in einem Angstzustand Kognitionen geweckt werden, die nicht mehr der Realität zu entsprechen scheinen und sogar „Wahncharakter" annehmen können. In vielen Kulturen sind die Beschäftigung mit böser Magie und Geistern sowie die Furcht vor diesen sehr ausgeprägt (s. Kapitel 7.2.1), ohne dass von einer pathologischen Verarbeitung ausgegangen werden muss. Diese können dennoch zu Fehldiagnosen einer paranoiden Psychose, also einer Wahrstörung, führen. Dementsprechend ist die richtige Einordnung der Angstsymptome als solche und nicht als inhaltliche, wahnhafte Denkstörungen enorm wichtig für die Diagnose und Behandlung. So hatte ein Betroffener z. B. große Angst bis hin zu Panikattacken, wenn er öffentliche Verkehrsmittel benutzen musste. Seine Erklärung für diese Symptomatik war, vom „bösen Blick" heimgesucht worden zu sein.

Ängste können auch aus rigiden gesellschaftlichen oder familiären Verhaltensregeln und Moralvorstellungen resultieren, bei denen bei einer Nichteinhaltung schwere Sanktionen zu befürchten sind (s. Kapitel 4.3).

In einigen Kulturen werden Ängste symbolisch mit Beschwerden eines bestimmten Organs in Verbindung gebracht werden (s. Kapitel 7.2.2), zum Beispiel in China mit der Ausdrucksform von Angst im Herzen oder im Nahen Osten mit dem Bauch. Ebenso können im Zusammenhang mit Ängsten körperliche Beschwerden, Ohnmachtsanfälle, Lähmungen, Blockaden und andere Verhaltensweisen auftreten, die hypochondrisch (→) und histrionisch (→) anmuten. Das subjektive Leiden wird als Müdigkeit, Weinen, Hinken, Rücken-, Schulterschmerzen, Magen-, Leber- oder Herzbeschwerden etc. körperlich ausgedrückt.

Kurz zusammengefasst

Das Erleben von Ängsten ist kulturell sehr unterschiedlich. Ursachen können auch in der Herkunftskultur übliche Vorstellungen, z. B. von Magie oder Geistern, oder rigide Verhaltensregeln sein. Manche dieser Vorstellungen können auch zur Fehldiagnose einer Wahrstörung führen.

Fallbeispiel

Die 18-jährige A. vermeidet eine Reihe an Aktivitäten, die für andere Jugendliche ihres Alters selbstverständlich sind, wie Arztbesuche, Ausflüge, Partys oder Schwimmbadbesuche. Wird sie dazu eingeladen oder aufgefordert, beginnt sie stark zu schwitzen, es stellen sich Herzrasen und Schwindelgefühle ein. Bei der Familienanamnese zeigt sich, dass sie in einer traditionell orientierten marokkanischen Gastarbeiterfamilie aufgewachsen ist, in der Mädchen solche Aktivitäten untersagt sind, da sie Jungen oder Männern begegnen könnten. Sie selbst wünscht sich, daran teilnehmen zu können, fürchtet jedoch Sanktionen durch die Familie.

Bei der Diagnostik von Ängsten sind also immer kulturell geprägte Kognitionen und auch gelebte kulturelle Werte und Normen des sozialen Umfelds mit einzubeziehen.

7.3.3 Posttraumatische Belastungsstörungen (PTBS)

Psychotraumatische Ereignisse wie körperliche und sexuelle Übergriffe, Kriegserlebnisse, Folter, schwere Unfälle etc. können den Umgang mit den eigenen Gedanken, Gefühlen und der Umwelt tiefgreifend beeinträchtigen. Sie können zum Auslöser einer sogenannten Posttraumatischen Belastungsstörung (PTBS) werden.

Bei der deutschen Allgemeinbevölkerung wurde eine 12-Monats-Prävalenz von 2,3 Prozent erhoben (vgl. Jacobi et al. 2014, S. 80). Insbesondere bei geflüchteten Menschen zeigen Studien eine um ein Vielfaches erhöhte Prävalenzrate. Ein Review zur Verbreitung einer PTBS bei geflüchteten Iraker*innen verweist z. B. auf Prävalenzraten zwischen 8 und 37 Prozent (vgl. Slewa-Younan et al. 2014, S. 1233/1235).

Die PTBS besteht aus drei Symptombereichen:

- Ein zentraler Symptomkomplex der PTBS ist das ungewollte Wiedererleben (Intrusion) von Aspekten des Traumas. Auslöser können Situationen oder Dinge sein, die an das traumatische Ereignis erinnern. Die Betroffenen haben die gleichen sensorischen Eindrücke (z. B. Bilder, Gerüche) sowie gefühlsmäßigen und körperlichen Reaktionen (z. B. Zittern, Übelkeit, Herzrasen oder Atemnot) wie während des traumatischen Erlebnisses. Die Intensität kann stark variieren, bis hin zum subjektiven Eindruck, das Trauma erneut zu erleben (Flashbacks).
- Ein zweiter Symptombereich sind die typischen Strategien zur Vermeidung oder Kontrolle von belastenden Erinnerungen und Gedanken an das Trauma: Auf der Verhaltensebene werden mögliche Auslöser der Erinnerungen vermieden (z. B. Gespräche oder Situationen, die an das Trauma erinnern könnten). Auf kognitiver Ebene wird das spontane Auftreten von Intrusionen mit Flucht beantwortet: Die traumatisierte Person lenkt sich durch eine andere Tätigkeit ab, sie versucht, Gedanken an das Trauma zu unterdrücken (z. B. durch vermehrte Medikamenteneinnahme, Alkohol- oder Drogenkonsum). Zudem haben Betroffene ein deutlich vermindertes Interesse an Dingen, die vor der Traumatisierung für sie von Bedeutung waren. Sie fühlen sich der Gemeinschaft anderer Menschen nicht zugehörig (z. B. Angst vor Ablehnung) und sind unfähig, starke Emotionen (z. B. Liebe) zu empfinden. Auch die Zukunftsplanung verändert sich im Sinne einer Hilf- und Hoffnungslosigkeit, mit dem Gefühl in einer Zeitschleife des Traumas gefangen zu sein.
- Der dritte typische Symptombereich umfasst eine autonome körperliche Übererregung (Hyperarousals), die zu Schlaf- oder Konzentrationsstörungen, übertriebener Schreckhaftigkeit, Reizbarkeit oder Aggressivität führt. Meist ist die betroffene Person unfähig, sich vor dem Einschlafen zu ent-

spannen, oder sie fürchtet, Alpträume zu bekommen. Während Menschen mit einer PTBS gegenüber ihrer Umwelt zu einem emotional gehemmten Verhalten neigen, reagiert ihr Körper auf bestimmte physische und emotionale Stimuli so, als ob die traumatische Bedrohung noch immer präsent wäre.

Grundsätzlich ist das Konzept der PTBS übergreifend auf alle ethnischen Gruppierungen anwendbar. Dennoch können die unterschiedlichen kulturellen/traditionellen Vorstellungen von Gesundheit und Krankheit auch im Umgang mit den Folgen traumatischer Erlebnisse alternative bzw. ergänzende Konzepte erfordern. So gibt es Hinweise auf eine transkulturell unterschiedliche Phänomenologie (→) von Traumatisierung. Nicht alle Kriterien einer PTBS treten bei Menschen aus anderen Kulturen auf, obwohl diese unter Traumafolgen leiden. Friedman und Jaranson (1994, S. 210) stellten fest, dass insbesondere das Vermeidungsverhalten und das Abflachen der Empfindsamkeit ethnokulturelle Unterschiede aufweist. Gerade intime Themen wie Sexualität stellen hier ein Problem dar. Es verletzt in vielen Kulturen die Ehre, Auskunft über solche Ereignisse zu geben, auch wenn keine Erkrankung vorliegt (vgl. Kizilhan/Utz/Bengel 2013, S. 267). Insbesondere Somatisierung (→) und Dissoziation scheinen sehr wesentliche posttraumatische Stresssymptome in nicht-westlichen Kulturen zu sein (Hough et al. 1996; Manson et al. 1996). Neben Flashbacks, Intrusionen, Ängsten etc. stehen auch hier wieder vor allem Ganzkörperschmerzen im Vordergrund, was auf eine kulturspezifische Wahrnehmung und Verarbeitung traumatischer Erlebnisse hinweist (vgl. Haenel 2018, S. 385).

Kinder können genauso wie Erwachsene an Traumafolgestörungen erkranken. Je nach Alter hat eine Traumatisierung für Kinder oft zusätzlich schwere und langfristige Auswirkungen auf die körperliche, geistige und soziale Entwicklung. Die Krankheitsanzeichen können sich bei Kindern, je nach Alter, etwas anders zeigen als bei Erwachsenen. Die Symptome sind zwar grundsätzlich ähnlich, jedoch können sich Kinder eventuell noch nicht so gut ausdrücken und äußern die Symptome auf andere Weise. So verarbeiten Kinder erlebte Traumata häufig im Spiel, wenn sie beispielsweise Szenen des schrecklichen Erlebnisses immer und immer wieder spielend nachstellen. Manche Kinder ziehen sich auch zurück, verlieren ganz das Interesse am Spiel und an anderen Aktivitäten, sind hyperaktiv, neigen zu starken Stimmungsschwankungen (Wutanfälle und Aggressivität) oder zeigen keinerlei Freude mehr. Ältere Kinder haben zum Teil Schwierigkeiten in der Schule und verlieren das Interesse daran, Freunde zu treffen oder die Lust an Freizeitaktivitäten im Allgemeinen.

Kurz zusammengefasst

Insbesondere bei nach Deutschland geflüchteten Menschen, die zum Teil extreme Gewalt erlebt haben, muss von einer erhöhten Prävalenz von Posttraumatischen Belastungsstörungen ausgegangen werden. Oftmals ist das Erkennen einer PTBS symptombedingt (z. B. aufgrund von Gedächtnisstörungen) und aufgrund kulturspezifischer Besonderheiten erschwert.

Fallbeispiel
Als 2014 der „Islamische Staat“ (IS) weite Teile des Iraks kontrollierte, wurde Akram, damals fünf Jahre alt, mit seiner Mutter gefangen genommen. Sein Vater und sein Großvater wurden vor seinen Augen erschossen. Er wurde später als Kindersoldat an der Waffe trainiert, geschlagen und musste zusehen, wie die Terroristen Menschen köpften. Nach fünf Jahren kam Akram frei und lebt seither in einem Flüchtlingslager bei einem Onkel. Von der Mutter fehlt jegliche Spur.

Im Gespräch berichtet Akram von Ein- und Durchschlafstörungen, Albträumen, Flashbacks, Intrusionen und der ständigen Angst, dass die Terroristen ihn erneut holen könnten. Er habe außerdem Kopf- und Bauchschmerzen und mache sich während der Albträume in die Hose. „Ich schäme mich deswegen, weil meine Tante mich jeden Morgen waschen muss.“ Im Kontakt zu anderen Menschen, auch den Kindern, sei er misstrauisch und schlage immer wieder Kinder, mit denen er eigentlich spielen will. In der Nacht habe er ein kleines Messer unter seinem Kissen, damit er sich gegen die IS-Kämpfer wehren kann, wenn sie das Camp überfallen. Er vermisse seine Mutter, sei aber auch über sie und den Vater sehr verärgert und wütend. „Sie waren nicht stark genug und haben mich im Stich gelassen.“ Im Camp gehe er zur Schule, könne sich aber nicht konzentrieren, weil er ständig im Kopf die geköpften Menschen sehe. Er habe auch keine Lust zur Schule zu gehen, er möchte allein sein und nur in Ruhe gelassen werden.

In der Behandlung bzw. Begleitung und vor allem in der Gestaltung der professionellen Beziehung ist es notwendig zu verstehen, welche Bedeutung den Symptomen, z. B. den empfundenen Schmerzen, zukommt. Schmerzen und andere körperliche Symptome können als körperlicher Ausdruck für die weitreichenden Folgen eines Traumas auf sozialer, kollektiver, ökonomischer und kultureller Ebene verstanden werden.

7.3.4 Psychosomatische Schmerzstörungen

Von einer psychosomatischen bzw. somatoformen Schmerzstörung wird bei einem chronischen, d. h. mindestens seit sechs Monaten anhaltenden Schmerz gesprochen, wenn gleichzeitig keine körperliche Ursache gefunden wurde und mit dem Beginn der Schmerzen eine psychosoziale Belastungssituation oder eine innere Konfliktsituation zeitlich zusammenfällt (vgl. Egle et al. 2000, S. A-1469). Die Störung kann im Kindes-, Jugend- oder Erwachsenenalter auftreten (vgl. D’Souza/Hooten 2020, o. S.). Nach Schätzungen auf der Grundlage der Daten aus Allgemeinarztpraxen sind drei bis fünf Prozent der deutschen Allgemeinbevölkerung von einer Somatisierungsstörung (→) betroffen (vgl. Morschitzky 2007, S. 207).

Bei den Beschwerden zeigen sich geschlechtsspezifische Unterschiede. So klagen zugewanderte Männer häufig über Rückenbeschwerden, zugewanderte Frauen leiden hingegen vermehrt unter Kopf- und Unterleibsschmerzen. Häufig sind bei beiden Geschlechtern Beschwerden aus dem rheumatisch-arthritischen Formenkreis sowie dem Magen-Darm-Bereich. Auch traumatisierte Menschen aus dem Mittleren Osten klagen über ein deutlich gehäuftes Auftreten von Magenbeschwerden. Es scheint, als reagierten einige ethnische Gruppen auf großen Stress eher mit Magenbeschwerden als mit Kopfschmerzen.

Menschen aus familienorientierten Gesellschaften leiden vergleichsweise häufig an chronischen Schmerzen und körperlichen Beschwerden (vgl. Kapitel 7.2.2). Ob es sich um eine körperliche oder psychische Erkrankung oder um beides handelt, ist zu Beginn einer Untersuchung relativ schwierig zu unterscheiden. Die starke Fixierung auf Ganzkörperschmerzen, deren Ursache oft schwer zu eruieren ist, führt häufig zu Problemen bei der Diagnose und Behandlung (vgl. Kizilhan 2017c, S. 1).

Das Schmerzempfinden wird neben der psychischen und physischen Anspannung oft auch von zunehmender Inaktivität und Vermeidungsverhalten beeinflusst. Aufgrund der Angst vor möglichen Folgen, den sogenannten Katastrophisierungsgedanken und „fear avoidance beliefs", schließt sich der Schmerzkreislauf in einer Zunahme von Inaktivität, Vermeidungsverhalten und Depression.

Kurz zusammengefasst

Psychosomatische Schmerzstörungen können bei zugewanderten und insbesondere bei geflüchteten Menschen mit traumatisierenden Ereignissen oder familiären/sozialen Konflikten zusammenhängen. Über diese wird oft aber kaum gesprochen, da diese Erlebnisse schambehaftet sind oder die Harmonie in der Familie (als „Kollektiv") nicht beeinträchtigt werden soll.

Fallbeispiel

Y. ist Jesidin und wurde mit ihrer Familie vom IS verfolgt und in Geiselhaft genommen. Sie selbst wurde mehrfach vergewaltigt und verkauft, bevor sie nach acht Monaten aus den Händen ihrer Peiniger fliehen konnte. Mehr als zwanzig Mitglieder ihrer Familie seien vom IS ermordet wurden. Sie habe zusehen müssen, wie vor ihren Augen ihr Ehemann hingerichtet wurde.

Im Gespräch ist sie aufgeregt, verzweifelt und zeigt eine Tüte voller Analgetika und Schlafmittel, da sie Schmerzen am ganzen Körper habe und nicht schlafen könne. „Wenn ich nur nicht diese Schmerzen hätte, dann würde es mir bessergehen. Die Ärzte sagen, mein Körper ist in Ordnung. Es liege an der Psyche, dass ich Schmerzen habe. Ich verstehe es nicht. Ich habe doch Schmerzen, ich spüre es am ganzen Körper." Zusätzlich zu den Schmerzen habe sie ein Gefühl, dass ihr Körper beschmutzt sei. Sie müsse täglich mehrfach sich duschen und habe dennoch nicht das Gefühl, dass der Körper rein sei.

Die Thematisierung traumatischer Ereignisse über Schmerzäußerungen geht oft einher mit der Hoffnung, dass Medikamente oder eine medizinische Behandlung hier helfen.

7.3.5 Suchtmittelerkrankungen

Der Konsum von Alkohol, Tabak und illegalen Drogen zählt weltweit zu den Hauptrisikofaktoren für Krankheit und Behinderung sowie für eine vorzeitige Sterblichkeit (vgl. Peacock et al. 2018, S. 1906). Die genaue Verbreitung substanzmittelbedingter Störungen ist schwer zu bestimmen, zum einen aufgrund von Schwierigkeiten bei der Diagnostizierung und zum anderen aufgrund von Tabuisierung oder Bagatellisierung von Abhängigkeitserkrankungen (vgl. Penka/Gutwinski/Heinz 2018, S. 439).

Wissenschaftlich haltbare Daten zur Häufigkeit von Suchterkrankungen bei Menschen mit Migrationshintergrund in Deutschland liegen bislang nicht vor (vgl. Penka/Gutwinski/Heinz 2018, S. 442). Aufgrund zahlreicher Vorbelastungen vor und während der Migration scheint jedoch eine erhöhte Vulnerabilität vorzuliegen. Als Stressoren werden immer wieder Flucht, Trauma, Entfremdung, aber auch fehlendes ökonomisches und kulturelles Kapital wie insbesondere Bildung und Sprache benannt (vgl. Machleidt/Heinz 2018, S. 37; Toprak/Lorenzen 2000, S. 160). Hinzu kommen Unsicherheit, Ungewissheit bezüglich des Aufenthaltsstatus bei Geflüchteten, prekäre Arbeits-, Wohn- und Lebensverhältnisse sowie fehlender oder eingeschränkter Zugang zur Gesundheitsversorgung, aber auch Diskriminierung und Rassismus (Velho 2018).

Es zeigt sich insbesondere eine erhöhte Vulnerabilität aufgrund eingeschränkter Partizipationsmöglichkeiten an materiellen und immateriellen Ressourcen der Aufnahmegesellschaft (vgl. Basu/Gies-Powroznik 2018, S. 21). Zugewanderte Menschen mit Abhängigkeitserkrankungen beschreiben Ausgrenzungserfahrungen als wesentlichen Faktor für ihren Konsum (vgl. Machleidt/Heinz 2018, S. 36). Es kann davon ausgegangen werden, dass dies auch im Kontext von Fluchtmigration zutrifft, was noch empirischer Untersuchung bedarf.

Welche Suchtmittel in welchem Ausmaß konsumiert werden, ist kulturspezifisch unterschiedlich. So ist bspw. der Konsum von Alkohol in islamisch geprägten Ländern untersagt, während er in anderen Ländern alltäglich ist, z. B. in Polen oder in Russland (vgl. Penka/Gutwinski/Heinz 2018, S. 441).

Kurz zusammengefasst

Die Akzeptanz und der Konsum von Suchtmitteln in den Herkunftsländern unterscheidet sich, was sich auch auf das Konsummuster im Aufnahmeland auswirkt. Als Risikofaktoren gelten Belastungen im Migrations- und Akkulturationsprozess, insbesondere Ausgrenzungserfahrungen im Aufnahmeland.

7.4 Psychische Erkrankungen in der Praxis

Das unter Fachleuten heute allgemein akzeptierte multifaktorielle Störungsmodell geht davon aus, dass grundsätzlich biologische, psychologische und soziale Faktoren an psychischen Erkrankungen beteiligt sind. Die Bearbeitung psychosozialer Stressoren infolge freiwilliger oder erzwungener Migration (s. Kapitel 7.1) kann ein wichtiger Bestandteil zur Genesung sein.

Eine möglicherweise vorliegende psychische Störung zu erkennen kann außerdem hilfreich sein, um eine passende psychotherapeutische Diagnostik und Behandlung vermitteln zu können und um diese in der psychosozialen Begleitung oder Beratung zu berücksichtigen. Neben ausreichenden Kenntnissen über psychische Erkrankungen ist auch das Verständnis für migrationsbedingte und kulturelle Besonderheiten wichtig.

7.4.1 Überbrücken von Zugangsbarrieren

Vor und während einer psychotherapeutischen Diagnostik bzw. Behandlung kommt den Beratenden bzw. Begleitenden eine vermittelnde Rolle zu, indem sie zum einen grundlegend über Behandlungsmöglichkeiten und -abläufe informieren und zum anderen den Kontakt zu möglichst transkulturell geschulten Psychiater*innen oder Psychotherapeut*innen herstellen. Sprachliche und kulturelle Besonderheiten können ansonsten Zugangsbarrieren für die Inanspruchnahme von Angeboten und Leistungen des psychosozialen Hilfesystems und des Gesundheitssystems sein.

Bei erkrankten Personen aus sogenannten traditionellen Gesellschaften sind die *Vorstellungen zu den Ursachen und zur möglichen Einflussnahme einer Krankheit* (sog. Kausal- (→) und Kontrollattributionen (→)) eher durch einfache biomedizinische Annahmen und durch magische Vorstellungen geprägt. Während in westlichen Gesellschaften psychische Probleme als erworben betrachtet werden und aktiv bearbeitet werden können und sollen, wird in traditionellen Gesellschaften die psychische Erkrankung als eine Folge des Schicksals angesehen, womit es keinen Grund für eine aktive Bearbeitung, z. B. eine Verhaltensänderung, gibt. Die Lösung bzw. Heilung wird bei der behandelnden Person gesucht. Außerdem wird versucht mit der Unterstützung der Familie und der

Gemeinschaft, z. B. durch Rituale, die psychische Erkrankung zu heilen. Auch Vorstellungen, dass eine psychische Erkrankung nur durch Medikamente geheilt werden kann, stellen eine weitere Herausforderung an die Begleitung und Therapie dar, insbesondere wenn zusätzlich eine Suchtproblematik besteht. Aus jahrelangen Erfahrungen mit traumatisierten Menschen aus anderen Kulturen ist zu beobachten, dass Frauen vor allem Schmerzmittel und Männer Alkohol und andere Suchtmittel zur Linderung ihrer Traumasymptome nehmen.

Daher ist es wichtig, dass gemeinsam mit der erkrankten Person ein Erklärungsmodell zum Zusammenhang von körperlichen und psychischen Prozessen entwickelt wird, das sich an ihrem Bildungsniveau und kulturellen Verständnis orientiert. Eine solche *Psychoedukation* ist ein wichtiger Bestandteil, auch der nicht-therapeutischen Arbeit, um die Eigenverantwortung und Selbstwirksamkeitsüberzeugung im Umgang mit den Krankheitssymptomen zu fördern und um für die Inanspruchnahme der Behandlungsangebote zu motivieren. Durch Psychoedukation kann außerdem z. B. verdeutlicht werden, wie ein Entspannungsverfahren wirkt und zur Reduktion von Stresssymptomen eingesetzt werden kann. Selbsthilfebroschüren und Videos in der Muttersprache können hier unterstützend eingesetzt werden.

Eine in Deutschland übliche gemeinsame Erarbeitung eines vollständigen Erklärungsmodells und der Vorgehensweise im Hilfeprozess ist für Menschen aus traditionellen Gesellschaften eher ungewohnt. Von traditionellen Heiler*innen kennen sie eher, dass diese nach der ersten Untersuchungsstunde ein vollständiges Erklärungsmodell liefern. Es ist daher hilfreich und wichtig, bereits frühzeitig die Vorgehensweise und deren Sinnhaftigkeit zu erklären.

Bei der Beratung und Begleitung von Menschen mit Migrationsgeschichte sollten immer auch die möglichen Beziehungen und Konflikte in der Familie und Peergroup berücksichtigt werden. Es kann also wichtig sein, auch die Familienangehörigen zu informieren.

Praxistipp

Bei Menschen aus anderen, insbesondere aus traditionellen Kulturen, ist die Information über unser Verständnis von körperlichen und psychischen Funktionsweisen und Erkrankungen sowie die entsprechenden Behandlungs- und Therapiearten sehr wichtig. Dabei sollten die bestehenden Vorstellungen zu Gesundheit, Krankheit und Heilung unbedingt erfragt und mit einbezogen werden. Grundsätzlich können auch Informationen zum Gesundheitssystem und den Versorgungsansprüchen relevant sein.

7.4.2 Bedeutung der körperlichen Symptome

Insbesondere zu Beginn werden häufig körperliche Symptome in den Mittelpunkt gestellt, auf die sich die betroffene Person oft fixiert. Mögliche psychische oder familiäre Konflikte und Belastungen bleiben meist unerwähnt. Schamgefühle verbunden mit geringen Sprachkenntnissen können zusätzlich besonders zu Beginn die Gespräche erschweren.

Die Art und Weise wie die Menschen über ihre Schmerzen berichten, oder in anderen Fällen nicht darüber sprechen, hat einen wichtigen Einfluss darauf, wie eine Anamnese durchgeführt werden kann und ob entsprechend die Beschwerden richtig diagnostiziert werden können. Betroffene aus traditionellen Gesellschaften stellen ihre Beschwerden im Allgemeinen weniger zeitlich aufeinander folgend dar, so dass ihre Aussagen zunächst – oberflächlich betrachtet – in keinem deutlichen Kontext zu ihrer Leidensgeschichte stehen. Dies hat mit der unterschiedlichen Erzählstruktur in familienorientierten Gesellschaften zu tun (s. Kapitel 9.3.2). Die Klagen und Beschwerden der Betroffenen müssen ernst genommen werden, da die Betroffenen ansonsten die Behandlung oder Begleitung abbrechen (Poundja/Fikretoglu/Brunet 2006).

Die Umstände des ersten Auftretens bzw. einer Verschlimmerung der Schmerzbeschwerden zu analysieren und dabei die individuelle und kollektive Biografie (z. B. Ausgrenzungen aufgrund ethnischer und/oder religiöser Zugehörigkeit im Herkunftsland, Migrationsgeschichte, Kultur- und Generationskonflikte etc.) zu berücksichtigen, ist notwendig, um Hinweise auf auslösende Faktoren zu erhalten. Dabei gilt es herauszufinden, was den Schmerz verringert bzw. verstärkt und welche Beeinträchtigungen dadurch entstehen (vgl. Kizilhan 2017c, S. 2).

In manchen Kulturen gilt mit den Schmerzen zu leben und mögliche psychosoziale oder innerpsychische Konflikte zu verdrängen als ein erfolgreicher Bewältigungsmechanismus. Das betrifft besonders kollektivistische Gesellschaften, in denen die soziale Harmonie höchste Priorität hat. Hier wird insbesondere der Heilungsprozess durch den kulturellen und sozialen Kontext bestimmt und es wird darauf geachtet, dass die betroffene Person (und deren Familie) keinen „Gesichtsverlust" erleidet. Dies gilt vor allem bei politisch motivierter Gewalt (vgl. Kizilhan 2017a, S. 339). Das Gespräch über die Belastung wird eher vermieden.

Bei Schmerzpatient*innen aus traditionellen Gesellschaften zeigt sich häufig eine erhebliche Einschränkung des Aktivitätsspektrums. Der Schmerz bestimmt ihr Leben und ist zum Zentrum ihres Denkens und Verhaltens geworden. Ihre Annahme, der Körper brauche bei Schmerzen Ruhe, führt zu einer Schonhaltung, bis hin zu Lethargie. Bei der Begleitung bzw. Behandlung ist es daher wichtig, und gleichzeitig eine große Herausforderung, den Handlungsspielraum wieder auszuweiten und Einschränkungen auf der Verhaltensebene (geringe Bewegung), auf der emotionalen Ebene (Depressivität und Hilflosigkeit) sowie auf der kognitiven Ebene (Einengung der Perspektive) zu verringern.

Praxistipp

Für Menschen aus traditionellen Gesellschaften oder traditionell geprägten Familien ist das Sprechen über soziale oder innerpsychische Konflikte, wie sie auch im Zusammenhang mit der Migration bzw. Akkulturation oft vorkommen, häufig ungewohnt oder schambehaftet. Bei unbestimmten, möglicherweise psychosomatischen Schmerzen können solche Konflikte von Bedeutung sein, sollten aber behutsam angesprochen werden. In manchen Fällen kann es ratsam sein, zunächst eine Linderung für die Schmerzen zu suchen.

7.4.3 Berücksichtigung religiöser und traditioneller Aspekte

Erlebt ein gläubiger Muslim bzw. eine gläubige Muslimin durch eine Krankheit Schwäche und Grenzen, kann dies eine Gelegenheit sein, „dem Schöpfer" näher zu kommen. Dies wiederum kann der betroffenen Person helfen, durch den Glauben am eigenen Verhalten zu arbeiten, um gesund zu werden. Der Glaube an die Vorhersehung Gottes führt im Hilfeprozess aber auch zu einer passiven Haltung. Eigene Aktivitäten erscheinen vielen Betroffenen als sehr fremd.

Islamische Gelehrte wiederum interpretieren das Prinzip des „Qadar"-Glaubens weniger als eine Art Hilflosigkeit, in der der Mensch zur Passivität verurteilt ist. Sie gehen stattdessen davon aus, dass die Krankheit zwar durch Gottes Willen entsteht, aber auch durch Behandlung geheilt werden kann. Danach obliegt es den Menschen, sich dieser Mittel zu bedienen, um gesund zu werden (vgl. Ilkilic 2002, S. 49 f.).

Traditionelle Heilungsmethoden (Hodchas, der Glaube an die Existenz von Geisterwesen, Magie, Kultorte und -gegenstände, Heilungsgesang etc.), die aus dem Herkunftsland mitgebracht wurden und auch weiterhin praktiziert werden, sollten als Ressourcen mit einbezogen und genutzt werden. Wird dadurch die Gesundung gefördert, ist dies nicht als Widerspruch zur modernen Medizin zu betrachten. Statt mit Vorurteilen zu reagieren sollten religiös-mystische Denk- und Verhaltensweisen integriert werden. Zumal es ja auch in Deutschland ähnliche Denkansätze gibt, z. B. dass eine Krankheit eine Strafe für eine ungesunde Lebensweise ist o. ä.

Auch kulturelle Ressourcen, wie Musik, bestimmte Lieder, Tänze oder Rituale können hilfreich für den Heilungsprozess sein. Tanz und Meditation kennen viele Menschen mit Migrationsgeschichte aus ihrem Herkunftsland, so dass diese oft effektiv z. B. als Bewegungs- oder Entspannungstherapie eingesetzt werden können. Wenn es um körperliche Betätigung geht, bevorzugen zugewanderte Frauen mit einer religiös geprägten, traditionellen Herkunft oft eher einen Tanz aus ihrer Kultur statt eines Lauftrainings.

Praxistipp

Die psychosoziale wie auch die therapeutische Arbeit mit Menschen aus einem fremden Kulturkreis erfordert die Bereitschaft, sich mit neuen Beziehungs- und Erlebensmustern auseinanderzusetzen, um die transkulturelle Arbeit als Ressource nutzen zu können. Sichtweisen und Ressourcen der aktuellen Lebenssituation können entsprechend in die fachspezifischen Methoden und Konzepte integriert werden. Notwendig ist dabei die Reflexion von Hintergründen und Phasen von Anpassungsprozessen, wobei die Betroffenen motiviert werden sollen, eigene Anpassungsverläufe aktiv zu beeinflussen und zu gestalten. Gleichzeitig bietet die transkulturelle Arbeit für Fachkräfte die Chance, neue Methoden oder mögliche Ressourcen kennenzulernen und in die Arbeit zu integrieren.

7.4.4 Einbeziehung der Familie

Die Einbeziehung der Familie bzw. der Großfamilie und der jeweiligen Rolle aller Familienmitglieder kann ein besseres Verständnis für familiäre Konflikte und Beziehungsabhängigkeiten ermöglichen. Die starke Solidarität der Familie mit einem erkrankten Mitglied kann unter Umständen die Krankheit verstärken bzw. aufrechterhalten. Die Familienmitglieder sollten daher ausreichend über die Krankheit informiert und darin unterwiesen werden, wie sie sich dem erkrankten Familienmitglied im Alltag gegenüber zu verhalten haben. Es geht darum, zahlreiche und zum Teil divergierende Problemeinsichten (z. B. Generationskonflikte, Zwangsheirat etc.), Wünsche (z. B. unerfüllter Kinderwunsch und Erwartungen der Großfamilie), Zielvorstellungen (ich möchte ganz gesund werden oder alles vergessen) und Lösungsideen (z. B. Switch-Identitäten[8] ohne Angst vor Verlust der Herkunftsidentität), aber auch Ängste (z. B. Rolle des patriarchalischen Vaters und Arbeitslosigkeit), Befürchtungen und Sorgen (z. B. Angst vor Verlust der Herkunftskultur, auch im Herkunftsland sich fremd fühlen) in einen dynamischen und kreativen Prozess zu integrieren, der zielgerichtet und lösungsorientiert sein sollte.

Fallbeispiel

Der 58-jährige türkische Herr D. war zwei Jahre zuvor an einer Agoraphobie, also an Platzangst, mit Panikstörung erkrankt. Er klagte außerdem über diverse kör-

8 Bei einer sog. Switch-Identität fühlt sich die Person in zwei Kulturkreisen beheimatet, sie ist in der Lage, ihr Verhalten an den jeweiligen äußeren kulturellen Bezugsrahmen anzupassen und sich erwartungsgemäß zu verhalten (s. Kapitel 3.2.3).

perliche Beschwerden ohne einen körperlichen Befund. Er war nicht mehr in der Lage, zur Arbeit zu gehen. Herr D. stammt aus einer traditionell-islamischen Familie aus dem Schwarzmeergebiet und zog wegen finanzieller Probleme vor mehr als zehn Jahren nach Deutschland. Im Verlauf der Gespräche berichtete er von familiären Konflikten. Besonders schlimm und kränkend empfand er die Beziehung seiner Tochter mit einem Mann, mit dem sie nicht verheiratet war.

Neben Familiengesprächen, vor allem mit der Tochter, wurden im Rahmen einer Therapie seine Ängste und körperlichen Beschwerden in Verbindung mit dem Koran bearbeitet. So lernte Herr D. Verse aus dem Koran auswendig. Beim Aufsuchen von Menschenmengen begann er, richtig zu atmen, nahm die Gebetskette in seiner Hosentasche in die Hand und sprach leise die gelernten Verse, bis die Angst nachließ. Durch seine Glaubensgebundenheit und die Psychoedukation entwickelte er ein Verständnis für seine Krankheit und deren Ursache. Nach ca. acht Monaten konnte Herr D. wieder Menschenmengen aufsuchen und arbeiten gehen. Die Beziehung der Tochter konnte er akzeptieren, da die Tochter ihn von der Ernsthaftigkeit der Beziehung überzeugen konnte, u. a. auch durch das Kennenlernen des Freundes.

In diesem Fall zeigt sich, dass innerpsychische Konflikte durch Schmerzäußerungen und Ängste im Sinne von Vermeidung zum Ausdruck gebracht wurden. Ein Grund dürfte in der vorhandenen Krankheitsvorstellung und dem Krankheitsverständnis sowie der ungewohnten und in der Gesellschaft zum Teil tabuisierten psychischen Erkrankung liegen.

Praxistipp

In der Begleitung von Menschen aus kollektivistischen bzw. familienorientierten Gesellschaften müssen immer auch die familiären Beziehungen mitberücksichtigt werden. Die Einbeziehung der Familienmitglieder, z. B. durch Familiengespräche oder Einbindung in die Psychoedukation, ist hier besonders wichtig.

8. Migration und Alter

Die Lebensphase Alter bringt ihre spezifischen Themen und Anforderungen für zugewanderte Menschen und für die Hilfesysteme mit sich, daher widmet sich ihr dieses Kapitel.

Aufgrund des demografischen Wandels in Deutschland nimmt die Zahl der zugewanderten Menschen in der Lebensphase Alter stetig zu. Von allen Menschen ab 65 Jahren haben inzwischen neun Prozent einen Migrationshintergrund, das sind 1,5 Millionen Personen. In der Gruppe der 50- bis 64-Jährigen sind es bereits 15 Prozent, etwa 2,6 Millionen Menschen, die aus verschiedenen Herkunftsländern stammen und zu unterschiedlichen Zeiten und in verschiedenen biografischen Lebensphasen nach Deutschland eingewandert sind. Werden die geflüchteten Menschen nicht mitberücksichtigt, dann leben sie im Schnitt seit 45 Jahren in Deutschland (vgl. Hoffmann/Romeu-Gordo 2016, S. 65).

Die Bevölkerungsgruppe der älteren Menschen mit Migrationsgeschichte ist also sehr heterogen und wurde insbesondere durch die Zuwanderungen der Arbeitsmigrant*innen, Spätaussiedler*innen und geflüchteten Menschen geprägt. Die erste Generation ist in den 1950er und 60er Jahren als junge Menschen im Rahmen der Arbeitsmigration nach Deutschland gekommen (vgl. Brückner 2016, S. 218 ff.) (s. Kapitel 2.1).

Kurz zusammengefasst

Die Bevölkerungsgruppe der älteren Menschen (ab 65 Jahren) mit Migrationshintergrund nimmt stetig zu. Sie ist sehr heterogen und geht auf verschiedene Zuwanderungsbewegungen in den vergangenen Jahrzehnten zurück.

8.1 Gesundheit bei älteren zugewanderten Menschen

Ein zentrales Thema im Alter, unabhängig von einer Migration, ist die Gesundheit. Laut dem Bericht des Robert Koch-Instituts (2015, S. 178) zur Gesundheit in Deutschland sind Menschen mit Migrationshintergrund nicht generell kränker oder gesünder als Menschen ohne Migrationshintergrund. Jedoch ist die Gesundheit von zugewanderten Menschen häufig zunächst besser, weil in der Regel – und dies gilt in besonderem Maße für die gezielt angeworbenen Arbeitsmigrant*innen in den 1960er und 1970er Jahren, die vor der Einreise körperlich untersucht wurden – eher gesündere Menschen nach Deutschland gekommen sind. Dieser sogenannte *Healthy-Migrant-Effekt* erklärt zumindest teilweise die geringere Sterblichkeit von ausländischen Staatsangehörigen bzw. zugewanderten Menschen in Deutschland (zur Nieden/Sommer 2016).

Mit zunehmender Aufenthaltsdauer und steigendem Alter zeigen sich jedoch im Vergleich zur deutschen Bevölkerung deutliche sozioökonomische Nachteile. Die Armutsgefährdungsquote (Einkommen weniger als 60 Prozent des Durchschnittseinkommens) liegt bei der Gruppe der über 65-jährigen ehemaligen Arbeitsmigrant*innen bei 36,5 Prozent, bei der entsprechenden Altersgruppe ohne Migrationshintergrund bei 12,5 Prozent (vgl. Hoffmann/Romeu-Gordo 2016, S. 70). Ein niedriger Sozialstatus mit einem geringen Arbeitseinkommen, ein niedriges Bildungsniveau und schwere Arbeits- und Lebensbedingungen bringen gesundheitliche Nachteile mit sich und verstärken die Sorgen und Ängste, im Alter nicht ausreichend gesund zu bleiben und entsprechend versorgt zu werden (vgl. Klaus/BaykaraKrumme 2017, S. 375 f.).

Kurz zusammengefasst

Ältere zugewanderte Menschen haben im Vergleich zur einheimischen Bevölkerung trotz den oft schlechteren sozioökonomischen Bedingungen und den damit verbundenen Sorgen und Belastungen eine niedrigere Sterblichkeitsrate.

Anregungen zur (Selbst-)Reflexion

- Wenn Sie mit älteren zugewanderten Menschen arbeiten, welche Themen sind aus Ihrer Sicht für diese besonders wichtig? Erkennen Sie hier Unterschiede im Vergleich zu älteren nicht zugewanderten Menschen?

8.1.1 Subjektive Gesundheit

Neben der sozialen Lage der älteren Migrant*innen, spielt auch die *subjektive Gesundheit,* die mit der Migrationserfahrung zusammenhängt, eine wichtige Rolle. In einer Untersuchung von Spuling und Kolleginnen (2017) berichten 27 Prozent der ehemaligen Arbeitsmigrant*innen, nicht ausreichend gesund zu sein und darunter zu leiden. In der gleichen Studie berichten 9 Prozent der 40- bis 64-Jährigen ohne Migrationshintergrund und 14 Prozent der Gleichaltrigen mit Migrationshintergrund über eine schlechte oder sehr schlechte Gesundheit. Bei den über 65-jährigen zugewanderten Menschen der ersten Generation berichten 23 Prozent, eine schlechte Gesundheit zu haben.

Die zunehmende Einsicht, dass eine Rückkehr ins Herkunftsland nicht mehr gewollt oder möglich ist, verbunden mit den Erinnerungen an die Kindheit und Jugendzeit, führt zu Abschieds- und Trauerprozessen und beeinflusst das Wohlbefinden der älteren Menschen (vgl. Razum et al. 2008, S. 98). Mit beeinflusst wird die subjektive Gesundheit von der Angst und Unsicherheit, im hohen Alter nicht ausreichend gepflegt zu werden, wenn ein Bedarf entsteht.

Kurz zusammengefasst

Die subjektive Einschätzung der eigenen Gesundheit ist bei älteren Arbeitsmigrant*innen schlechter als bei einheimischen Älteren. Außerdem beeinflussen Sorgen in Bezug auf die pflegerische Versorgung und das Abschiednehmen vom Herkunftsland das Wohlbefinden.

Anregungen zur (Selbst-)Reflexion

- Wie ist Ihre subjektive Einschätzung Ihrer eigenen Gesundheit? Was beeinflusst aus Ihrer Sicht Ihre subjektive Gesundheit, positiv wie auch negativ?
- Wenn Sie mit älteren zugewanderten Menschen arbeiten, ist deren subjektive Gesundheit hier ein Thema?

8.1.2 Pflege

Ältere zugewanderte Menschen hegen in der Regel den Wunsch, wie viele nicht zugewanderte Menschen übrigens auch, so lange wie möglich zu Hause zu leben und dort auch im Falle von Hilfe und Pflegebedürftigkeit versorgt zu werden. Mehr noch als bei der einheimischen Bevölkerung wird die Pflege alter und kranker Eltern bei Familien mit Zuwanderungsgeschichte als Aufgabe der Familie beziehungsweise insbesondere der erwachsenen Kinder angesehen (Okken/Spallek/Razum 2008; Vogel 2012; Carnein/BaykaraKrumme 2013; Baykara-Krumme/Fokkema 2017). Über die tatsächliche Pflegesituation in Familien mit Zuwanderungsgeschichte weiß man darüber hinaus nur wenig, und die Datensituation zur Pflegebedürftigkeit von Menschen mit Migrationshintergrund gilt, wie jene zum Gesundheitszustand allgemein, als äußerst unbefriedigend (vgl. Kohls 2011, S. 6). Es ist jedoch davon auszugehen, dass trotz vergleichsweise größerer familiärer Ressourcen im höheren Alter auch bei Menschen mit Zuwanderungsgeschichte (außerhäusliche) Unterstützungsbedarfe entstehen. Dies gilt insbesondere für diejenigen, deren (nahe) Familienangehörige weit entfernt im Ausland leben.

Aus der Praxis sowie aus kleineren Befragungen ist bekannt, dass ältere zugewanderte Menschen und ihre Familien oft nur unzureichend über ambulante und stationäre Angebote der Pflege informiert sind. Neben fehlenden Informationen stellen geringe deutsche Sprachkenntnisse, das Vertrauen auf die Pflege durch Partnerin oder Partner, Kinder und nahe Verwandte, das (weitere) Aufschieben einer möglichen Rückkehroption sowie die empfundene Unübersichtlichkeit des Pflegesystems Barrieren für die Inanspruchnahme dar (vgl. Kohls 2011, S. 5 f.). Auch Vorbehalte gegenüber Pflegeinstitutionen spielen eine Rolle, denn entsprechende Angebote sind aus dem Herkunftsland oft nicht bekannt. Zugleich ist aber das System der pflegerischen Versorgung nach wie vor nicht ausreichend auf die (wachsende) Gruppe der Menschen mit Migrationshintergrund vorbereitet (Kizilhan 2017b; Baykara-Krumme/Fokkema 2017). Vorhandene Strukturen werden migrantenspezifischen Bedürfnissen bisher nicht ausreichend gerecht. Wie ungleich die (gesundheitliche) Versorgung von Menschen mit Migrationshintergrund tatsächlich ist, darüber gibt es laut dem Gesundheitsbericht des Robert Koch-Instituts (2015, S. 177) bisher nur wenige Erkenntnisse.

Kurz zusammengefasst

Über die tatsächlichen Pflegesituationen in Familien mit Zuwanderungsgeschichte weiß man recht wenig. Es wird jedoch davon ausgegangen, dass die Pflege hauptsächlich als Aufgabe der Familienangehörigen betrachtet wird und im häuslichen Umfeld erfolgen soll. Außerdem wird davon ausgegangen, dass migrationsspezifische Zugangsbarrieren zu den Pflege- und Unterstützungsangeboten bestehen.

Anregungen zur (Selbst-)Reflexion

- Welche Vorstellungen haben Sie selbst darüber, wie Sie ggfs. gerne gepflegt werden wollten?
- Wie ist Ihr Wissensstand zu Pflege- und Unterstützungsangeboten?

8.1.3 Rehabilitation

Für den Bereich der medizinischen Rehabilitation konnten Studien zeigen, dass die Inanspruchnahme von Leistungen durch Menschen mit Migrationshintergrund im Verhältnis niedriger ist (vgl. Maier 2008, S. 4). Darüber hinaus fallen die Behandlungsergebnisse – und damit die Chancen, wieder an den Arbeitsplatz zurückzukehren – tendenziell schlechter aus (vgl. Brzoska et al. 2010, S. 654; vgl. Göbber et al. 2010, S. 186; vgl. Robert Koch-Institut 2015, S. 181).

Als mögliche Zugangs- und Wirksamkeitsbarrieren werden in Studien zur psychosomatischen Rehabilitation Aspekte wie eine höhere psychosoziale Ausgangsbelastung, Verständigungsprobleme und kulturell bedingte Unterschiede bei den Erwartungen an die Behandlung diskutiert (vgl. Göbber et al. 2010, S. 186; vgl. Moskö et al 2008, S. 181). Auch wurde ein vergleichsweise höherer Rentenwunsch bei zugewanderten Menschen festgestellt, der sich negativ auf die Motivation für die Behandlung und dadurch wiederum auf den Behandlungserfolg auswirkt (vgl. Göbber et al. 2010, S. 186).

Der Anteil der Menschen mit Migrationshintergrund zwischen 50 und 64 Jahren steigt, auch aufgrund des demographischen Wandels der Bevölkerung mit Migrationshintergrund. Somit ist davon auszugehen, dass auch die Zahl der Menschen mit Migrationshintergrund, die eine (psychosomatische) Rehabilitation in Anspruch nehmen, zunehmen wird (vgl. Göbber et al. 2010,

S. 181). Inzwischen gibt es zahlreiche Initiativen zur interkulturellen Öffnung, die u. a. die Vorstellungen von Gesundheit und Krankheit und die entsprechenden Erwartungen an eine Behandlung aufgreifen. Der angemessene Umgang mit Diversität bleibt in vielen Versorgungseinrichtungen jedoch weiterhin eine zentrale Herausforderung und Aufgabe.

Kurz zusammengefasst
Die Inanspruchnahme von Leistungen der medizinischen bzw. psychosomatischen Rehabilitation ist bei älteren Menschen mit Migrationshintergrund vergleichsweise geringer. Die Behandlungsergebnisse sind vergleichsweise schlechter. Um den migrations- und systembedingten Einflussfaktoren entgegenzuwirken gibt es bereits zahlreiche Initiativen zur transkulturellen Öffnung.

Anregungen zur (Selbst-)Reflexion
- Wenn Sie mit älteren zugewanderten Menschen arbeiten, kennen Sie transkulturell ausgerichtete Rehabilitationseinrichtungen?

8.2 Ältere geflüchtete Menschen

Die gesundheitliche Situation von geflüchteten Menschen in Deutschland, insbesondere von älteren, ist bislang wenig erforscht. Es ist zunächst nicht eindeutig zu sagen, ob die Gesundheit geflüchteter Menschen über- oder unterdurchschnittlich ist, im Vergleich zur restlichen Bevölkerung im Aufnahmeland. Erwachsene mit Migrationshintergrund in europäischen Zielländern (und auch in den USA) sind trotz niedrigerem sozioökonomischen Status zwar häufig gesünder als der Bevölkerungsdurchschnitt (vgl. Razum 2009, S. 267), gleichzeitig ist es jedoch auch naheliegend, dass die Erfahrungen von Flucht, Gewalt, Verfolgung und Krieg die psychische wie auch die körperliche Gesundheit beeinträchtigen (vgl. Brücker et al. 2019, S. 57). Weiter können auch Belastungen im Aufnahmeland zu gesundheitlichen Einschränkungen und Risiken führen. Gerade die älteren geflüchteten Menschen, deren Biografie von vielen Diskontinuitäten und Brüchen gekennzeichnet ist, können als Risikogruppe betrachtet werden, insbesondere wenn bereits körperliche und psychische Beschwerden bestehen und sie nur eingeschränkt Zugang zum deutschen Gesundheitssystem haben (Kizilhan 2018d).

Zugang zum deutschen Gesundheitssystem haben asylsuchende und geduldete Menschen ohne einen sicheren Aufenthalt nur, wenn sie akut erkrankt sind, unter Schmerzen leiden oder schwanger sind. Menschen mit Behinderung, Minderjährige und Opfer von Folter und Gewalt werden hierbei als besonders schutzbedürftig eingestuft und haben somit einen direkten Anspruch auf medizinische und psychologische Betreuung. Erst nach Anerkennung als asylberechtigt, beziehungsweise nach einem 15-monatigen Aufenthalt in Deutschland, können gesundheitliche Leistungen entsprechend der Gesundheitsversorgung von gesetzlich Krankenversicherten in Anspruch genommen werden. Ab diesem Zeitpunkt werden auch die Kosten für psychotherapeutische Behandlungen übernommen. Zuvor ist nur in Ausnahmefällen, beispielsweise bei akuter Suizidgefahr, eine psychotherapeutische Behandlung möglich.

In Bezug auf die psychische Gesundheit weisen einige Studien auf ein erhöhtes Erkrankungsrisiko bei älteren geflüchteten Menschen hin (vgl. Brücker et al. 2019, S. 57). Die psychische Gesundheit scheint sich zwar mit zunehmender Dauer des Aufenthalts in Deutschland dem Bevölkerungsdurchschnitt anzunähern, bleibt jedoch weiterhin signifikant darunter (vgl. Metzing/Schacht/Scherz 2020, S. 72).

Kurz zusammengefasst

Insbesondere für die Altersgruppe der über 50-jährigen Geflüchteten sind weitere Unterstützungsmaßnahmen im Bereich der psychischen Gesundheit erforderlich, und auch weitere Studien, um die gesundheitlichen Ungleichheiten in Deutschland erklären und mit passgenauen Maßnahmen verringern zu können (vgl. Metzing/Schacht/Scherz 2020, S. 72).

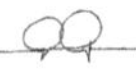

Anregungen zur (Selbst-)Reflexion

- Wenn Sie mit älteren geflüchteten Menschen arbeiten, inwieweit erleben Sie die bestehenden Hilfen und Unterstützungsmaßnahmen für diese als passend und ausreichend?

8.3 Migration und Alter in der Praxis

Bei der Arbeit mit älteren Menschen mit Migrationsgeschichte ist der Blick auf die Lebensgeschichte sehr hilfreich, zum einen um Belastungsfaktoren zu erfahren und zum anderen um Ressourcen zu erkennen. Ein zentraler Faktor für Wohlbefinden und Gesundheit ist insbesondere bei älteren Menschen aus traditionellen-kollektivistischen Gesellschaften die Teilhabe an sozialen Gemeinschaften. Dafür müssen auch die bestehenden Versorgungsstrukturen noch stärker transkulturell geöffnet werden.

8.3.1 Belastungs- und Risikofaktoren

Um die Lebenssituation von älteren Menschen mit Migrationsgeschichte verstehen zu können, sind unterschiedliche, zum Teil auch lang zurückliegende Belastungs- und Risikofaktoren zu berücksichtigen (siehe Tabelle 4).

physische und psychische Belastungen	Gesundheitsrisiken bei der Arbeit: Akkord- und Schichtarbeit, körperlich schwere Arbeit – häufig mit chemischen Toxinen –, starke Lärm- und Hitzebelastung, Überstunden, geringe Erholungsphasen über lange Jahre hinweg geringe Kenntnisse der Gesundheitsversorgung und der eigenen Rechte, u. a. auch in Bezug auf die Rehabilitation Frühinvalidität, Berufskrankheiten, Arbeitsunfälle Entwicklung von psychosomatischen Krankheiten im Zusammenhang mit auftretenden Stressoren (z. B. Aufenthaltsstatus, sozioökonomischer Status, geschlechts- und altersspezifische Entwicklungen, soziale Netzwerkstrukturen, prä-, trans-, postmigratorische Stressoren) Stress in der ersten Phase der Migration: geringe Sprachkenntnisse, fremde Kultur sowie biografischer Bruch und kulturelle Ambivalenzen können die Ursache von Stress sein und in der Folge die Gesundheit nachhaltig beeinflussen Trennung vom Heimatland Abschied von vertrauten Orientierungen (Trauer, Schmerz, Verlust) langandauernde Lebens- und Arbeitsstressoren im Ankunftsland und Risiko einer physischen und psychischen Gesundheitsgefährdung Bilanzierungskrise: Diskrepanz zwischen Lebensplanung und Lebenswirklichkeit (Familie, Kultur, Politik, Religion, Krieg, Flucht etc.)
soziale Bedingungen	geringes Gehalt bei schwerer körperlicher Tätigkeit abweichende Versicherungsverläufe (niedrigere Rentenanwartschaften, später eingezahlte Sozialversicherungsbeiträge etc.) schlechte Arbeits- und Wohnqualität Ausgrenzungserfahrungen geringe Sprachkenntnisse häufig Angst vor Arbeitsplatzverlust (ungelernte Arbeitskräfte, Leichtlohnsektor, Rationalisierung, Produktionsverlagerung etc.) Generationenkonflikte (zweite und dritte Generation entwickeln andere Werte, Normen und Lebensperspektiven als die erste Generation) (s. Kapitel 4.2).

Tabelle 4: Belastungen und Risiken im Alter

Die genannten Punkte können im Gespräch als Anhaltspunkte dienen, um eine Einschätzung für besondere Belastungsfaktoren zu bekommen und entsprechende Ansatzpunkte für Verbesserungsmöglichkeiten zu entwickeln.

8.3.2 Ressourcenorientierung

Die Vielzahl und Vielschichtigkeit der Belastungen und Stressoren sollte nicht aus dem Blick verlieren lassen, dass ältere Menschen mit Migrationsgeschichte auch besondere Ressourcen haben.

Als Ressource kann insbesondere das Kollektiv, hier vor allem die Familie und der weitere Familienkreis mit ihrer Unterstützung im Alltag, betrachtet werden (vgl. Göbber et al. 2010, S. 186). Es scheint immer noch so zu sein, dass ältere Menschen mit Migrationshintergrund eher in ihren Familien leben und von diesen versorgt werden als in Senior*innenheimen. Gründe dafür können die kollektiv geprägte Familienstruktur sein, aber auch, dass Senior*innenheime vor 60 Jahren in den Herkunftsländern kaum bekannt bzw. nicht üblich waren. Andererseits gibt es auch immer noch kaum transkulturelle Wohnheime, wo die Menschen unter Berücksichtigung ihrer kulturellen Hintergründe und ihrer Sprachkompetenzen versorgt werden könnten (Kizilhan 2017b). Ältere Menschen mit Migrationshintergrund werden aufgrund ihrer geringen Rente auch zunehmend finanziell von den eigenen Kindern unterstützt, mehr als Ältere ohne Migrationshintergrund (vgl. Klaus/Baykara-Krumme 2017, S. 374).

Ältere Menschen, die nach Deutschland zugewandert sind, bringen aufgrund ihres Alters und ihrer Lebenserfahrungen vermutlich viele individuelle Kompetenzen mit, die durch eine Narration (s. Kapitel 3.3) eruiert und in der psychologischen und psychosozialen Beratung und Behandlung eingesetzt werden können. Wir erleben z. B. häufig, dass sie bei Auseinandersetzungen von Jugendlichen in Flüchtlingsunterkünften als Vermittler*innen fungieren, da die Jugendlichen aufgrund ihrer Sozialisation starken Respekt vor älteren Menschen haben und sie auch in ihren Herkunftsländern bei Streitigkeiten vermittelt haben.

Praxistipp

Ressourcen von älteren zugewanderten Menschen sind häufig die Familie und Gemeinschaft bzw. Gemeinde. Individuelle Ressourcen lassen sich gut durch narrative Techniken herausfinden.

8.3.3 Teilhabe fördern

Der Lebenszyklus der ersten Generation der Arbeitsmigrant*innen ist geprägt durch einen kurzen Schulbesuch und damit eine vergleichsweise kürzere Kindheit, einen frühen Eintritt ins Arbeitsleben und eine frühe Familiengründung. Das subjektive Gefühl, die wesentlichen Ziele des Lebens und somit die Zeit des Ruhestandes erreicht zu haben, wird dadurch oft viel früher erlebt als bei Deutschen gleichen Alters (vgl. Erim/Senf 2002, S. 340). Dies kann in der psychosozialen Arbeit von Bedeutung sein, wenn z. B. in der psychosomatischen Rehabilitation Patient*innen mit Migrationsgeschichte ein Rentenverfahren beantragen wollen, obwohl sie das in Deutschland offiziell anerkannte Rentenalter noch nicht erreicht haben (vgl. Göbber 2010, S. 186).

Da die Integration ins Arbeitsleben im Alter begrenzt ist, können bzw. sollten andere Tätigkeiten gefunden werden, die die Teilhabe und die Integration in die Gesellschaft ermöglichen. Ältere zugewanderte und geflüchtete Menschen, vor allem aus familienorientierten Gesellschaften, sollten die Möglichkeit bekommen, Kontakt zu ihren Peergroups zu haben. Familie und Bekannte sollten idealerweise mit ihnen zusammen oder in der Nähe leben können. Diese können die älteren Menschen bei der Alltagsbewältigung und der Anpassung an die neue Lebenslage unterstützen.

Ältere Menschen mit Migrationsgeschichte brauchen oft Informationen über die Gesundheitsversorgung in Deutschland und eine kultursensible Diagnostik und Behandlung, besonders in der Versorgung mit Hilfsmitteln. Auch beim Zugang zu (Fach-)Ärzt*innen, Psychotherapeut*innen und Sozialarbeiter*innen ist oft Unterstützung und Beratung erforderlich. In diesem Zusammenhang sind auch angepasste und spezielle Sprachkurse für ältere geflüchtete und zugewanderte Menschen notwendig.

Praxistipp
Die Aufrechterhaltung und Förderung des Beziehungsnetzwerks und der gesellschaftlichen Teilhabe sind für alle älteren Menschen, insbesondere aber für Menschen aus kollektivistisch orientierten Herkunftsgesellschaften, von großer Bedeutung.

8.3.4 Schaffung altersgerechter Strukturen

Die zugewanderten Menschen der ersten Generation haben eine hohe Integrationsleistung vollbracht, sie haben hier in Deutschland ihre Kinder aufgezogen und versucht, ihnen eine bessere Bildung zu ermöglichen. Und sie haben nicht unerheblich den wirtschaftlichen Aufschwung mitgestaltet. Durch sie sind viele Migrant*innen-Selbstorganisationen entstanden und es wurden breite Netzwerke geschaffen, in denen sich zugewanderten Menschen engagieren. Sie sind für die Einwanderung in Deutschland eine Pioniergruppe, die viel geleistet und ein Fundament für eine diverse und neue Gesellschaft in Deutschland geschaffen hat. Aber aufgrund dieser Leistung und der zum Teil sehr harten Arbeit, unter den damaligen Bedingungen in den 1960er Jahren, haben sie viele Belastungen und Erschwernisse ertragen müssen und leiden oft heute noch an deren Folgen. Umso mehr hat es diese Gruppe verdient, dass es ihnen die Institutionen und der Staat ermöglichen, ein würdiges und gerechtes Leben in ihrem letzten Lebensabschnitt zu gestalten. Dazu gehören u. a. Unterstützung beim „Aktiven Altern" und beim lebenslangen Lernen, die Entwicklung passender Angebote der Behandlung und Altenhilfe, z. B. transkulturelle Seniorenheime und transkulturell kompetente und mehrsprachige Fachkräfte, bessere Informationen sowie ein unkomplizierter Zugang zu den gesundheitlichen Versorgungsstrukturen.

Praxistipp

Es gilt, die Heterogenität der älteren zugewanderten und geflüchteten Menschen aus unterschiedlichen Kulturen wahrzunehmen, anstatt sie entlang ethnisch-kultureller Überlegungen zu kategorisieren und soziale Lebenslagen und Probleme zu ethnisieren. Die Altersbilder haben sich, wie die Gesellschaft insgesamt, in den letzten 60 Jahren stark verändert. Diese differenzierten und vielfältigen Bilder gilt es anzunehmen und damit auch die Teilhabe älterer Menschen, ganz gleich welchen kulturellen, religiösen oder ethnischen Hintergrund sie haben, an der Gesellschaft zu ermöglichen und aufrechtzuerhalten.

III Ansätze und Methoden für die transkulturelle Praxis

9. Eine gemeinsame Sprache finden

„Die Sprache ist eine Verkörperung des Seelenlebens.“ (Norbert Elias)

Dieser Ausspruch veranschaulicht die Bedeutung der Sprache und die Notwendigkeit ausreichend guter sprachlicher Verständigung als Voraussetzung für die Arbeit in sozialen Berufen.

9.1 Bedeutung der Sprache im Hilfeprozess

Für eine Verständigung sind grundsätzlich ausreichende Sprachkenntnisse derselben Sprache erforderlich. Das Verstehen zwischen zwei Gesprächsteilnehmer*innen gelingt jedoch nicht allein dadurch, dass sie die gleiche Grammatik und das gleiche Vokabular beherrschen, sondern sie müssen auch das gleiche kulturelle Hintergrundwissen haben und auf die gleichen soziokognitiven Interpretationsregeln zurückgreifen, um dem Sprechen eine gemeinsame Bedeutung geben zu können.

Erfahrungen werden entsprechend des sprachlich-kulturellen Kontexts erlebt und bewusst und unbewusst gespeichert. Für den Austausch darüber und die Bearbeitung im Hilfegespräch ist ein Rahmen wichtig, in dem nicht nur das Gesagte, sondern auch das Gemeinte, also auch die kulturell geprägten Konnotationen und Ausdrucksformen, verstanden werden können. Haben die Gesprächspartner*innen verschiedene kulturelle Hintergründe, kann es ansonsten aufgrund unterschiedlicher Denkart und der unterschiedlichen Bedeutungszuschreibungen von Wörtern und Handlungen, wie Gestik und Mimik, zu Schwierigkeiten oder gar Missverständnissen kommen.

Es macht außerdem einen Unterschied, ob ein Gespräch in der Muttersprache erfolgt, die durch die Familie und nahestehende Personen erlernt wurde, oder in einer später erlernten Sprache. Außerdem macht es einen Unterschied, ob die später erlernte Sprache in der Schule oder im Sprachkurs „erbüffelt“ oder ob sie z. B. beflügelt durch die Liebe zu einer Partnerin bzw. einem Partner oder in globalen professionellen Kontexten („Job-Nomadentum“) erlernt wurde. Die frühkindlichen Prägungen, die durch die Interaktion mit den primären Bezugspersonen vermittelt und deshalb mit der Muttersprache assoziiert sind, sind über die Zweitsprache schwerer zugänglich.

Praxistipp
Für eine ausreichende Verständigung sind nicht nur formale Sprachkenntnisse erforderlich, sondern auch kulturelles Hintergrundwissen. Je nachdem ob ein Gespräch in der Erstsprache oder in einer später erworbenen Sprache geführt wird, sind der (emotionale) Zugang und die Ausdrucksmöglichkeiten der Erfahrungen unterschiedlich.

9.2 Einsatz von Sprachvermittler*innen

Bei nicht ausreichenden Sprachkenntnissen derselben Sprache ist im Hilfeprozess der Einsatz von sogenannten Sprachvermittler*innen erforderlich und üblich.

Die Sprachvermittler*innen müssen in der Lage sein, Formen des Erlebens, Denkens und Verhaltens aus der einen Kultur in eine andere sprachliche und kulturelle Welt zu übertragen. Das Verständnis in der interkulturellen Kommunikation ist nur dann gewährleistet, wenn den Sprachvermittler*innen beide Kulturen vertraut sind. Sie sind in der Regel bilinguale und bikulturelle Personen, die das Grundgerüst beider Kulturen gut kennen und neben einer Sprachvermittlung auch eine Brückenfunktion als Kulturvermittelnde einnehmen und dem Gespräch Sinn und Bedeutung geben können.

9.2.1 Anforderungen

Gerade im medizinisch-psychosozialen Bereich müssen die Sprachvermittler*innen ausreichende *terminologische Kenntnisse* in beiden Sprachen besitzen bzw. dazu geschult werden, damit sie auch die unterschiedlichen Krankheitsvorstellungen und -verhalten richtig vermitteln können. Somit ist über die gesprochene Sprache hinaus ein Wissen über die kulturspezifische Bedeutung von Fachbegriffen äußerst wichtig.

Von Sprachvermittler*innen wird neben der Beherrschung beider Sprachen und der Kenntnis beider Kulturen auch *Selbstbewusstsein, emotionale Stabilität, Toleranz* für das „Andere" sowie ein hoher Grad an *Einfühlungsvermögen* erwartet. Sie sollen die Gefühle des Gegenübers verstehen und respektieren, sich in die Lage, in der sich der bzw. die andere befindet, hineinversetzen und die Welt mit seinen bzw. ihren Augen sehen können. Auch wenn Denk- und Verhaltensweisen der Menschen, für die sie übersetzen, nicht nachvollzogen werden können, ist eine ausreichende Wertschätzung mit einer ausreichenden emotionalen Distanz notwendig.

Daher sollten bei der Sprachvermittlung, vor allem bei sehr persönlichen Belangen der Betroffenen, keine Verwandten oder Bekannten eingesetzt werden, vor allem keine Kinder. Haben Frauen oder Mädchen möglicherweise sexuelle Gewalt erlitten, sollten nach Möglichkeit weibliche Sprachvermittler*innen zur Verfügung gestellt werden. Dabei sollte auch auf den ethnischen und religiösen Hintergrund geachtet werden. So können z. B. Jesidinnen, die durch den IS schwer traumatisiert sind, auch arabisch-muslimischen Sprachvermittlerinnen gegenüber misstrauisch sein und nicht wirklich bereit sein, vor diesen über ihre Probleme zu sprechen. Dies ist vorher zu klären.

Die Aufgabe der Sprachvermittler*innen ist es, die Interaktion zwischen Fachkraft und betroffener Person durch die Sprache zu transportieren. Dabei sollten sie aktiv und aufmerksam zuhören und sich ausschließlich auf das Gespräch konzentrieren. Sie sollen einen freundlichen und ruhigen Ton anstimmen, dabei auf bestimmte Zeichen und Signale, wie etwa die Lautstärke der Stimme der betroffenen Person, achten, denn die Art der Argumentation oder Diskussion kann in den verschiedenen Kulturen verschiedene Bedeutungen haben.

Bei störenden Signalen, Tönen oder unangenehmen Gerüchen kann der Kommunikationsprozess negativ beeinflusst werden, jedoch sollten Sprachvermittler*innen auf keinen Fall auffällig oder negativ darauf reagieren, um die betroffene Person nicht in eine peinliche Lage zu bringen.

Sprachvermittler*innen sollen immer in der Ich-Form übersetzen und nie in der dritten Person – z. B. „Frau Awda sagt …“ ist zu vermeiden.

Praxistipp

Sprachvermittler*innen müssen über vielfältige fachliche und persönliche Kompetenzen verfügen. Der Einsatz von Familienmitgliedern (insbesondere von Kindern) oder von Bekannten als Sprachvermittler*innen sollte vermieden werden.

9.2.2 Beziehungstriade und Rollenklärung

Durch die Anwesenheit einer sprachvermittelnden Person ändert sich das Beziehungssystem im Gespräch zu einer Triade. Im Gegensatz zu Konferenzdolmetscher*innen, die sich unsichtbar und neutral im Hintergrund oder abgegrenzt z. B. in einer Kabine aufhalten, sind die Sprachvermittler*innen im medizinisch-psychosozialen Bereich als dritte Gesprächsteilnehmer*innen im Raum präsent.

Die sprachvermittelnde Person sollte beim Gespräch schräg, etwas nach hinten versetzt sitzen, so dass ein Blickkontakt vorhanden ist. Besonders bei traumatisierten Menschen sind die Gefühle sehr wichtig, die oft nicht durch Worte ausgedrückt werden können. Die sprachvermittelnde Person sollte möglichst unauffällig im Hintergrund bleiben, wie ein unsichtbares Sprachrohr. Die

Fachkraft sollte der betroffenen Person leicht schräg gegenübersitzen, es muss deutlich sein, dass sie die Leitung der Gesprächsführung innehat.

Zu Beginn des Gesprächs bzw. davor ist es wichtig, dass die sprachvermittelnde Person über ihre Rolle sowie über Inhalt, Sinn und Zweck und die voraussichtliche Länge des Gesprächs informiert und der betroffenen Person in der Rolle als Sprachvermittler*in vorgestellt wird.

Der sprachvermittelnden Person muss bewusst sein, dass sie eine rein sprachvermittelnde Funktion hat und nicht eigene Ideen, Ratschläge oder Anregungen ergänzen oder der betroffenen Person Ratschläge geben darf, was diese während des Gesprächs sagen oder nicht sagen soll, ohne dass die Fachkraft davon Kenntnis hat. Das ist besonders zu beachten, wenn die sprachvermittelnde Person teilweise noch andere Rollen außerhalb des Sprachvermittelns ausübt, wenn sie z. B. selbst in einem sozialen Beruf tätig ist oder sich auch privat mit der Person trifft. Sollten Sprachvermittler*innen das Gefühl haben, dass die betroffene Person die Informationen über die Vorgehensweise oder den Rahmen des Gesprächs nicht verstanden haben, ist die Fachkraft unmittelbar darüber zu informieren.

Sprachvermittler*innen sollten nicht aktiv in das Gespräch eingreifen. Auch bei aggressiven, emotionalen oder sogar ordinären Bemerkungen ist zu übersetzen oder der emotionale Beiklang, den eine bestimmte Wortwahl mit sich bringt – wenn möglich – zu transportieren. Nur wenn sich im Gespräch kulturspezifische Bedeutungen ergeben, die linguistisch nicht übertragbar sind oder in der Zielsprache nicht im gleichen Sinne verstanden werden können oder „kulturspezifische" Tabuthemen der Herkunftskultur angeschnitten werden, sollten Sprachvermittler*innen das Gespräch unterbrechen und entsprechend erläutern.

Die sprachliche Vermittlung benötigt Zeit. Die Zeitspanne der Übersetzung kann die Fachkraft für eigene Überlegungen und Gedanken über Interventionsmöglichkeiten nutzen (Westermeyer 1987). Mit der Übersetzungspause gehen allerdings oft gleichzeitig der direkte Dialog und die Spontanität einer möglichen emotionalen Erregung, eines Körper- oder Gefühlsausdrucks, der Mimik oder Gestik etc. verloren.

In manchen Settings, wie Supervision oder Teamsitzungen, können Sprachvermittler*innen Teilnehmende sein. Auch hier muss ihre Rolle definiert sein und besprochen werden, inwieweit sie als Kulturvermittler*innen ihr Wissen an das Team weitergeben oder sich gar selbst an Fallanalysen beteiligen dürfen.

Praxistipp

Eine klare Absprache mit der*dem Sprachvermittler*in über die Rolle, die Aufgaben und die Vorgehensweisen vor dem eigentlichen Gespräch kann helfen, Missverständnisse oder Gesprächsstörungen zu vermeiden. Wichtig ist dabei auch der Hinweis auf die Schweigepflicht.

9.2.3 Sprachvermittler*innen bei Gesprächen mit traumatisierten Menschen

Im Gespräch können Inhalte und Gefühle angesprochen werden, die bei der Fachkraft wie auch bei der sprachvermittelnden Person eigene vergangene Erfahrungen und Bilder aktiv werden lassen. Wenn z. B. eine junge Frau von Vergewaltigung, Demütigung, Gewalt, Ängsten und Flucht erzählt, entwickeln Sprachvermittler*innen und Fachkräfte Vorstellungen von diesen Ereignissen, die u. a. in ihren Phantasien Bilder von diesen traumatischen Ereignissen entstehen lassen. Diese „selbstentwickelten Traumabilder" lösen ähnlich wie die tatsächlichen Traumaerlebnisse Gefühle aus und können auch bei den Sprachvermittler*innen zu Belastungen führen. In manchen Fällen können die „selbstentwickelten Traumabilder" sich im Gedächtnis verfestigen und zu einer sekundären Traumatisierung führen (s. Kapitel 11.1). Das heißt, dass die Zusammenarbeit mit traumatisierten Menschen, wenn man nicht durch Supervision oder Betreuung gelernt hat, damit umzugehen, jemanden so stark beeinflussen kann, dass dieser erkrankt. Zu starke Empathie, vielleicht sogar Solidarität oder Mitleid, aber auch Ablehnung der betroffenen Person oder der Fachkraft können Folgen sein.

Praxistipp

Bei Gesprächen mit möglicherweise traumatisierten Menschen sollte die*der Sprachvermittler*in für die Gefahr der Sekundärtraumatisierung (s. Kapitel 11.1) sensibilisiert werden. Bei Bedarf sollte ein Nachgespräch, eine Supervision oder eine andere Unterstützungsmöglichkeit angeboten werden.

9.3 Gesprächsführung

Die Erwartungen an ein (Erst-)Gespräch können je nach kulturellem Hintergrund unterschiedlich sein. Diese zu kennen und im Rahmen des Möglichen darauf einzugehen, ist essentiell, um eine gute Ausgangsbasis für den Hilfeprozess zu schaffen. Im Folgenden werden einige „Irritationsquellen" vorgestellt.

9.3.1 Anwesenheit von Familienangehörigen

Bereits beim Erstgespräch kann es zu Missverständnissen kommen, wenn neben den Betroffenen auch die mitgekommenen Verwandten dabei sein wollen.

Fallbeispiel
Die vietnamesische Frau N. hatte sich telefonisch zur Beratung angemeldet. Beim ersten Termin möchte die Fachkraft die Hilfesuchende aus dem Wartezimmer abholen. Mit ihr sitzen dort sechs weitere Personen, die sich als Familienangehörige vorstellen. Als die Fachkraft mit Frau N. ins Besprechungszimmer gehen möchte, folgen die anderen Personen unaufgefordert.

In diesem Fall empfehlen von Lersner und Kizilhan (2017, S. 47 f.) zuerst einmal alle Personen mit in das Besprechungszimmer zu nehmen und den ersten Termin mit der Familie zu gestalten, wenn das Setting auch ungewohnt sein mag. An dieser Stelle muss berücksichtigt werden, dass sich soziozentrisch orientierte Menschen als Teil eines sozialen Systems erleben und in diesem System denken, fühlen und handeln. Die Lebenswirklichkeit ist in der Familie immer mit den „anderen" verbunden; der „kollektive Gedanke" überwiegt und beeinflusst das Denken und Handeln. Konzepte über das „Ich" sind nicht wie im westlichen Denken individualistisch ausgerichtet (vgl. Lersner/Kizilhan 2017, S. 47 f.).

Praxistipp
Es kann verschiedene Gründe geben, warum Familienangehörige eine Person begleiten, z. B. Neugier und Interesse bei Unwissenheit, Skepsis bis hin zu Misstrauen gegenüber der Hilfe oder zur Unterstützung der Person, die sich allein unsicher fühlen würde. Im Gespräch sollte herausgefunden werden, welche Gründe im konkreten Fall vorliegen, damit darauf eingegangen werden kann.

9.3.2 Erzählstruktur

Bei der Anamnese erzählen Menschen aus traditionellen-orientalischen Gesellschaften die Ereignisse oft nicht chronologisch und nicht individuell an ein bestimmtes Punktereignis gebunden, sondern immer im Zusammenhang mit dem Kollektiv. Dies kann zu einer Stresssituation bei der Fachkraft führen, da diese eher eine lineare Erzählstruktur mit einem Anfang und Ende gewohnt ist und die zur Verfügung stehende Zeit nicht bzw. kaum eingehalten werden kann. Ein Drängen, zum „Punkt" zu kommen, kann von den Betroffenen als Kränkung oder Ablehnung verstanden werden und schon zu Beginn die Beziehung belasten. In solchen Fällen ist es ratsam, dass z. B. für die Erhebung der biografischen Anamnese von vornherein eine Doppelstunde einplant wird.

Natürlich gibt es auch schwersttraumatisierte Menschen, die aufgrund langer Gefangenschaft und Hungerstreiks Gedächtnisstörungen aufweisen oder zu Beginn nicht so weit sind, mit der Fachkraft aktiv zu kommunizieren.

Praxistipp

Für Erstgespräche mit Menschen aus traditionellen-orientalischen Gesellschaften ist es empfehlenswert, ausreichend Zeitpuffer einzuplanen. Eine für uns ungewohnte kollektive Erzählstruktur kann der Grund für aus unserer Sicht „ausschweifende“ Erzählungen sein.

9.3.3 Rollenvorstellungen

Missverständnisse können auch aus den unterschiedlichen Vorstellungen, z. B. über die Rolle der Fachkraft oder das Vorgehen im Hilfeprozess, erwachsen. Eltern oder Erziehungsberechtigte von Kindern aus traditionellen Gesellschaften sind es oft nicht gewohnt, sich aktiv und vielleicht gemeinsam mit dem Kind in den Hilfeprozess einzubringen. Vielmehr erwarten sie, dass der professionelle Helfer bzw. die professionelle Helferin den Grund der Beschwerden erkennt und verschiedenen Hilfsmöglichkeiten aufzeigt. Umso wichtiger ist es, zu Beginn Art und Ablauf der Unterstützung zu erläutern. Mehr als das Fachwissen einer Fachkraft werden oft Eigenschaften wie Verständnis und Geduld, Höflichkeit und Offenheit geschätzt.

Die unterschiedlichen Vorstellungen können auch Auswirkungen auf die Kommunikation und Interaktion während des Hilfeprozesses haben. So haben insbesondere Menschen aus kollektivistisch orientierten Gesellschaften ein anderes Konfliktverständnis und eine andere Konfliktverarbeitung als in der westlichen Welt üblich, was oft auch andere Vorstellungen von bzw. Erwartungen an eine Beratung, Begleitung oder Therapie mit sich bringt. Im Gespräch müssen daher die gesellschaftlichen, kulturellen und individuellen Lebenserfahrungen berücksichtigt werden.

Praxistipp

Die Fachkraft sollte der Harmoniebedürftigkeit Rechnung tragen und die Familienhierarchie respektieren, ohne dabei ihre Professionalität aufzugeben. Die zentrale Rolle der Familie muss vor allem bei der ersten Zuwanderungsgeneration berücksichtigt werden.

9.3.4 Fragende Haltung und hilfreiche Fragen

Das Maß, in dem z. B. bei einem Beratungsgespräch die soziale Dimension des Gegenübers erkannt wird, entspricht wahrscheinlich auch dem Grad der Sensibilität, mit der auf kulturelle Unterschiede reagiert werden kann. In der Beziehung zwischen Fachkraft und Klient*in kann es unter Umständen zu Bedeutungsverlusten kommen, bei ausreichender transkultureller Kompetenz können aber auch neue Bedeutungskontexte mit einer echten Sinnhaftigkeit geschaffen werden. Besonders geeignet hierfür ist eine „fragende Haltung“, wie sie von den Mailänder Familientherapeut*innen um Selvini Palazzoli (1981) entwickelt wurde. Sie ermöglicht es, gleichzeitig Informationen zu erhalten und zu geben sowie Zirkularität herzustellen.

Durch bestimmte Fragen können „innere Landkarten“ erfragt werden, zugeschriebene Eigenschaften und Rollen in Beziehungen werden als solche transparent und deren Veränderbarkeit verdeutlicht. Die Aufmerksamkeit wird auf Entwicklungen und Ressourcen gelenkt statt auf Defizite und Pathologie. Auf diese Weise werden hypothetisch neue Wahlmöglichkeiten eingeführt und neue Zukunftsbilder entworfen.

Praxistipp

Beispiele für hilfreiche Fragen im interkulturellen Kontext (nach Oestereich 2004, S. 168f.):

- *Situation der Familie vor der Migration:* Wer traf die Entscheidung zur Migration? Unter welchen wirtschaftlichen, politischen, familiären Umständen? Wer war am ehesten einverstanden mit dieser Entscheidung, wer am wenigsten? Welche anderen Entscheidungsoptionen hätten bestanden? Mit welchen Konsequenzen?
- *Zur Situation der Kinder:* Sind alle Kinder mitgereist? Welches Kind durfte/musste mit nach Deutschland und warum gerade dieses? Welches wurde zurückgelassen und durch welche Umstände begründet sich das? Wie sehen die Großeltern diese Entscheidung? Gibt es in der Familie „Pendelkinder“, die zwischen der Herkunftsgesellschaft und dem jetzigen Lebensmittelpunkt wandern? Welches Kind kommt am besten mit der Schulsituation zurecht? Wie erreicht es das? Wird eine Berufsausbildung in Deutschland Einfluss auf die Wahrscheinlichkeit einer Rückkehr ins Heimatland haben und in welcher Weise? Wer vermutet, dass eine deutsche Berufsausbildung Einfluss auf die Partnerwahl haben wird? Wie werden Vater, Mutter, Großeltern, andere Familienangehörige sich dazu stellen?
- *Zur Familienstruktur:* Wer trifft in welchen Lebens- und Alltagsbereichen die Entscheidungen? Wie werden anstehende Entscheidungen gemeinsam besprochen? Welche Einflussmöglichkeiten hat der Partner bzw. die Partnerin bei kontroversen Entscheidungen? Formelle? Informelle? Wo und bei wem findet er/sie Unterstützung? Unterstützen die Männer in der Familie eher die Männer und die Frauen eher die Frauen? Welche Veränderungen der Macht- und Entscheidungsstrukturen in der Familie haben sich im Vergleich zu der Zeit vor der Migration entwickelt?
- *Fragen zum Problem,* das in die Beratung geführt hat: Wie erklärt sich wer (die anwesenden Familienmitglieder, Verwandte in der alten Heimat, Familien-

angehörige in Deutschland, der*die behandelnde Ärzt*in, der*die Heilkundige der eigenen Tradition etc.) das Problem? Bei einer Erkrankung: Wer reagiert als erstes, wenn die betroffene Person das symptomatische Verhalten zeigt, und in welcher Weise? Welche Unterschiede gibt es in den Erklärungsmodellen: Wer erklärt das Problem eher pädagogisch, medizinisch, magisch, biologisch, traumatisch, religiös etc.? Welche Konsequenzen hätten die Erklärungen auf der Handlungsebene? Welche Funktion hat das Problem bzw. die Erkrankung für die Person/die Familie? Wer hat einen Nutzen davon?

- *Zu den Ressourcen:* Wer gehört zum unterstützenden System aus dem eigenen kulturellen Verbund? Welche Beispiele gibt es im Verwandten- und Freundeskreis für besonders gut gelungene Migration? Wie sehen diese aus in Bezug auf Anpassung, Assimilation, Bewahrung der Herkunftskultur? Wie will man es eher nicht machen? Wie würde das Problem gelöst werden, wenn die Familie in der alten Heimat leben würde?
- *Hypothetische Fragen:* Was würde passieren, wenn sich das Problem verstärken würde? Wer wird das als erster merken und woran? Welchen Einfluss hätte das auf die Frage, ob die Familie in die Heimat zurückkehren würde? Würde die Familie unter diesen Umständen eher als erfolgreich oder eher als gescheitert gelten?
- Angenommen, *das Problem verschwindet* plötzlich: Wie werden die Lebensumstände der einzelnen Familienmitglieder dann aussehen? Wo würde die Familie dann leben? Eher zusammen oder eher getrennt? Wie könnte die Möglichkeit, dieses phasenweise unterschiedlich handzuhaben, aussehen? Wie würden dann Besuche untereinander gestaltet werden? Würde es unter solchen Bedingungen eher familiäre Bindungen mit Mitgliedern der anderen Gesellschaft geben oder hätte das keinen Einfluss? Wie wird die Situation der Familie in fünf Jahren konkret aussehen?
- *Bikulturelle Paare:* Bei bikulturellen Paaren ist es sinnvoll, auch auf die Integration der unterschiedlichen kulturellen Wurzeln im Alltag der Familie zu fokussieren: Aus welcher der beiden Heimatländer kommt die überwiegende Esskultur der Familie und wie hat die Familie sich dazu entschieden? Wie sieht die Wohnungseinrichtung aus und wie ist diese Entscheidung zustande gekommen? Welche Jahresfeste und religiösen Feste werden in der Familie begangen, welche Sprache wird im Alltag, welche in der Intimität des Paares gesprochen? Sprechen die Kinder die Muttersprache des Elternteils, der aus dem anderen Land kommt? Wie gelingt es diesem Elternteil, den Kindern seinen kulturellen Hintergrund zu zeigen (Erzählungen, Märchen, Lieder, Besuche in der Heimat etc.)? Wie werden die Kinder die Unterschiedlichkeit ihrer Wurzeln als Ressource in ihr Leben integrieren? Welche der Aspekte der jeweiligen elterlichen kulturellen Zugehörigkeit werden sie übernehmen, welche eher ablehnen? Aus welcher kulturellen Gesellschaft werden sie sich wahrscheinlich ihre Partner*innen suchen?

10. Die Bewältigung traumatischer Erlebnisse begleiten

Bei Migrations- und insbesondere Fluchterfahrung sollte nicht automatisch von einer Traumatisierung bzw. von Traumafolgestörungen ausgegangen werden. Die Lebens- und Migrationsgeschichten und auch die Bewältigungsstrategien und Ressourcen sind sehr vielfältig. Dennoch ist die Bewältigung von traumatischen Erlebnissen wie Verlust oder Gewalt bei vielen geflüchteten und auch manchen zugewanderten Menschen ein Thema und nicht alle finden selbst adäquate Möglichkeiten der Bewältigung. Die traumapädagogische Arbeit kann für diese eine wichtige, stabilisierende Funktion haben, die eine möglicherweise erforderliche zusätzliche traumatherapeutische Behandlung erleichtert bzw. überhaupt erst ermöglicht.

Eine Grundvoraussetzung für Traumaarbeit ist in jedem Fall eine sichere Umgebung, in der sich die Person nicht von Verfolgung oder anderen Gefahren bedroht fühlt oder – im Falle von Geflüchteten – nicht fürchten muss, in das Herkunftsland abgeschoben zu werden. Erst diese Sicherheit erlaubt es oft, dass kritische Lebensereignisse angesprochen werden und ein Einlassen auf die Aufarbeitung möglich ist.

Eine weitere Voraussetzung ist Kultursensitivität, in Bezug auf das Verständnis von Krankheit und Heilung der Betroffenen und auch auf die gesellschaftlichen Prägungen (s. Kapitel 7). Zum Gesprächsverlauf berichten Therapeut*innen bspw. häufig, dass Betroffene aus einer traditionellen-orientalischen Gemeinschaft im Erstgespräch zunächst ausführlich über die Belastungen ihrer Vorfahren erzählen und erst später (vielleicht) einen Zusammenhang zu ihrer eigenen Traumatisierung herstellen. Dies kann zu Unverständnis und Ungeduld bei der Fachkraft führen (vgl. Kizilhan 2009). Gleichzeitig zeigt dies, dass für das Verständnis von traumatischen Belastungen und von Bewältigungsstrategien nicht nur das individuell erlebte Trauma von Bedeutung ist, sondern auch Traumata, die die bisherigen Generationen erlebt haben, sowie kollektive Traumata, die z. B. eine Ethnie oder Glaubensgemeinschaft betreffen. Traumatische Erfahrungen sind nicht nur individueller Natur, sondern werden innerhalb von Gesellschaften erlitten und sind immer auch ein Teil der kollektiven Leiderfahrungen (s. Kapitel 2.3.2).

Fallbeispiel

S. ist 16 Jahre alt und Jesidin. Sie ist durch ein Sonderkontingent der Landesregierung Baden-Württemberg zur Traumabehandlung nach Deutschland gebracht worden.

Sie berichtet, dass sie und ihre Familie von IS-Terroristen gefangen genommen wurden. Nach zehn Monaten Geiselhaft habe sie es geschafft, aus Syrien zu fliehen. Zwei Schwestern von ihr seien immer noch in den Händen des IS. Sie wisse nicht, wo sich ihre Mutter im Moment befindet. Sie berichtet, als die IS-Terroristen in ihr Dorf kamen, habe ihr ihre Mutter gesagt, dass den Jesiden wieder eine Katastrophe bevorstehe, wie schon 72 Mal in ihrer Geschichte. S. berichtet von Geschichten über die vergangenen Massaker und dass sie gelernt habe, keinen Muslimen zu vertrauen, ihnen gegenüber dennoch höflich zu sein, aber immer distanziert, da ihre Vorfahren viel Leid durch sie erfahren haben.

Die Einstellungen, Bewertungen und Überzeugungen der Betroffenen hinsichtlich des Traumas sind unter Berücksichtigung ihrer kulturellen Prägung und der Generationsunterschiede zu ermitteln. Hierbei können Ressourcen wie Solidarität, familiäre Loyalität und Unterstützung durch das soziale Netzwerk in Notsituationen sowie traditionelle Verfahren zur Schmerzlinderung bei der Bewältigung helfen.

Der Erfassung individueller und kultureller Ressourcen (externale und/oder internale) kommt eine große Bedeutung zu. Das heißt, die Traumatisierung darf nicht der alleinige Fokus sein, und der allgemeine Lebenskontext der Betroffenen sollte nicht unterschätzt werden. Ressourcen und Belastungen aus der Vergangenheit müssen ebenso wie wichtige Bewältigungsstrategien (spezielle Entspannungsverfahren und Massagetechniken aus dem Herkunftsland, Gebete, Lieder, Einbeziehung der Familie etc.) in die Beratung oder Begleitung einfließen.

Damit die Interventionen in der Alltagspraxis gelingen können, müssen die gesellschaftlichen und institutionellen Strukturen und Dimensionen und deren Auswirkungen auf den Alltag der Betroffenen berücksichtigt und Retraumatisierungen durch diese vermieden werden. Denn der Umgang mit Traumata ist immer abhängig vom Verhältnis zwischen individuellen Bewältigungsstrategien und gesellschaftlichen Ressourcen, über die Menschen verfügen bzw. an denen sie partizipieren können. Diesen sozialen und kulturellen Bedingungen gilt es in der psychosozialen Arbeit weiter nachzuspüren und sie in die Beratung und Betreuung traumatisierter Menschen zu integrieren. Damit öffnet sich der Blick für die Auswirkungen traumatischer Erfahrungen auf die Lebenswelt der Betroffenen.

Praxistipp

Um ein traumatisches Erlebnis zu bewältigen, sind für alle Menschen – in unterschiedlichen Anteilen – folgende Faktoren wesentlich:

- Herstellung von Sicherheit

- Einbeziehung der individuellen und kollektiven Kultur und Lebenswelt der Betroffenen
- Rekonstruktion der Geschichte des Traumas, Biografiearbeit, unter Berücksichtigung transgenerationaler und kollektiver Traumata
- Erfassung und Einbezug individueller und kollektiver bzw. kultureller Ressourcen
- Berücksichtigung der gesellschaftlichen und institutionellen Strukturen und Dimensionen, Vermeidung einer Retraumatisierung

10.1 Transkulturelle Techniken für die Biografiearbeit

Traumatisierten Menschen kann es schwerfallen, die richtigen Worte zu finden, um ihr Leid zu beschreiben, wenn man es überhaupt kann. Deshalb helfen verschiedene Techniken, die Erinnerungen auf eine zeitliche Linie zu bringen und etwas Ordnung und damit auch Sicherheit zu schaffen. Hilfreich ist es hier, mit Bildern, Metaphern, Gegenständen und Bewegung zu arbeiten.

In diesem Kapitel sind einige Beispiele von Techniken zusammengestellt, die sich im transkulturellen Kontext als hilfreich erwiesen haben. Weitere Techniken sind im Buch „Kultursensible Psychotherapie“ (Kizilhan 2013a) zu finden. Die Techniken können entsprechend dem Arbeitssetting und der betroffenen Person angepasst oder geändert werden und eignen sich auch für die nicht-therapeutische Traumaarbeit. Wichtig ist, dass die betroffene Person immer selbst entscheidet, wann und wie detailliert sie über etwas sprechen möchte.

10.1.1 Bedeutsame Gegenstände

Fallbeispiel

Frau B. kam ins Besprechungszimmer und setzte sich nach einer kurzen Begrüßung auf einen Stuhl, ohne einen wirklichen Blickkontakt. Sie machte gleich zu Anfang deutlich: „Ich will nicht über die schlimmen Dinge sprechen. Ich weiß auch nicht, was ich hier soll. Ich bin nur gekommen, weil mein Arzt mir gesagt hat, ich soll hierherkommen. Ich habe nichts, den Knoten bekomme ich sowieso nicht auf.“ Sie schwieg dann, der Körper war leicht zusammengekrümmt, die Hände waren unter den Oberarmen in einer verteidigenden Haltung versteckt, der Blick nach unten gerichtet, und sie blieb lange in dieser Haltung. Auch ich schwieg und wollte sie nicht unter Druck setzen. Aus den Akten und dem Gespräch mit dem Therapeuten wusste ich, dass sie schwere Folter und Misshandlungen erlebt hatte. Sie fühlte sich nicht mehr als eine Frau und hatte deswegen auch ihre Gebärmutter entfernen lassen.

Die Metapher „den Knoten bekomme ich sowieso nicht auf" blieb bei mir hängen. Ich nahm eine Schnur und begann, einige Knoten am Anfang der Schnur zu machen. Sie schaute neugierig, was ich machte. Ich zog die Schnur in die Länge und sagte: „Das ist Ihr Leben, und dort wo ich die Knoten gemacht habe, sind einige Dinge, die Sie erlebt haben." Ich reichte ihr die Schnur, und sie nahm sie vorsichtig an und berührte diese Knoten. Dann schaute sie mich an und begann zu weinen. Fast 15 Minuten hielt sie die Schnur in der Hand und weinte. Dieser Moment war auch für mich sehr ergreifend und zugleich war es schwierig, „nur" dort zu sitzen und ebenfalls zu schweigen. Frau B. spürte aber, dass ich da war, und mein Schweigen, so sagte sie mir später, habe sie als Nähe und Unterstützung erlebt. Dann schaute sie nach oben und sagte: „Es müssen noch mehr Knoten gemacht werden." Ab diesem Zeitpunkt begann dann die Traumaarbeit, und wir öffneten später einige Knoten, und einige kamen hinzu. Es ging dann auch um die Frage, wie sie für die Zukunft versuchen könne, mit diesen Knoten zu leben. Die Schnur hatte Frau B. bei den Gesprächen immer dabei und nahm sie am Ende des Hilfeprozesses mit nach Hause.

Im Gespräch kann der Einsatz von den Betroffenen bekannten, emotional bedeutsamen Gegenständen hilfreich sein. Dadurch erfolgt nach Beaulieu (2017, S. 12, 30ff.) eine Beschleunigung des Prozesses. Bisher unerkannte Zusammenhänge können besser verstanden werden. So können wir eine Blume auf den Tisch stellen, um die Gartenarbeit des Rentners in der Migration zu besprechen oder einen blauen Stein (gegen den bösen Blick) der betroffenen Person in die Hand geben, um Djinnen, Geister und Flüche zu thematisieren. Wir können die Lieblingsgebetskette einer Person als Symbol ihres Glaubens gegen die Agoraphobie nutzen oder ein Foto aus dem Herkunftsort verwenden, um zu verdeutlichen, was die betroffene Person in den letzten 30 Jahren (Migration als Jugendlicher, Heirat, Kinder, Arbeit, eigenes Haus etc.) erreicht hat. Für jeden Menschen gibt es Gegenstände, die intensive Gefühle hervorrufen und die gut in Veränderungsprozessen eingesetzt werden können.

Gebetsketten sind häufig in islamischen Ländern, aber auch in Griechenland zu finden und können für Menschen von dort besonders wirkungsvoll sein. Vor allem Männer halten solche Ketten gerne in der Hand. Diese Gebetsketten können 33, 66 oder 99 Perlen haben. Sie werden von religiösen Menschen auch zum Gebet eingesetzt, indem der Anzahl der Perlen entsprechend „Gott ist groß" laut oder in Gedanken ausgesprochen wird. Diese Ketten sind aber in diesen Ländern auch zu einer Art Schmuck und Beschäftigungsobjekt geworden. Bei Langeweile oder auch als Alltagsritual werden die Perlen abgezählt oder man lässt die Kette in den Händen kreisen. Im Gespräch kann dies helfen, den Erzählfluss, also die Fähigkeit, sich an belastende Dinge zu erinnern und darüber zu sprechen, zu verbessern. Durch das ständige Zählen der Perlen kann ein fast hypnotischer Zustand erreicht werden, in dem es vielen Menschen leichter fällt, über schwierige oder konfliktreiche Erlebnisse zu sprechen.

10.1.2 Memory-Karten

Um sich an Lebensereignisse zu erinnern und diese ordnen zu können, können auch Memory-Karten hilfreich sein. Die betroffene Person wird gebeten, Ereignisse aus dem Leben zu nennen, die für sie wichtig sind. Diese werden dann unter einem Stichwort auf jeweils eine Karte geschrieben. Nachdem alle bedeutsamen Ereignisse aufgeschrieben worden sind, werden die Karten umgedreht und gemischt. Dann deckt die Person eine Karte auf und erzählt über das Ereignis. Anschließend wird eine weitere Karte aufgedeckt und nach der Erzählung über das zweite Ereignis soll die Person versuchen, eine Verknüpfung zu der ersten Karte herzustellen. Die Karten können im Verlauf des Hilfeprozesses erweitert werden, wenn sich die betroffene Person an weitere Ereignisse erinnert, die ihr wichtig sind.

10.1.3 Stammbaum

„Wenn ein Baum umgesägt worden ist und seine nackte Todeswunde der Sonne zeigt, dann kann man auf der lichten Scheibe seines Stumpfes und Grabmals seine ganze Geschichte lesen: in den Jahresringen und Verwachsungen steht aller Kampf, alles Leid, alle Krankheit, alles Glück und Gedeihen treu geschrieben, schmale Jahre und üppige Jahre, überstandene Angriffe, überdauerte Stürme." (Hermann Hesse 1919)

Für traditionell geprägte Familien sind die Herkunft und das Kollektiv wichtige Bestandteile ihrer Identität. Nicht selten beginnen Menschen aus diesen Gesellschaften, wenn man sie bittet, ihre Lebensgeschichte zu erzählen, zunächst über ihre Vorfahren, ihren Stamm oder Clan zu berichten. Die Lebensgeschichte beginnt somit nicht bei der eigenen Geburt, sondern schon mit den Vorfahren, deren Erlebnisse transgenerational und somit auch für die betroffene Person von Bedeutung sein können.

Fallbeispiele

Herr P. berichtete, dass die Fluchtbiografie seiner Familie mit dem Zusammenbruch des Osmanischen Reiches begonnen habe. Seine Familie habe seither in verschiedenen Ländern gelebt. So sei sein Großvater von Bulgarien nach Griechenland ausgewandert und sein Vater später von dort aus in die Türkei. Er sei dann von Libyen aus nach Deutschland migriert. Der Großvater und sein Vater seien aufgrund ihrer ethnischen und religiösen Zugehörigkeit immer wieder zahlreichen Diskriminierungen und Ausgrenzungen ausgesetzt gewesen. Er habe viele Dinge von seinem Vater erfahren, die er nicht vergessen könne.

Die 68-jährige Armenierin Frau S. wiederum berichtet von psychischen Beschwerden, die das Vollbild einer Posttraumatischen Belastungsstörung erfüllen. Allerdings habe sie selbst keine unmittelbaren Erlebnisse, die das Vorhandensein einer Traumastörung erklären würden. Als sie gebeten wurde, über ihre Herkunftsfamilie zu erzählen, fiel es ihr zunächst schwer, einen Stammbaum aufzuzeichnen. Sie begann, zunächst etwas oberflächlich, von ihrem Urgroßvater bis zu ihrem Vater und den Verwandten und Geschwistern zu berichten. Nachdem die Zeichnung in Form eines Baumes mit vielen Ästen und Zweigen fertiggestellt war, ging es darum zu schauen, welche Personen und deren Geschichten sie am meisten beeindruckt hatten.

Durch eine Zeichnung – in der Regel ist es ein Baum – kann die Familiengeschichte mit den verschiedenen dazugehörigen Personen dargestellt und, verbunden mit Geschichten über diese und über gemeinsame Erlebnisse, besprochen werden. Die betroffene Person kann sich die wichtigsten Lebensereignisse selbst notieren oder lässt sie von der Fachkraft aufschreiben und malt dann den eigenen Lebensbaum. Ein Baum besteht aus einer Wurzel, einem Hauptstamm, einer Krone, Ästen und Blättern etc., welche die Teile des Lebens und/oder der Familie darstellen. Hier würde z. B. das berühmte Gedicht des türkischen Dichters Nazim Hikmet („Zu leben, allein und frei wie ein Baum, brüderlich unter den Bäumen des Waldes, das ist unser Traum“) gut passen und andere Bäume (Großfamilie, Kernfamilie, Sippe, Clan etc.) könnten mit neuen Zeichnungen und diesem Gedicht besprochen werden.

Die Arbeit mit dem Stammbaum ähnelt der Genogrammarbeit, die häufig in der systemischen Beratung oder Therapie eingesetzt wird. Im Genogramm werden ebenfalls die familiären Beziehungen und Strukturen mehrerer Generationen grafisch dargestellt, allerdings gibt es hier für die Darstellung eine weitgehend festgelegte Systematik, bei der das starke Symbol des Baums weniger zum Ausdruck kommt.

10.1.4 Lebensbiografie durch aktive Bewegung

Die betroffene Person sucht sich im Raum eine Stelle, welche für ihn/sie den Anfang der Lebensgeschichte darstellt und geht dann Schritt für Schritt erzählend durch den Raum. Der Raum sollte dafür groß genug sein, ggfs. kann dafür auch ein Gymnastik- oder Vortragsraum genutzt werden. Angeleitet werden kann die Übung wie folgt:

> „Suchen Sie sich bitte eine Stelle im Raum und beginnen Sie, Ihre Lebensgeschichte zu erzählen. Jedes Mal, wenn Sie von einem neuen Ereignis erzählen, wie z. B. dem Besuch der Schule, machen Sie einen Schritt nach vorne, links oder rechts. Sie können frei entscheiden, wie und in welcher Richtung Sie sich im Raum bewegen. Es geht mir darum, dass Sie beginnen, mir Ihre Lebensgeschichte zu erzählen, und sich dabei bewegen. Sie können mir auch zwischendurch erklären, warum Sie z. B. statt einem Schritt nach vorne, einen nach links gemacht haben."

Eine solche Übung kann mehrmals durchgeführt und Schritt für Schritt oder nach dem Ende des Erzählens besprochen bzw. reflektiert werden.

10.1.5 Seil als Lebenslinie

Im Raum wird ein Seil der Länge nach ausgelegt, welches symbolisch die Lebenslinie darstellen soll. Die betroffene Person soll dann durch verschiedene Symbole (z. B. Steine, Bilder etc.), die an das Seil gelegt oder gestellt werden, über die verschiedenen Phasen ihres Lebens erzählen. Eine mögliche Anleitung der Übung könnte sein:

> „Hier im Korb habe ich Steine und kleine bunte Plastikblumen. Wenn Sie nun beginnen, über Ihr Leben zu erzählen, dann nehmen Sie bitte eine Blume für ein für Sie positives oder einen Stein für ein für Sie schweres, belastendes oder generell negatives Erlebnis. Gehen Sie dann zum Seil und stellen sie es hin. Stellen Sie es neben dem Seil an die Stelle, von der Sie glauben, dass es zeitlich passt. Sie können die Gegenstände auch nachträglich noch wegnehmen oder woanders hinlegen, wenn Sie finden, dass es dann besser für Sie passt. Es geht ja um Ihr Leben. Ich würde Sie nur bitten, mir dies dann zu erklären, damit ich es verstehe."

Auch diese Übung kann in mehreren Sitzungen durchgeführt werden, wobei immer wieder neue Variationen von den Steinen und Blumen, neue Erinnerungen sowie eine Umsetzung der Steine und Blumen erfolgen können. Anstelle des Seils, der Steine und der Blumen können auch andere Gegenstände als Symbole verwendet werden, wie das Fallbeispiel zeigt.

Fallbeispiel

S., ein junger iranischer Mann, kann sich seit seiner Haft und Folterungen nicht mehr an seine Kindheit vom 8. bis zum 20. Lebensjahr erinnern. Er lebt inzwischen in Deutschland, ist verheiratet und arbeitet erfolgreich als Journalist. Eine

Traumabehandlung habe ihm geholfen mit den schlimmen Erfahrungen zurecht zu kommen. Er sei aber immer wieder unsicher, nervös und betrübt, wenn bei Familientreffen über die Vergangenheit gesprochen werde, an die er sich nicht erinnere. Er habe inzwischen durch die Erzählungen seiner Familie die Daten und Angaben zu seiner Person angenommen und gäbe diese bei Anfragen gut wieder, könne sich aber nicht wirklich daran erinnern. Er gebe die gelernten Daten so wieder, als wenn er über einen Fremden berichten würde.

Neben dem Gespräch versuchten wir die Biografie- und Erinnerungsarbeit durch Kugeln zu unterstützen. Jede Kugel symbolisierte ein erinnertes Ereignis, so dass mit der Zeit eine lange Kette entstand. In ca. sechs Stunden erlebten wir, wie bei jedem Erzählen durch die gezielte Wahl von Kugeln sich die Kettenläge veränderte. Immer wieder kamen neue Ereignisse hinzu. So gewann S. weitere zwei Jahre, an die er sich erinnerte. Zwei Jahre später berichtete er mir, dass er die Übung auch zu Hause durchführte, die Kette immer auf dem Arbeitstisch liegen ließ und wann immer er wieder Zeit fand, eine neue Kugel entwickelte. Er könne sich nun an viele Dinge erinnern. Es sei für ihn eine große Erleichterung. Er habe das Gefühl, einen neuen Menschen kennenzulernen. „Es sind immer wieder kleine Lampen, die plötzlich aufleuchten und Licht in diese Dunkelheit bringen."

Hier wurde mit mehreren Sinneskanälen, mit Bildern (Augen) aus der nicht erinnerten Zeit, den Erzählungen der Familie (Sprechen und Hören), eigenen Erinnerungen und mit Hilfe der Kugeln (Sehen und Berühren), die die alten mit neuen Erinnerungen in Verbindung brachten, gearbeitet.

Soll der Fokus auf der Aktivierung von Ressourcen liegen, können Sie die Peron einladen, sich mit allen Sinnen in die positiven Ereignisse hineinzuversetzen, also z. B. „Welche Geräusche haben Sie da gehört? Was haben Sie gesehen? War es warm oder kühl?" etc. Auch eine reine Ressourcen-Lebenslinie kann hierfür sehr gewinnbringend sein. Bei belastenden Erfahrungen sollten Sie es jedoch unbedingt der Person selbst überlassen, wie viel sie dazu erzählen möchte und wie „nah" sie diese an sich herankommen lassen möchte.

10.1.6 Stricken

Wenn eine Person gerne strickt und dies als Entspannung erlebt, kann das Stricken im Gespräch eingesetzt werden, um den Erzählfluss zu unterstützen. Die Betroffenen können selbst die Farben der Wolle und die Strickmotive auswählen. Die bekannte und sich wiederholende Handlung des Strickens kann einen hypnotischen Charakter annehmen und damit auch innere Blockaden auflösen und den Erzählfluss positiv beeinflussen.

Bei Personen, die nicht stricken, kann vielleicht eine andere Beschäftigung für die Hände gefunden werden, z. B. mit einer Gebetskette (s. Kapitel 10.1.1) oder mit einem Knautschball.

10.1.7 Geschichten und Erzählungen aus dem Herkunftsland

Alle Menschen wachsen mit bestimmten kulturspezifischen Erzählungen und Geschichten auf, die mit der Zeit internalisiert werden. Zu diesen Geschichten werden eigene Bilder und Vorstellungen entwickelt. Werden Geschichten und Erzählungen im Gespräch bzw. Hilfeprozess eingesetzt, ist das Wiedererkennen, z. B. als Kindheitserinnerung, von Bedeutung. In einem weiteren Schritt wäre es auch wünschenswert, wenn Parallelen bestehen zwischen der Situation einer Person aus der Geschichte und der Situation der betroffenen Person. Betroffene, die sich in den beschriebenen Charakteren oder Problemen wiederfinden, profitieren am stärksten vom Lesen (Cohen 1994). Sie können dann die Texte differenzierter verstehen und Hilfestellungen für die eigene Situation ableiten. Dies ist aber keine notwendige Voraussetzung für den Einsatz von Geschichten und Erzählungen.

Lesen ermöglicht eine psychologische Distanzierung. Die betroffene Person kann nicht bewusste oder auch unterdrückte Gefühle und Gedanken nachempfinden, erkennen, benennen und sie dadurch relativieren, besser akzeptieren und sich davon lösen. Dies geschieht auch dadurch, dass durch das Lesen erkannt werden kann, dass ein Problem nicht einzigartig ist, sondern dass auch andere Menschen davon betroffen sind und dass es dazu strukturierte Überlegungen gibt. Ebenso gilt, dass schriftlich formulierte Aussagen in höherem Maße als verbindlicher und vertrauenswürdiger angesehen werden als rein mündliche Mitteilungen. Dies kann die Bereitschaft, sich auf einen Veränderungsprozess einzulassen, fördern.

Wenn die Geschichten – Romane, Fabeln, Gedichte, Sprichwörter und sogar Witze – vertraut sind, erfolgen schnell neuronale Verschaltungen, die eine Bereitschaft des Zuhörens und des Sprechens ermöglichen. Als ein Beispiel ist hier Nasreddin Hodscha, ein Hauptcharakter der satirischen Literatur im Orient, zu erwähnen. Es gibt kaum jemanden im Nahen und Mittleren Osten, der nicht die witzigen, amüsanten und lehrreichen Geschichten von Nasreddin Hodscha kennt. Die Texte sind in der Regel kurz und verständlich und beschreiben alltägliche Situationen, mit denen sich Betroffene schnell identifizieren können. Die Geschichten sind zugleich angefüllt mit philosophischen und nachdenklich stimmenden Lektionen. Die Geschichten von Nasreddin Hodscha können als ein kollektives Ergebnis von Humor und Satire des Osmanischen Reiches aus mehr als 500 Jahren gesehen werden.

10.1.8 Sprichwörter

In vielen orientalischen Kulturen, vor allem in Gesellschaften, in denen das Erzählen und weniger das Lesen eine große Bedeutung hat, werden Sprichwörter eingesetzt, um Lösungen für Probleme zu finden oder das Nachdenken über bestimmte Dinge anzuregen.

Wir haben einige Beispiele ausgesucht, die uns von Betroffenen in Gesprächen mitgeteilt wurden. In einigen Gruppengesprächen entwickelte sich ein regelrechter Wettbewerb zwischen den Teilnehmenden darüber, wer noch mehr Sprichwörter zu einer bestimmten Thematik kennt. Die Atmosphäre wurde dadurch deutlich entspannter, die Teilnehmenden hörten aktiv zu oder beteiligten sich, und andere, die zuvor kaum lachten, begannen zu schmunzeln und zeigten einen deutlich wacheren Zustand. *Beispiele für Sprichwörter:*

- *Als du den Stein erhobst, ahntest du nicht der Erde Gewicht.*
- *Achte nicht auf den, der spricht, achte auf das, was gesprochen wird.*
- *Die Wunde vom Schwert heilt aus, die Wunde von der Zunge nicht.*
- *Wenn der eine isst und der andere zuschaut, geht die Welt zugrunde.*
- *Wer einen Freund ohne Fehler sucht, bleibt ohne Freund.*
- *Der Kluge will wissen, der Dumme will reden.*
- *Es ist leicht, tausend Herzen zu brechen, aber schwer, eines zu gewinnen.*
- *Ein Esel, wenn auch mit goldenem Sattel, bleibt letztendlich ein Esel.*
- *Den wahren Freund erkennt man in schlechten Tagen.*
- *Böse Worte bringen den Menschen um seinen Glauben, süße Worte bringen die Schlange aus ihrem Loch.*
- *Hör hundertmal, denk tausendmal, sprich einmal.*
- *Verzeih, aber vergiss nicht.*
- *Verletzen ist leicht, heilen schwer.*

10.1.9 Rituale

Bei einem Ritual handelt es sich oft um einen feierlichen Brauch mit einer festen, vorgegebenen Ordnung, die kulturspezifisch abläuft. Wichtig ist dabei die Handlungskomponente, der Prozess des „Tuns und Verhaltens", wobei Symbole und Objekte innere Zustände darstellen können. Ein Ritual dient dazu, die persönlichen Erfahrungen zu verallgemeinern und ihnen einen Platz in einer größeren Ordnung, in einem kollektiven Kontext zu verschaffen, womit es dem menschlichen Bedürfnis nach Identität und Anerkennung gerecht wird.

Rituale haben eine wichtige Funktion für die Bewältigung von Veränderungen und Übergängen. Aus ethnosoziologischer Sicht zeichnen sich Veränderungen von menschlichen Lebensphasen durch Riten der Trennung und Ablösung vom Bisherigen, vom gewohnten alten Zustand, aus. In neuen Phasen mit neuen Kontexten und verändertem Status bekommen die Menschen neue Rollen übertragen, die wiederum mit entsprechenden Rechten und Pflichten verbunden sind (Durkheim 1981/2017). In der Regel wird der Statuswechsel durch einen gesellschaftlich inszenierten feierlichen Akt vollzogen, an dem die Gemeinschaft teilnimmt wie z. B. der Beschneidung des Jungen als Aufnahme in die religiöse Gemeinschaft oder einer Hochzeit. Solche Übergangsrituale sind daher kollektive Mechanismen, die sowohl die gesellschaftliche und institutionelle als auch die persönliche Bewältigung von Statuspassagen durch äußere, symbolische Zeichen sichtbar machen.

Unter psychologischer Perspektive helfen diese Rituale dem Menschen, mit den Wandlungsprozessen besser zurechtzukommen. Sie nehmen ihm die Angst, wenn es z. B. um den Verlust eines geliebten Menschen geht oder jemand seine Eltern verlassen muss. Abschiedsfeiern, Trauerarbeit etc. unterstützen den Menschen in bestimmten Situationen, mit Belastungen umgehen zu können.

Fallbeispiel

Durch die Entwicklung neuer Rituale und Alltagsgewohnheiten sollte Frau H., die über den Tod ihres Mannes trauerte, neue Erfahrungen machen und eine veränderte Perspektive entwickeln. Zeremonielle Elemente, wie die Veränderung des Raumes und des Umgangs mit den Hinterlassenschaften des Verstorbenen, berührten etwas für Frau H. bisher Unantastbares, etwas Heiliges. Gleichzeitig veränderten sich Schritt für Schritt ihre Alltagsrituale. Sie konnte durch die Rituale die Macht, mit der ihre Vergangenheit ihr gegenwärtiges Leben beeinflusste, anerkennen und gleichzeitig die Möglichkeit der Veränderung ihres Lebens in Betracht ziehen. Die Trauer und die Leere wurden schrittweise bearbeitet und symbolisch in einen Karton gepackt mit der Möglichkeit, diesen Karton jederzeit zu öffnen und zu schließen. Frau H. gewann dadurch die Kontrolle über ihre Trauer und konnte ihren unbewussten Anteil auf eine bewusstere Ebene bringen, indem sie der Trauer täglich bewusst eine halbe Stunde lang Raum gab und sie anschließend durch das Schließen des Kartons vorübergehend wieder beendete.

Wichtige gesellschaftliche Rituale sind Taufe, Beschneidung, Hochzeit, Bestattung, Geburtstagsfeier, religiöse Feste, Einladungen, Feiern, Besuche, Essen und Trinken etc.

Religiöse Rituale wie z. B. Reinigungshandlungen können bei Gefühlen von Schuld oder, religiös ausgedrückt, Sünde hilfreich sein. So wiesen Zhong und Liljenquist (2006) die Bedeutung von Reinigungshandlungen für das seelische Befinden im Sinne eines „Reinigens der Seele“ bei einer psychisch unauffälligen Stichprobe nach. Die Körperreinigung als „Abwaschen der Sünden“ ist in vielen Kulturen bekannt und wird entsprechend eingesetzt. Wenn Menschen der Meinung sind, sich moralischer Verfehlungen schuldig gemacht zu haben, kann der Akt der Reinigung besprochen und die betroffene Person dazu bewegt werden, dieses Ritual durchzuführen, um wieder ein Gefühl der Reinheit und damit eine Reduzierung der Schuldgefühle zu erreichen. Dies kann allerdings nur dann Erfolg haben, wenn diese religiösen Rituale und damit auch der religiöse Glaube eine zentrale Stellung im Leben der Person einnehmen.

Im Hilfeprozess ist die Einführung von Ritualen nur effektiv, wenn diese für die betroffene Person einen Sinn ergibt. Die Rituale erfahren eine verstärkte Wirkung, wenn diese vom Kollektiv unterstützt werden. Auch wirken sie erst, wenn sie oft genug wiederholt werden (Handlung). Aus den antiken Kulturen wie z. B. in Babylon, Mesopotamien oder auch Kulturen in Afrika oder Amerika ist bekannt, dass z. B. Heilungszeremonien durch Wiederholungen sehr effektiv sind. So berichten Hypnosewissenschaftler*innen wie Bongartz und Bongartz (2000) über afrikanische Medizinmänner, dass diese ihre Texte in einer weichen, tranceähnlichen Sprache und durch Wiederholungen zum Ausdruck bringen: „Krankheit, die lösch ich, so wie der Regen den Steppenbrand auslöscht. Krankheit, die verwehe ich, wie der Wirbelwind aufweht das Dürrblatt und in die Flucht treibt. Du Krankheit sollst auch wehen und fliehen. Ich treib dich von dannen Krankheit im Leibe …“ (ebd., S. 41). Auch die heutigen bekannten Religionen legen sehr viel Wert auf Wiederholungen von Gebeten sowie die Einhaltung von bestimmten Verhaltensritualen, die schon als Kind erlernt werden.

Daher sollte auch bei den Geschichten, Gedichten und Sprichwörtern auf Wiederholungen geachtet werden. Für manche Fachkräfte mag es „langweilig“ wirken, aber die Effekte zeigen sich, wenn manchmal auch erst spät. In der Regel merken wir nach zehn oder 15 Sitzungen, dass diese Wiederholungen, die wir seit den ersten Stunden durchführten, plötzlich zur Sprache kommen oder das Verhalten sich daran ausrichtet.

10.2 Gruppenangebote

Therapeut*innen, die Menschen mit Migrationshintergrund behandeln, betonen immer wieder, wie wichtig kollektive Ressourcen und die Gruppendynamik aus der Herkunftskultur sind. Dies zeigt sich auch in der Bedeutung verschiedener Gruppenverfahren für die psychotherapeutische Behandlung (Koch 2003; Kizilhan 2010b). Dies lässt sich in anderen sozialen Arbeitsfeldern nutzen. Mit den eigenen Problemen nicht allein zu sein, sondern sich mit anderen zu identifizieren und Unterstützung zu erleben, kann als sehr erleichternd empfunden werden. Im Folgenden werden Grundlagen zur Beratung in Gruppen dargestellt, die wiederum auf den eigenen Arbeitskontext übertragen und angepasst werden können.

10.2.1 Gruppenprozess und -dynamiken

In einer Gruppe mit drei bis maximal zwölf Teilnehmenden, die sich zunächst kennenlernen und durch Gespräche bestimmte Gruppenziele entwickeln, sollen über einen längeren Zeitraum verschiedene Themen bearbeitet werden (Antons 2000). Dieses Grundmuster ist in zahlreichen Modellen zum Gruppenprozess weiter ausdifferenziert worden (der Gruppenprozess als Problemlösung, der Gruppenprozess als Beratungsprozess etc.). In den Gruppenangeboten soll idealerweise der Umgang mit psychosozialen Problemen und Belastungen (Trauma und Gesellschaft, Scham- und Schuldgefühle, Familie, Migration und Integration etc.) erarbeitet werden, als Lerngeschichte mit der sozialen Umgebung (Tschuschke 2001).

Wichtige Elemente für einen effektiven Hilfeprozess sind *Gruppenaktivität* (Passivität, Offenheit, Widerstand) und *Gruppendynamik* (die Prioritäten können sich im Verlauf der Gruppentherapie ändern). Die Kenntnis dieser Muster ermöglicht das Verständnis und die Klärung schwieriger und problematischer Gruppenprozesse. Die Arbeit in Gruppen kann im weitesten Sinne als ein Mikrokosmos (vgl. Yalom 2007, S. 57 f.) der Gruppenmitglieder angesehen werden, die durch ihre Lerngeschichte und Sozialisation die Gruppendynamik beeinflussen (Fiedler 2001) und durch Konflikte bewusst oder unbewusst neue Fertigkeiten (Emotionen, Kognitionen und Verhalten) erlernen.

Einer der wichtigsten Wirkfaktoren der Gruppenarbeit ist *das interpersonale Lernen*. Das Feedback anderer Menschen ermöglicht es der einzelnen Person, mehr über sich selbst zu erfahren und eine realistischere Sicht auf die eigene Persönlichkeit zu erlangen. Interpersonales Lernen beinhaltet Identifizierung, Klärung und Modifizierung unangepasster interpersoneller Beziehungen. Dafür ist es wichtig, dass die einzelnen Gruppenmitglieder einen guten Kontakt zu den Gruppenleitenden herstellen und auch untereinander Vertrauen entwickeln. Dieses „Wir-Gefühl" hat schon an sich eine verändernde Qualität, stellt aber auch eine Basis für die Gewinnung von Vertrauen dar, das möglicherweise durch ein traumatisches Erlebnis vermindert oder zerstört worden ist. Damit eine Gruppe und die Interaktion funktionieren können, ist ein Mindestmaß an Selbstöffnung und Beteiligung wichtig.

Als *Kontraindikationen* für die Teilnahme an einer Gruppenanwendung können folgende Faktoren gesehen werden:

- akute Psychose
- akute Suizidalität
- starke Impulskontrollstörung (→)
- starke Affektlabilität (unvorhersehbare Stimmungswechsel)
- verbale und oder nonverbale Gewaltausbrüche
- Gewaltanwendung

- Unfähigkeit, die Gruppensituation zu tolerieren
- potenzielle Noncompliance mit Gruppennormen
- zu starke Konflikte mit einem oder mehreren Gruppenmitgliedern
- keine Fähigkeit zur Selbstöffnung
- Schwierigkeiten mit Nähe und Intimität
- exzessiver Gebrauch von Verleugnung
- keine Überwindung von ethnischen und religiösen Konflikten aus dem Herkunfts- und Aufnahmeland

Grundsätzlich sollten *vor Beginn* der Teilnahme an einer Gruppe folgende Punkte geklärt werden:

- Motivation
- ausreichende Compliance
- ausreichend respektvoller Umgang mit anderen Gruppenmitgliedern (Fähigkeit/Bereitschaft zuzuhören und andere Meinungen zu akzeptieren)
- ausreichende Bereitschaft zur Unterstützung anderer Gruppenmitglieder
- ausreichende Arbeitsbeziehung mit der Gruppenleitung
- regelmäßige Teilnahme an den Gruppenterminen
- keine Schädigung der betroffenen Person durch die Teilnahme an der Gruppenarbeit

Je nach Teilnehmendenkreis ist darauf zu achten, dass nicht verschiedene spezifische *Themen* zu viel Raum einnehmen. Da viele Menschen aus nichtwestlichen Ländern nur ein geringes Wissen über die westeuropäische Bürokratie, asyl- bzw. aufenthaltsrechtliche Bestimmungen und möglicherweise das Sozial- und Gesundheitssystem haben, kommt es oft vor, dass diese Themen in der Gruppe in den Vordergrund gerückt werden. Ebenfalls können Teilnehmende sehr stark auf körperliche Beschwerden fixiert sein und nur noch über ihre Schmerzen sprechen. Auch können politische Konstellationen wie z. B. ethnische oder religiöse Konflikte wichtiger genommen werden als die eigene Befindlichkeit und den Rahmen einer Gruppenarbeit sprengen. Hier wären eine genaue Aufklärung und Informationen über Ablauf, Inhalte und Ziele der Gruppenarbeit notwendig, so dass ggfs. im Gruppenprozess darauf verwiesen werden kann.

In der Gruppe kann es außerdem vorkommen, dass einige Teilnehmende aufgrund ihrer eigenen *Erzählstruktur* langatmig zu erzählen beginnen, und diese Art des Sprechens vielleicht für die europäische Denkkultur keinen „Sinn“ ergibt. Hier sind sehr viel Geduld und eine gewisse professionelle Sensibilität notwendig, wenn z. B. ein Gespräch unterbrochen werden soll. Eine Unterbrechung kann als Respektlosigkeit oder ein Nicht-ernst-genommen-Werden empfunden werden. Wenn man derartige Erzählungen bis zu Ende anhört, ergeben sie oft einen Sinn; allerdings kann dies die vorgegebene Zeit des Gruppentermins sprengen. Als Dauer eines Termins sind daher ca. 90 Minuten oder mehr einzuplanen.

Der Gruppenleitung muss auch klar sein, dass traumatisierte Personen aufgrund ihrer Störung und damit einhergehendem Misstrauen und eigener Unsicherheit oft nicht in der Lage sind, sich in der Gruppe aktiv zu beteiligen. Ebenso bleibt oft die Tatsache unbeachtet, dass traumatisierte Menschen ihre erlittene Geschichte oder auch andere Vorkommnisse aus ihrem Leben meist nur fragmentarisch darstellen können.

Praxistipp

Die Arbeit in Gruppen kann insbesondere bei Menschen aus kollektiv geprägten Gesellschaften sehr effektiv sein. Dafür ist keine therapeutische Ausbildung erforderlich. Wichtig sind dafür jedoch gute Kenntnisse über Gruppenprozesse und -dynamiken.

10.2.2 Ablauf und Themen

Ein Gruppenangebot könnte wie folgt eingeleitet werden:

> „Ich möchte Sie bitten, uns in ein bis zwei Sätzen mitzuteilen, wie es Ihnen geht und vielleicht welche Gedanken Ihnen durch den Kopf gehen. Das Vortragen körperlicher Beschwerden oder Fragen zu Medikamenten bitte ich hier zu unterlassen. Diese Themen sollten Sie in Ihrer Therapie oder mit Ihrem Arzt bzw. Ihrer Ärztin besprechen. Wir wollen, dass alle kurz zur Sprache kommen und mitteilen, wie sie sich gerade fühlen. Danach können wir uns gemeinsam ein Thema aussuchen, über das wir uns dann austauschen werden. Ich bitte alle Teilnehmenden, zuzuhören und niemanden zu unterbrechen. Erst wenn jemand fertig ist, kann der nächste das Wort ergreifen. Wir können unterschiedlicher Meinung sein, sollten diese auch äußern, aber die Meinung der anderen respektieren. Es geht hier nicht um richtig und falsch, sondern darum, dass wir voneinander lernen. Gerade durch das Zuhören und den gemeinsamen Austausch können wir neue Gedanken entwickeln. Als Gruppenleiter*in werde ich mich nur so weit beteiligen, als ich darauf achte, dass die Regeln eingehalten werden und wir beim Thema bleiben, es sei denn, die Gruppe möchte das Thema wechseln. Jetzt fangen wir an."

Nach einer Befindlichkeitsrunde, die zu Beginn jedes Termins stattfinden sollte, könnten, je nach Arbeitsbereich und Bedarfe, folgende Themen mit den Teilnehmenden besprochen und bearbeitet werden:

- psychische Erkrankung und Trauma
- Gesundheitsversorgung

- Gesundheit und Prävention
- Familie, Kinder, Generationskonflikte
- Herkunftsland, kulturelle Unterschiede zwischen Herkunfts- und Ankunftsland
- Geschlechterunterschiede, Ehre und „Ehrverlust“
- Migration und Integration etc.

Als „Warm up“ oder Einleitung zu den Themen können z. B. Märchen, Legenden, Mythen und andere Geschichten eingesetzt werden (s. Kapitel 10.1.7), in denen es um Held*innen geht, die leiden und kämpfen und die es zum Schluss schaffen, (wieder) anerkannt zu werden. Themen wie Ungerechtigkeit, Verbitterung, soziale Isolierung, Unverständnis der Anderen, Trauer und Verlust etc. können durch eine Geschichte, die Teilnehmende oder die Gruppenleitung erzählen bzw. vorlesen, zur Sprache kommen und besprochen werden. Weitere Themen, die im Verlauf einer Gruppenarbeit zentral sind, sind z. B.

- Stabilisierung der Geschlechtsidentität (Selbstbild, positives Körpergefühl)
- Verbesserung des Selbstwertgefühls
- Eigenverantwortung und Selbstständigkeit
- Entwickeln von Kompetenzen
- Erkennen eigener Stärken
- Reduzierung von Einsamkeit
- Umgang mit Überforderungssituationen
- Partnerschaft
- Sexualität

Praxistipp

Die Verbindung von nonverbalen mit verbalen Techniken ist bei der methodischen Gestaltung eines Gruppenangebots von großer Bedeutung. Die Arbeit mit Ton, Holz, Farben etc. assoziieren viele mit ihrer eigenen Arbeit und Lebenserfahrung im Herkunftsland, z. B. als Landarbeiter*in, Maurer*in, Kraftfahrer*in etc. Sie ermöglicht einen tieferen Zugang zur eigenen Biografie. Sie ermöglicht es außerdem, Phantasie und Kreativität wieder anzuregen, unterschiedliche Fähigkeiten zu wecken sowie Denken, Fühlen und Handeln zu aktivieren und in Einklang zu bringen. Verloren geglaubte Ressourcen werden wieder sichtbar gemacht, wodurch eine schöpferische Lebenseinstellung gefördert wird, die die Voraussetzung für Lebensfreude schafft.

10.3 Besonderheiten bei der Arbeit mit ehemaligen Kindersoldat*innen

Kinder und Jugendliche, die als Kindersoldat*innen missbraucht wurden, benötigen oft eine besondere Begleitung und intensive psychotherapeutische Behandlung, je nach Alter und Dauer der Gefangenschaft. Zu Beginn sollten folgende Fragen abgeklärt werden:

- Haben die Eltern oder eine Bezugsperson den Krieg überlebt? Wo lebt bzw. leben diese? Können sie in die Begleitung oder Therapie mit einbezogen werden?
- Gibt es eine ausreichende sozialpädagogische Betreuung und eine engmaschige Begleitung für die nächsten 12 bis 24 Monate?
- Befindet sich das Kind bzw. der*die Jugendliche an einem ausreichend sicheren und stabilen Ort?
- Ist eine ausreichend gute Versorgung gesichert, z. B. in Bezug auf Schlafraum, Bewegungsfreiheit, Nahrung, soziale Kontakte?
- Welche Bezugspersonen sind im Alltagsleben von Bedeutung (Eltern, Geschwister, Verwandte, Freund*innen, betreuende Familien oder Institutionen)?
- Welche Helfer*innen (Therapeut*innen, Sozialarbeiter*innen, Lehrer*innen etc.) sind involviert? Haben diese Grundkenntnisse für eine kultursensible Begleitung/Betreuung bzw. Behandlung? Sind sie mit der Arbeit mit ehemaligen Kindersoldat*innen vertraut?

Erst nach diesen und weiteren Fragen ist zu entscheiden, ob eine Begleitung und Betreuung indiziert ist und ob eine psychotherapeutische Behandlung erforderlich ist und schon eingeleitet werden kann. Durch eine geregelte und begleitete Alltagsstruktur sowie durch eine räumliche und kulturelle Orientierung an dem Ort, an dem sie leben, kann betroffenen Kindern und Jugendlichen ein Gefühl von Sicherheit vermittelt werden. Die Basis jeder Betreuung, Begleitung und Psychotherapie sind Struktur, Orientierung und Sicherheit. Sollte das Kind oder die*der Jugendliche trotz traumatischer Erlebnisse keinen klinischen Befund aufweisen, so kann der Schwerpunkt auf die sozialpädagogische Begleitung und Betreuung gelegt werden. Liegt ein klinischer Befund vor, dann sind eine Psychotherapie und eine parallele Begleitung und Betreuung durch Sozialarbeitende indiziert.

Praxistipp

Beide, sowohl unterstützende, psychosoziale Maßnahmen als auch eine psychotherapeutische Behandlung, schließen sich nicht aus. Oft ist es hilfreich, wenn beide gleichzeitig durchgeführt werden. Allerdings kann aufgrund von schweren psychischen Erkrankungen, wie Schizophrenie, akute Suizidalität oder Eigen- und Fremdgefährdung, eine Psychotherapie noch nicht möglich und zunächst eine Stabilisierung und sozialarbeiterische Betreuung indiziert sein.

10.3.1 Gefährdungseinschätzung

Aufgrund der Indoktrinierung, der Kindersoldat*innen i. d. R. ausgesetzt sind, muss bei der Begleitung oder Betreuung auch die Gefahr eingeschätzt werden, inwieweit radikale Ideologien möglicherweise noch aktiv sind und die Kinder und Jugendlichen auch nach der Flucht andere Menschen durch aggressive Handlungen schädigen könnten (vgl. Kizilhan/Noll-Hussong 2018, S. 425). Dies kann z. B. durch Sozialarbeitende oder Therapeut*innen erfolgen, möglichst gleich nach dem Erstkontakt.

Die Gefährdung abzuschätzen, die von ehemaligen Kindersoldat*innen ausgeht, ist nicht einfach. Es gibt keine Tests, die dies hundertprozentig sicher feststellen könnten. Dennoch ist eine Gefährdungsanalyse wichtig, da dadurch zumindest eine vorsichtige Einschätzung bzgl. des Gefahrenpotenzials, der Aggression und der Motivation zur Verhaltensveränderung, abgegeben werden kann, was auch für die Beratung, die Betreuung und die therapeutische Behandlung wichtig ist (Helmus/Thornton 2015; Yang/Wong/Coid 2010).

Aus dem Forschungsbereich zum internationalen Terrorismus liegen verschiedene Risiko-Assessments vor (Herrington/Roberts 2012; Sarma 2017). Hierzu sei exemplarisch auf das von der Europäischen Union geförderte Projekt SAFIRE verwiesen, in dessen Rahmen Leitlinien zur Einschätzung einer Radikalisierung entwickelt wurden (RAND Europe 2013) sowie auf das britische System zur Identifizierung gefährdeter Personen (Identifying Vulnerable People, IVP), das eine Liste von Indikatoren zur Erkennung von „Gefährder*innen" beinhaltet (Cole et al. o. J.; Stickings et al. 2019).

Grundsätzlich sind für eine Gefährdungseinschätzung, entsprechend dem bisherigen Forschungsstand zu Risikoanalysen und unserer Erfahrung mit ehemaligen Kindersoldaten aus dem Irak und Syrien, die in Tabelle 5 dargestellten Variablen von Bedeutung. Im Gespräch mit den Kindern und Jugendlichen sollte neben möglichen traumatischen Erlebnissen auch die Art und Weise der „Gehirnwäsche", also mögliche dysfunktionale Kognitionen, Emotionen und Verhaltensweisen, eruiert werden. Auch bereits vor der zwangsweisen Rekrutierung vorhandene individuelle und kollektive religiöse Muster, die damalige soziokulturelle, politische und wirtschaftliche Situation, der Umgang der Kinder und Jugendlichen in Konflikten und mit Belastungen sowie die Tendenz zu riskantem Verhalten sollten festgestellt werden. Auch sollten Informationen über die Peergroup der Kinder und Jugendlichen gesammelt werden, um dann eine erste Bewertung durchführen zu können.

Variablen	Ja 1	Nein 0	Punkte
Unsichere Bindung zur Mutter			
Unsichere Bindung zum Vater			
Unsichere Bindung zu den Geschwistern, falls vorhanden			
Traditionelle-patriarchalische Sozialisation			
Gewalt in der Familie			
Familie Mitglied eines Stammes/einer politischen oder religiösen Organisation*			
Familienstruktur: hierarchisch-traditionell, Großfamiliendenken			
Kultur/Religion: streng/bestimmt den Alltag			
Diskriminierung als Mitglied einer Gruppe (Ethnie, Religion etc.)			
Psychische Auffälligkeiten			
Flucht- und Migrationserfahrung			
Mitglied einer nicht gewalttätigen, aber radikalen Gruppe*			
Kontakt mit bekannten Extremist*innen*			
Bereits vorhandene Erfahrung mit Waffen (Training an der Waffe und deren Benutzung)*			
Gewalterfahrung als Opfer oder als Täter*in*			
Beobachtung von reellen Gewalttaten			
Verlust von Familienmitgliedern (Eltern, Geschwister) durch Gewalttaten			
Gefühl von Diskriminierung aufgrund der eigenen Religion, Ethnie oder einer anderen Zugehörigkeit			
Gewalterfahrung (individuell oder kollektiv) aufgrund eigener Zugehörigkeit (Ethnie, Religion etc.)			
Schwere Konflikte in der Familie, Schule oder einer anderen Gruppe			
Gefühl von geringer Wertschätzung durch andere			
Interesse an Risikoverhalten*			
Interesse an politischen Aktivitäten			
Gefängnisaufenthalt			
Kontakt über soziale Medien zu radikalen Gruppen/Personen*			
Beobachtung von Gewalttaten über soziale Medien			

Tabelle 5: Gefährdungsanalysen bei ehemaligen Kindersoldat*innen. (Das Instrument wird noch auf Validität und Reliabilität hin überprüft.) (Kizilhan 2019, S. 7)

Wird eine Frage mit „ja" beantwortet, dann ist ein Punkt zu vergeben. Am Ende werden alle Punkte addiert. Sollten mehr als 13 Punkte erreicht worden sein, dann ist es ratsam, die Person enger zu begleiten und in regelmäßigen Abständen die Variablen der Gefährdungsanalyse zu prüfen. Ausnahmen bilden die Fragen, die mit einem * gekennzeichnet sind. Werden diese mit „ja" beantwortet, sollten die Kinder und Jugendlichen auf jeden Fall eng begleitet und genauer beobachtet werden.

Die Informationen der Gefährdungsanalyse können zusammengefasst einen ersten Eindruck ermöglichen, inwieweit die Kinder und Jugendlichen noch von der Zeit als Kindersoldat*in geprägt sind und die Ideologie ihrer Täter*innen teilen bzw. inwieweit sie sich davon abgewendet haben und möglicherweise aufgrund dieser Erlebnisse körperlich und psychisch leiden. Für die Erhebung möglicher psychischer Erkrankungen, wie z. B. einer Posttraumatischen Belastungsstörung, Angststörung oder einer Depression, sollten Psychiater*innen oder Psychotherapeut*innen zu Hilfe geholt werden, die eine entsprechende Diagnostik durchführen können.

Praxistipp

Bei der Arbeit mit ehemaligen Kindersoldat*innen sollte auch eine Einschätzung vorgenommen werden, inwiefern möglicherweise noch aktive radikale Ideologien und eine erhöhte Aggressivität eine Gefahr für andere Menschen darstellen könnten. Wichtig ist dabei, dass nicht vergessen wird, dass die Kinder und Jugendlichen keine „Monster" sind, bei denen keine Hilfe mehr ankommt. Sie sind nicht vollkommen in ihrer Persönlichkeit zerstört, sondern sie haben die Möglichkeit, einen Neuanfang zu machen und eine neue Perspektive für ihr Leben zu entwickeln. Die Kinder und Jugendlichen verfügen über eine ungeheure Resilienz und Stärke, die als Ressource für den Hilfeprozess genutzt werden kann. Es darf nicht vergessen werden, dass diese Kinder und Jugendlichen durch die Hölle gegangen sind und unvorstellbare Grausamkeiten erlebt haben, als Opfer, Beobachtende und Täter*innen, und dennoch weiter ums Überleben gekämpft haben.

10.3.2 Begleitung, Betreuung und Rehabilitation von ehemaligen Kindersoldat*innen

In der ersten Phase der psychosozialen Begleitung oder Betreuung (wie auch in der psychotherapeutischen Behandlung) sind nicht bestimmte Methoden oder Techniken wichtig, sondern die Art und Weise der Beziehung zwischen den Kindern und der Fachkraft. Zu Beginn muss vor allem anderen *Beziehungsarbeit* geleistet werden, damit die Kinder und Jugendlichen wieder Vertrauen in andere Menschen fassen und überhaupt bereit sein können, sich auf den Hilfeprozess einzulassen. Die Fachkräfte müssen sich zunächst auf Ablehnung,

Distanz, Misstrauen, Aggressivität und eine geringe Motivation einstellen und einen professionellen Umgang damit finden. Dafür ist eine Haltung wichtig, die sich auf die bedingungslose Anerkennung der Belastungen der Kinder und Jugendlichen, die sie im Krieg überlebt haben, und auf Wertschätzung ohne jegliche Verurteilung der Kinder und Jugendlichen, was auch immer sie als Kindersoldat*innen gemacht haben, konzentriert.

Das familiäre und soziale System, in das die Kinder und Jugendlichen zurückkehren, ihre Kommunikation und Bindung darin und eine Mehrgenerationenperspektive sollte nach dem biopsychosozialen Modell berücksichtigt werden. Es wird davon ausgegangen, dass die Symptome und Belastungen der Kinder und Jugendlichen am besten im Kontext ihres noch vorhandenen Familiensystems verstanden werden können, dass daneben aber auch biologische und individualpsychologische Faktoren, wie z. B. erlebte Traumata und Gewalt, Verlust von Vertrauen in die Menschen und vielleicht in die Menschheit, von Bedeutung sind (Kizilhan/Noll-Hussong 2017; Braga/Mello/Fiks 2012).

Praxistipp

Hauptaufgabe ist es, eine vertrauensvolle Beziehung zu den Kindern und Jugendlichen herzustellen, auch wenn diese sich ablehnend, aggressiv oder unberechenbar verhalten. Dafür ist eine bedingungslos akzeptierende und wertschätzende Haltung erforderlich. Bei der Beratung und Betreuung sind die Familie und weitere Bezugspersonen sowie die Gemeinschaft mit einzubeziehen.

10.3.3 Vorgehensweise im Hilfeprozess

Bei ehemaligen Kindersoldat*innen geht es insbesondere darum, die erlebten Traumatisierungen zu verarbeiten, die radikalisierten Einstellungen (Gehirnwäsche, Religion, Kultur etc.) zu identifizieren und deren Dysfunktionalität zu besprechen und mit den Kindern und Jugendlichen auf kognitiver und emotionaler Ebene eine Perspektive für die Zukunft zu entwickeln. Hierbei ist es notwendig, dass *kleine, konkrete Schritte* ausgehandelt werden. Zunächst sollte eine überschaubare Zahl von Sitzungen vereinbart werden, mit der Option auf eine Weiterführung, um die Kinder oder Jugendlichen nicht unter Druck zu setzen oder zu belasten.

Die ehemaligen Kindersoldat*innen müssen in den ersten Monaten *engmaschig begleitet* und beobachtet werden und es muss gemeinsam eine *Tagesstruktur* erarbeitet werden. Hierzu gehören der Schulbesuch, Hausaugaben, Freizeit und die Entwicklung eines sozialen Netzwerks. Bei positiver Veränderung wird es darum gehen, dem Kind oder dem*der Jugendlichen mehr Freiraum unter kontrollierten Bedingungen zu geben, um das Gefühl der Selbstwirksamkeit zu fördern. Diese Bedingungen müssen den Kindern und

Jugendlichen zu Beginn der Betreuung oder Begleitung und auch immer wieder zwischendurch erklärt werden. Es geht um Vertrauen, aber auch darum, eine mögliche Gefährdung, die von den Kindern und Jugendlichen ausgehen könnte, zu besprechen. Hier können sowohl sprachliche als auch symbolisch-metaphorische Interventionen (s. Kapitel 10.3.4) eingesetzt werden.

Der Hilfeprozess sollte *aktiv und partizipativ* mit den Kindern und Jugendlichen sowie deren Bezugspersonen gestaltet werden. Dabei ist die Individualität des Kindes oder des*der Jugendlichen zu berücksichtigen und das Arbeitssetting entsprechend anzupassen. So sollte z. B. die Zeitstruktur auf kindliche/jugendliche Bedürfnisse abgestimmt werden (Termine mit kleinen Kindern sollten dementsprechend deutlich kürzer sein). Bei jüngeren Kindern und bei massiven Verhaltensproblemen (Aggressivität, Unruhe, geringe Konzentration, Ängste etc.) sind in der Anfangsphase häufigere Sitzungen im Wochenabstand sinnvoll. Bei Fortschritten können die Abstände vergrößert werden.

Die Familie und/oder Bezugspersonen sollten mit einbezogen werden. In einem ersten Gespräch mit der Familie oder den Bezugspersonen kann ausgehandelt werden, wer an weiteren Sitzungen teilnehmen soll. Bei einer langen medizinisch-psychiatrischen Vorgeschichte oder explizitem Wunsch einer Bezugsperson (Eltern, Jugendamt etc.) können einige Gespräche allein mit diesen durchgeführt werden. Möglich sind Gespräche mit der gesamten Familie, einzelnen Elternteilen, beiden Eltern, Kindern allein, mit den Geschwistern, Lehrer*innen etc., um alle notwendigen Informationen (Familiengeschichte, Fremdbeobachtung etc.) zu sammeln und um die Sichtweisen auf die Problematik sowie die Ziele des Hilfeprozesses zu eruieren. Kinder und Eltern werden eingeladen, ein Team zu bilden, das bei der Lösung des Problems zusammenarbeitet und von der Fachkraft dabei unterstützt wird.

Viele Eltern, aber auch Bezugspersonen, befürchten von der Fachkraft im Hilfeprozess kritisiert oder beschuldigt zu werden. Hier sollte aktiv gegengesteuert werden und aktiv für eine gute Arbeitsbeziehung auch mit den Eltern und Bezugspersonen gesorgt werden.

Veränderungen sind leichter möglich, wenn die *Lebensgeschichte und der soziale, kulturelle und religiöse Kontext des Kindes bzw. Jugendlichen und seiner Familie gewürdigt* werden. Systemische Ansätze mit der Erkundung von Symptomatik und Kontextbedingungen in einer Wechselwirkung können wichtige Hinweise für die kognitive Verhaltensänderung geben. Insofern interessieren auch Kontextbedingungen, wie z. B. Familieninteraktionen, bedeutsame außerfamiliäre soziale Kontexte wie Schule oder Freunde und der Mehrgenerationenkontext, der erkundet werden sollte.

Die Begleitung und Betreuung sollte immer *lösungs- und ressourcenorientiert* erfolgen, zugleich aber auch Probleme und Störungen erkunden. Die Position ist „allparteilich"; berechtigte Wünsche von Kindern werden ebenso unterstützt wie Anliegen der Eltern bzw. Bezugspersonen. Auf der Grundlage einer entwicklungspsychologischen und lebenszyklusorientierten Perspektive können erlebte Belastungen und daraus resultierende Beschwerden und Konflikte normalisiert und das Aushandeln konstruktiver, gewaltfreier Lösungen für Konflikte gefördert werden.

Im Sinne einer längerfristigen Netzwerkorientierung wird *soziale Unterstützung auch im weiteren Umfeld* (Schule, Therapie, Familie, Freunde, Freizeit etc.) mobilisiert. Nach Möglichkeit sollten die Kinder und Jugendlichen in diesem Netzwerk langfristig (zwischen zwei und drei Jahren) engmaschig begleitet werden.

Praxistipp
Eine zentrale Aufgabe besteht darin, Kindern und ihren Eltern zu helfen, problemfreie Bereiche zu erkunden, gemeinsame Lösungen zu entwickeln und Hoffnung zu induzieren. Dazu gehört es auch, Familiengeschichten im Umgang mit widrigen Lebensumständen zu würdigen, Möglichkeiten des berechtigten „Andersseins" (Zugehörigkeit zu einer Minderheitengruppe, Religion, Ethnie etc.) einzuführen und ein Leben jenseits der Belastung durch Probleme vorstellbar zu machen.

10.3.4 Techniken für die Beratung und Begleitung

Besonders hilfreich sind verschiedene Techniken aus der systemischen Beratung bzw. Therapie:

- Das Vorgehen sollte *aktivierend* sein, Kind und Familie bzw. Bezugsperson oder alternativ Betreuende erhalten Vorschläge für Aufgaben (z. B. Beobachtungsaufgaben) oder Anregungen, die gemeinsam durchzuführen sind (Retzlaff 2002). Mit diesen *„Hausaufgaben"* werden das Kind und die Bezugspersonen eingeladen aktiv mitzuarbeiten, alte und neue Strukturen, Rollenverteilungen und Interaktionsmuster zu besprechen und, falls notwendig, zu verändern. Damit soll aus einer hilflosen oder bemitleidenden Position zu einer proaktiven gefunden werden (Haley 1977).
- Positive Umdeutungen *(„reframing")* stellen das Verhalten der Kinder und Jugendlichen in einen anderen Bezugsrahmen und ermöglichen andere Herangehensweisen und Lösungen für Probleme. So kann zum Beispiel, je nach Situation, ein aggressives Verhalten eines Kindes als Fähigkeit, sich für seine eigenen Bedürfnisse einzusetzen, umgedeutet werden. Werden die Bedürfnisse herausgearbeitet, können gemeinsam mit dem Kind alternative Möglichkeiten entwickelt werden, wie es diese Bedürfnisse ohne Aggressivität ausdrücken und vertreten kann. Gleichzeitig fühlen sich die Eltern weniger hilflos oder angegriffen durch die Aggression ihres Kindes, wenn sie diese als ungünstige Kommunikationsstrategie deuten.

- *Paradoxe Interventionen* wirken als Musterunterbrechung, und können Kindern bzw. Jugendlichen und ihren Angehörigen auf spielerische Weise ermöglichen, Alternativen zu eingefahrenen, untauglichen Lösungsversuchen zu erkunden. Variationen sind paradoxe Beobachtungsaufgaben, Symptomverschreibungen, paradoxe Wetten, paradoxe Musterumkehrungen, paradoxe Bewährungsproben oder die Verschreibung und Vorhersage von Rückfällen. So kann z. B. einem Kind, das häufig Wutanfälle bekommt, als Hausaufgabe gegeben werden, mindestens einmal am Tag einen Wutanfall zu bekommen (ohne dabei andere zu verletzen oder Gegenstände zu beschädigen). Dadurch verliert die Wut nach und nach ihre Unkontrollierbarkeit und die Eltern können mögliche Ängste oder Widerstände gegen die Anfälle aufgeben.
- *Malen und kreative Gestaltungstechniken* unterstützen sowohl die Diagnostik wie auch die Verarbeitung von Erlebtem und erleichtern zugleich den Zugang zu Kindern. Kinder, Jugendliche und Bezugspersonen symbolisieren in Bildern ihre Erfahrungen, Emotionen und Erlebnisse. Durch den Ausdruck mit gestalterischen Mitteln wird eine andere, analoge und emotionale Ebene der Kommunikation eröffnet. Diese Techniken fördern die Kreativität und die Freude aller Beteiligten und tragen zu Leichtigkeit der psychosozialen Arbeit bei (Retzlaff 2005).
- *Rituale* (Selvini Palazzoli et al. 1981) eignen sich bereits für die Arbeit mit jüngeren Kindern. Neben Abschieds- und Heilungsritualen können in der Arbeit mit Kindern auch ritualisierte Verschreibungen erarbeitet werden, die stärker auf das alltägliche Verhalten abzielen und leichter durchführbar sind (s. Kapitel 10.1.9).
- *Rollenspieltechniken* mit realen Personen, Spielfiguren oder Handpuppen führen zu einem Perspektivwechsel und zur Verarbeitung von dysfunktionalen Kognitionen.
- *Narrative Techniken, Geschichten und Metaphern* (Kizilhan 2013a) sprechen die kindliche Imagination an und vermitteln unterstützende Botschaften in kindgemäßer Weise. Handpuppen oder Stofftiere können die Geschichten erzählen, oder es können Kinderbücher ausgewählt werden, in denen die Problematik des Kindes oder der Familie angesprochen wird (s. Kapitel 10.1.7).

Praxistipp

Als Fachkraft sollte man sich auf die kindliche/jugendliche Welt, Sprache und Ausdrucksform einstellen. Spielerisches Vorgehen und kreative Techniken können dabei sehr hilfreich sein, auch um nicht Aussprechbares ausdrückbar zu machen. Eine entsprechende, kindgerechte Ausstattung ist wichtig, z. B. Spielfiguren, Handpuppen, Steckspiele, Kinderbücher und Symbolobjekte (Papier, Stifte, Steine, Bälle, Becher, Holzstöcke etc.).

Die dargestellten Techniken können, je nach Vorwissen und Erfahrung, in unterschiedlichen „Intensitäten" eingesetzt werden, auch ohne therapeutische Ausbildung.

10.3.5 Umgang mit Aggressionen

Aus unseren Beobachtungen bei der Arbeit mit Kindersoldaten und Jugendlichen im Irak ist eine unkontrollierte Aggression und Gewaltanwendung gegen andere Kinder nicht selten. Hier kann ein Skillstraining aus der Behandlung der Borderline-Persönlichkeitsstörung effektiv angepasst und genutzt werden (z.B. aus der Dialektisch-Behavioralen Therapie für Adoleszente (DBT-A)). Dazu zählen Entspannungsverfahren, Sportaktivitäten, Stressbälle, das Ausleben aggressiver Impulse unter kontrollierten Bedingungen wie Einschlagen auf einem Boxsack etc. Allgemein werden psychosoziale Interventionen häufig mit Psychoedukation, Entspannungsverfahren, Imagination, Hypnotherapie, Techniken der Traumatherapie und anderen Therapieverfahren kombiniert. Eine traumatherapeutische Behandlung ist dann indiziert, wenn Kinder und Jugendliche mit ihren traumatischen Erlebnissen nicht umgehen können und unter den Symptomen in ihrem Leben erheblich beeinträchtigt sind.

Praxistipp
Kinder mit speziellen Bedürfnissen benötigen, neben verbal-orientierten Beratungs- oder Therapieverfahren, oft ergänzende Angebote wie Ergotherapie, Logopädie oder andere Übungsbehandlungen.

10.4 Kultursensitive (Trauma-)Therapie

Ist neben der psychosozialen Begleitung eine (Trauma-)Therapie erforderlich, kann Fachkräften in sozialen Berufen hierbei die Rolle zukommen, eine Therapie bzw. eine Therapeutin oder einen Therapeuten zu vermitteln. Auch hier sollte auf Kultursensitivität geachtet werden.

In den vergangenen Jahren haben sich Forschung und Praxis mit alternativen Behandlungsansätzen beschäftigt, die verstärkt kulturelle Faktoren, aber auch das Krankheitsverständnis und Bewältigungsstrategien von Menschen mit einem Migrationshintergrund berücksichtigen. Eine nachgewiesenermaßen kulturübergreifend hilfreiche Methode ist die Kombination aus Narrations- und Expositionstherapie, wie sie etwa in der Narrativen Expositionstherapie (Schauer/Neuner/Elbert 2011) und der Kultursensitiven Narrativen Traumatherapie (Kizilhan 2009) umgesetzt werden. Bei genauer Betrachtung können diese Modelle als Zusatzmodule westlicher Therapieansätze gesehen werden. Denn alle Konzepte haben mehr oder weniger das Ziel, die Traumapatient*innen wieder in die Lage zu versetzen, mit ihren erlebten traumatischen Belastungen umgehen und ein menschenwürdiges, funktionales und gesundes Leben führen zu können.

Eine Traumakonfrontation, wie sie in der Traumatherapie gemacht wird (Neuner 2008; Reddemann 2019), kann bei Menschen mit Migrationserfahrung kritisch sein. Auch wenn grundsätzlich von einer positiven Wirkung einer Konfrontation in Rahmen einer Traumatherapie auszugehen ist (Ford et al. 2005; Bruner 2004) sind es viele Kulturen nicht gewohnt, dass ein traumatisches Ereignis konfrontativ behandelt wird (s. Kapitel 7.3.3). Die traditionelle Expositionstherapie ist bei Opfern politischer Unterdrückung und bei Menschen mit komplexer und kumulativer Traumatisierung nicht immer effektiv (vgl. Kira 2010, S. 134). Sie kann sogar kontraproduktiv sein und sowohl die Compliance senken als auch die Abbruchquote erhöhen. Nicht über alle, aber über einige Betroffene wird berichtet, dass Verdrängung und Vermeidung hier möglicherweise eine bessere Copingstrategie darstellen (vgl. Kinzie 2001, S. 272). In manchen Kulturen gilt dies als ein erfolgreicher Bewältigungsmechanismus.

Praxistipp

Wenn möglich, sollten bei einer Weitervermittlung Therapeut*innen mit transkultureller Erfahrung oder Weiterbildung ausgewählt werden. Neben fachlichem Wissen sind auch Kenntnisse über die kulturellen Hintergründe der Betroffenen sehr hilfreich, damit die Erzählungen über das Erlebte eingeordnet werden können.

11. Für sich sorgen

Die Arbeit mit Menschen mit Migrationserfahrung kann Fachkräfte in sozialen Berufen auf unterschiedlichen Ebenen herausfordern. Ein besonderes Augenmerk auf die Selbstfürsorge ist daher wichtig.

11.1 Umgang mit traumatischen Geschichten

Aufgrund des engen Kontakts mit Betroffenen und der Gespräche über extreme Gewalt wie Terror, Flucht und Genozide sind psychosoziale Fachkräfte, die mit dieser Personengruppe arbeiten, häufig sekundär diesen traumatischen Ereignissen ausgesetzt (Lusk/Terrazas 2015). Die immer wiederkehrende Auseinandersetzung mit den traumatischen Erinnerungen ihrer Klient*innen kann zur Übertragung typischer Traumasymptome (z. B. Hyperarousal oder Vermeidung) führen, auch wenn die Fachkräfte selbst nie den traumatischen Ereignissen ausgesetzt waren (Daniels 2008). Dieses Phänomen wird als *sekundäre Traumatisierung* bezeichnet und zeigt sich in verschiedenen Berufsfeldern wie Beratung, Psychotherapie, Medizin und Pflege oder Traumatherapie (Bride/Jones/MacMaster 2007; Daniels 2008; Püttker/Thomsen/Bockmann 2015).

Eine eigene Traumageschichte ist ein hochrelevanter Risikofaktor für eine sekundäre Traumatisierung. In verschiedenen Studien konnte festgestellt werden, dass wenn Psychotherapeut*innen ähnliche Traumata wie ihre Klient*innen erlebt haben, dies ein Grund für einen Mangel an notwendiger Distanz sein und zugleich zu einer sekundären Traumatisierung führen könnte. Eine sekundäre Traumatisierung passiert jedoch auch aufgrund von ausgeprägter Empathiefähigkeit und ist nicht als Zeichen mangelnder Professionalität zu werten (Kizilhan 2020; vgl. Daniels 2008, S. 104 f.).

Praxistipp

Eine mögliche Belastung mit sekundärtraumatischen Symptomen sollte regelmäßig im Rahmen einer Supervision thematisiert und überprüft werden, um einer Chronifizierung vorzubeugen. Hierfür kann z. B. ein Fragebogen genutzt werden (ein umfassender und sehr gut evaluierter Fragebogen zur Sekundären Traumatisierung (FST) ist z. B. unter https://sekundaertraumatisierung.de/ zu finden) (vgl. Daniels 2008, S. 107). Wenn Sie das Gefühl haben, davon betroffen zu sein, dann suchen Sie sich professionelle Hilfe. Es ist keine Schande, sich als Fachkraft selbst professionelle Unterstützung zu suchen, sondern vielmehr ein Zeichen der Professionalität. Nur wer selbst gut für sich sorgt, kann auch gut für andere sorgen.

11.2 Umgang mit dem Fremden

Die Arbeit mit Menschen mit Migrationsgeschichte erfordert und ermöglicht gleichzeitig *trans- und interkulturelles Lernen.* Sie ist herausfordernd und unbequem, weil sie uns z. B. dazu bringt, dass wir uns (selbst-)kritisch mit der ethnozentrischen Definitions- und Deutungsmacht der Mehrheitsgesellschaft auseinandersetzen, dass wir uns unserer eigenen soziokulturellen Prägungen und Befangenheiten bewusstwerden, dass wir aufmerksam werden für unsere unbewussten stereotypen Bilder von „den Migrant*innen", „den Flüchtlingen", „den Syrer*innen", „den …" und dass wir beginnen, Selbstverständlichkeiten unserer Lebensweise zu hinterfragen (s. Kapitel 1.2). Schließlich kann sie uns auch zu der Einsicht bringen, dass wir bei der Arbeit mit unseren gewohnten Methoden, Vorgehensweisen und Haltungen nicht weiterkommen. Schnell sind wir dann möglicherweise dazu geneigt, das Gegenüber als „desinteressiert", „respektlos" oder „beratungsresistent" zu betrachten, um uns nicht in unserer Professionalität in Frage stellen zu müssen.

Genau in diesen Herausforderungen liegen jedoch viele Chancen, z. B. die Chance, eigene (persönliche wie auch gesellschaftliche) Sichtweisen als solche, nämlich als Wirklichkeitskonstrukte und nicht als Wahrheit, wahrzunehmen, zu reflektieren und zu diskutieren. Dadurch wird es uns möglich, den Blickwinkel zu erweitern und neue Perspektiven zu entwickeln und anzunehmen (auch für uns Fachkräfte kann ein „reframing" hilfreich und entlastend sein). Gleichzeitig ermöglicht uns diese Einsicht einen wertschätzenderen und demütigeren Umgang mit anderen, uns fremden Wirklichkeitskonstruktionen.

Auf gesellschaftlicher bzw. politischer Ebene sind wir gefordert, die ungleichen Machtverhältnisse aufzudecken und zu thematisieren und uns für eine gerechtere und „menschlichere" Gesellschaft einzusetzen. Hier wird schnell klar, dass dies nicht nur Menschen mit Migrationsgeschichte zugutekommt, sondern allen benachteiligten Bevölkerungsgruppen und letztlich allen Menschen. „Am Umgang mit Geflüchteten zeigt sich, wie es um die Würde des Einzelnen steht. In Deutschland sieht die Bilanz erschreckend aus", so die Politikerin Margarete Bause (2018).

Als Fachkräfte sind wir dazu angehalten, unsere eigenen Anteile an der Wahrnehmung und Konstruktion des „Fremden" anzuerkennen. Wir müssen uns verabschieden vom einem beruflichen Selbstbild als vorurteilslose soziale Dienstleister*innen und uns in unserer Kulturgebundenheit und als Teil oder auch Mitspieler*in in einer ungerechten, durch Macht strukturierten Gesellschaft (auch auf globaler Ebene) anerkennen. Eine solche „Ent-Täuschung" zuzulassen erfordert zunächst vielleicht Mut, ermöglicht uns aber erst das Erkennen unserer eigenen „blinden Flecke". „Das Fremde in uns selbst zu verstehen, ist eine Voraussetzung dafür, das Fremde in der bzw. dem anderen und der Welt zu verstehen, und darüber hinaus, Leiden mit offenem Herzen und Neugier zu begegnen" (Reddemann 2020, S. 86).

Praxistipp

Aus unserer Sicht ist es bei der Arbeit mit Menschen mit Migrationsgeschichte ein bedeutsamer Teil der Selbstfürsorge, die eigenen Grenzen anzunehmen, die Grenzen des Helfenkönnens und auch die Grenzen des Verstehens und Nachvollziehens (vgl. Reddemann 2020, S. 88).

Glossar

Ätiologie Als Ätiologie wird die Lehre von den Ursachen einer Krankheit bezeichnet bzw. die Ursachen selbst. In der Psychologie sind diese meistens multifaktoriell, d. h. Krankheiten werden durch das Zusammenwirken verschiedener Einflussfaktoren verursacht.

DSM-5 DSM-5 steht für die fünfte Auflage des „Diagnostic and Statistical Manual of Mental Disorders". Dies ist ein Handbuch mit Diagnosekriterien für die Klassifizierung von psychischen Erkrankungen. Das DSM-5 wurde von der Amerikanischen Psychiatrischen Gesellschaft (APA) herausgegeben.

histrionisch Als histrionisches Verhalten wird ein auffallend theatralisches, extrovertiertes, übermäßig gefühlsbetontes und gleichzeitig egozentrisches Verhalten bezeichnet. Bei einer starken, andauernden Ausprägung wird von einer Histrionischen Persönlichkeitsstörung gesprochen. Betroffene haben u. a. ein starkes Bedürfnis, im Mittelpunkt zu stehen und Aufmerksamkeit, Anerkennung, Lob und Beachtung zu bekommen, was zu destruktiven sozialen Beziehungsmustern führt.

hypochondrisch Als hypochondrisch werden Menschen bezeichnet, die zu Krankheitsängsten neigen. Kleinste Beschwerden reichen bereits aus, um als Anzeichen für eine schwere Erkrankung gedeutet zu werden. Auch Beschwerden ohne eine feststellbare körperliche Ursache können solche Ängste auslösen. Die Beschäftigung mit der möglichen Erkrankung wird für die Betroffenen zu einem wesentlichen Bestandteil des Alltags. Dauern die unbegründeten Krankheitsängste länger als sechs Monate an, wird von einer Hypochondrischen Störung gesprochen.

ICD-11 Die ICD („International Statistical Classification of Diseases and Related Health Problems") ist, wie das DSM, eine internationale statistische Klassifikation der Krankheiten und verwandter Gesundheitsprobleme. Herausgegeben wird sie von der Weltgesundheitsorganisation (WHO). Die ICD wird weltweit verwendet und ist auch in Deutschland die amtliche Grundlage für die Verschlüsselung von Diagnosen in der ambulanten (gem. § 295 SGB V) und stationären (gem. § 301 SGB V) Versorgung. Derzeit gültig ist die zehnte Ausgabe (ICD-10). Die ICD-11 (https://icd.who.int/en) wurde 2019 verabschiedet und wird voraussichtlich im Jahr 2022 in Deutschland in Kraft treten.

Impulskontrollstörung Der Begriff „Impulskontrollstörung“ umfasst verschiedene Krankheitsbilder, bei denen ein starker innerer Drang die Betroffenen dazu bringt, immer wieder bestimmte Handlungen auszuführen, die für sie oder ihr Umfeld meist schädlich sind, wie z. B. stehlen, sich selbst die Haare ausreißen oder Brandstiftung. Durch die Handlung wird eine innere Erleichterung empfunden.

Kausalattributionen Kausalattributionen sind subjektive Zuschreibungen von Ursachen, durch die sich eine Person einzelne Ereignisse, hier eine Erkrankung, erklärt.

Kontrollattributionen Kontrollattributionen sind subjektive Zuschreibungen einer Person über ihre Möglichkeiten, auf das Eintreten und den Verlauf bestimmter Ereignisse Einfluss zu nehmen.

Phänomenologie Die Phänomenologie beschäftigt sich mit den Grundstrukturen subjektiven Erlebens und im Kontext psychischer Erkrankungen mit dem Verständnis für die durch die Erkrankung abgewandelten Welterfahrungen.

Primärprävention Durch die Primärprävention soll die Entstehung von Erkrankungen, Gewalt etc. verhindert werden. Sie zielt auf die Reduktion von Ursachen und Risikofaktoren.

Reviktimisierung Als Reviktimisierung wird das Phänomen bezeichnet, dass Opfer körperlicher und sexueller Gewalt in der Kindheit mit einer deutlich erhöhten Wahrscheinlichkeit im Verlauf des Lebens erneut Opfer von gewaltvollen Übergriffen werden.

Sekundärprävention Sekundärprävention zielt auf das frühe Erkennen und Intervenieren, z. B. in aktuellen Gewalt- und Konfliktsituationen oder bei Erkrankungen. Maßnahmen können z. B. Vorsorge-Untersuchungen (im medizinischen Bereich) oder Informationskampagnen und Verhaltenstrainings sein.

Somatisierung Bei einer Somatisierung werden psychische Belastungen durch körperliche Beschwerden ausgedrückt.

Tertiärprävention Durch Tertiärprävention sollen Folgeschäden (z. B. einer bereits eingetretenen Erkrankung oder von Gewalt) verringert oder verhindert werden. Sie dient außerdem der Rückfallprophylaxe.

Verhaltensprävention Die Verhaltensprävention ist auf den einzelnen Menschen und dessen individuelles Verhalten bezogen. Es geht darum, die individuellen Kompetenzen zu stärken, Risikoverhalten zu reduzieren und Handlungsspielräume zu erschließen und ggf. zu erweitern.

Verhältnisprävention Im Fokus der Verhältnisprävention stehen die Verhältnisse, in denen Menschen leben. Sie bilden den jeweiligen Kontext, in dem Menschen durch Präventionsmaßnahmen erreicht werden können. Sie fokussiert die sozialen, kulturellen, ökonomischen, organisatorischen und strukturellen Bedingungen des Lebensumfelds.

Literatur

Abdallah-Steinkopff, Barbara (2018): Interkulturelle Erziehungskompetenzen stärken. Ein kultursensibles Elterncoaching für geflüchtete und zugewanderte Familien. Göttingen: Vandenhoeck & Ruprecht.

Allport, Gordon W. (1954): The nature of prejudice. Reading, Mass.: Addison-Wesley.

Antidiskriminierungsstelle des Bundes (2016): Diskriminierungsrisiken für Geflüchtete in Deutschland. Eine Bestandsaufnahme der Antidiskriminierungsstelle des Bundes. Unter https://www.antidiskriminierungsstelle.de/SharedDocs/Downloads/DE/publikationen/Expertisen/diskriminierungsrisiken_fuer_gefluechtete_in_deutschland.pdf?__blob=publicationFile&v=6 [15.11.2020].

Antonovsky, Aaron (1997): Salutogenese. Zur Entmystifizierung der Gesundheit. Deutsche erweiterte Herausgabe von Alexa Franke. Tübingen: dgvt.

Antons, Klaus (2000): Praxis der Gruppendynamik. Göttingen: Hogrefe.

Arnold, Elaine (2016): Migration und die Auswirkungen zerbrochener Familienbindungen. In: Brisch, Karl-Heinz (Hrsg.), Bindung und Migration. Stuttgart: Klett-Cotta, S. 83–100.

Assion, Hans-Jörg (2005): Migration und psychische Krankheit. In: Assion, Hans-Jörg (Hrsg.), Migration und seelische Gesundheit. Heidelberg: Springer, S. 133–144.

Assion, Hans-Jörg/Stompe, Thomas/Aichberger, Marion C./Graef-Callies, Iris Tatjana (2018): Depressive Störungen. In: Machleidt, Wielant/Kluge, Ulrike/Sieberer, Marcel G./Heinz, Andreas (Hrsg.), Praxis der interkulturellen Psychiatrie und Psychotherapie. 2. Auflage. München: Elsevier, S. 395–406.

Assmann, Jan (2018): Das kulturelle Gedächtnis. Schrift, Erinnerung und politische Identität in frühen Hochkulturen. München: C.H. Beck.

Ateş, Seyran (2016): Der Islam braucht eine sexuelle Revolution. 2. Auflage. Berlin: Ullstein.

Auernheimer, Georg (2010): Interkulturelle Kommunikation, mehrdimensional betrachtet, mit Konsequenzen für das Verständnis von interkultureller Kompetenz. In: Auernheimer, Georg (Hrsg.), Interkulturelle Kompetenz und pädagogische Professionalität (Interkulturelle Studien, Bd. 13, 2. Aufl., 35–65). Wiesbaden: VS Verlag für Sozialwissenschaften.

Avenanti, Alessio/Sirigu, Angela/Aglioti, Salvatore M. (2010): Racial Bias Reduces Empathic Sensorimotor Resonance with Other-Race Pain. Journal of Current Biology, 20(11), S. 1018–1022.

Bade, Klaus J. (2017): Migration, Flucht, Integration. Kritische Politikbegleitung von der „Gastarbeiterfrage“ bis zur „Flüchtlingskrise“: Erinnerungen und Beiträge. Karlsruhe: Loeper.

Baker, Ahmet/Kanan, Hana M. (2003): Psychosocial impact of military violence on children as a function of distance from traumatic event: the Palestinian case. Intervention, 1(3), S. 13–21.

Bar-Tal, Daniel/Hammack, Phillip L. (2012): Conflict, delegitimization, and violence. In: Linda R. Tropp (Hrsg.), The Oxford handbook of intergroup conflict. Oxford: Oxford Univ. Press (Oxford library of psychology), S. 29–52.

Basu, Helene/Gies-Powroznik, Natalie (2018): Ethnologische Aspekte der Migration. In: Machleidt, Wielant/Kluge, Ulrike/Sieberer, Marcel G./Heinz, Andreas (Hrsg.), Praxis der interkulturellen Psychiatrie und Psychotherapie. 2. Auflage. München: Elsevier, S. 15–29.

Baumeister, Werner (2007): Ehrenmorde. Blutrache und ähnliche Delinquenz in der Praxis bundesdeutscher Strafjustiz. Münster: Waxmann.

Bause, Margarete (2018): Verflüchtigung der Menschenrechte. Gastbeitrag in der Frankfurter Rundschau vom 10.08.2018. www.fr.de/meinung/verfluechtigung-menschenrechte-10954148.html [30.11.2020].

Baykara-Krumme, Helen/Fokkema, Tineke (2017): The impact of migration on family solidarity types. Journal of Ethnic and Migration Studies, 45(10), S. 1707–1727.

Beaulieu, Danie (2017): Impact-Techniken für die Psychotherapie. Heidelberg: Carl-Auer.

Benet-Martinez, Veronica/Haritatos, Jana (2005): Bicultural identity integration (BII): Components and psychosocial antecedents. Journal of Personality, 73(4), S. 1015–1049.

Bengel, Jürgen/Strittmatter, Regine/Willmann, Hildegard (Hrsg.) (2001): Was erhält Menschen gesund? Antonovskys Modell der Salutogenese – Diskussionsstand und Stellenwert. Köln: Bundeszentrale für gesundheitliche Aufklärung.

Benoit, Verena/El-Menouar, Yasemin/Helbling, Marc (2018): Zusammenleben in kultureller Vielfalt. Vorstellungen und Präferenzen in Deutschland. Gütersloh: Bertelsmann-Stiftung. www.bertelsmann-stiftung.de/fileadmin/files/Projekte/51_Religionsmonitor/Studie_LW_Religionsmonitor_2017_Zusammenleben_in_kultureller_Vielfalt_2018.pdf [02.12.2020].

Berry, John W. (1990): Psychology of acculturation: Understanding individuals moving between cultures. In: Brislin, Richard W. (Hrsg.), Applied Cross-Cultural Psychology. Newbury Park: Sage, S. 232–253.

Berthold, Thomas (2014): In erster Linie Kinder. Flüchtlingskinder in Deutschland. Deutsches Komitee für UNICEF e.V. www.unicef.de/blob/56282/fa13c2eefcd41dfca5d89d44c72e72e3/fluechtlingskinder-in-deutschland-unicef-studie-2014-data.pdf [01.12.2020].

Betancourt, Theresa S./Brennan, Robert T./Rubin-Smith, Julia/Fitzmaurice, Garrett M./Gilman, Stephen E. (2010): Sierra Leone's former child soldiers: a longitudinal study of risk, protective factors, and mental health. Journal oft the American Academy of Child & Adolescence Psychiatry, 49(6), S. 606–615.

Bongartz, Walter/Bongartz, Bärbel (2000): Hypnosetherapie. Göttingen: Hogrefe.

Bozay, Kemal (2010): „Zu Ausländern wird man gemacht" – Pädagogische Prävention jugendlicher Selbstethnisierung. Jugendkultur, Religion und Demokratie. Politische Bildung mit jungen Muslimen, 16, S. 5–6.

Bozorgmehr, Kayvan/Mohsenpour, Amir/Saure, Daniel/Stock, Christian/Loerbroks, Adrian/Joos, Stefanie/Schneider, Christine (2016): Systematische Übersicht und „Mapping" empirischer Studien des Gesundheitszustands und der medizinischen Versorgung von Flüchtlingen und Asylsuchenden in Deutschland (1990–2014). Bundesgesundheitsblatt – Gesundheitsforschung – Gesundheitsschutz, 59(5), S. 599–620.

Braga, Luciana L./Mello, Marcelo F./Fiks, José P. (2012): Transgenerational transmission of trauma and resilience: a qualitative studywith Brazilian offspring of Holocaust survivors. BMC Psychiatry, 12(1), S. 134.

Brave Heart, Maria Yellow Horse (1999): Gender Differences in the Historical Trauma Response among the Lakota. Journal of Health and Social Policy, 10(4), S. 1–21.

Bride, Brian E./Jones, Jenny L./MacMaster, Samuel A. (2007): Correlates of secondary traumatic stress in child protective services workers. Journal of Evidence-Based Social Work, 4(3-4), S. 69–80.

Brücker, Herbert/Croisier, Johannes/Kosyakova, Yuliya/Kröger, Hannes/Pietrantuono, Giuseppe/Rother, Nina/Schupp, Jürgen (2019): Geflüchtete machen Fortschritte bei Sprache und Beschäftigung. DIW Wochenbericht Nr. 4, S. 55–70.

Brückner, Gunter (2016): Bevölkerung mit Migrationshintergrund. In: Statistisches Bundesamt (Destatis), Wissenschaftszentrum Berlin für Sozialforschung (WZB), Sozio-ökonomisches Panel (SOEP) (Hrsg.), Datenreport 2016. Ein Sozialbericht für die Bundesrepublik Deutschland. Bonn: Bundeszentrale für politische Bildung (bpb), S. 218–243. www.statistischebibliothek.de/mir/servlets/MCRFileNodeServlet/DEHeft_derivate_00021684/Datenreport2016.pdf [03.12.2020].

Bruneau, Emile/Kteily, Nour/Laustsen, Lasse (2018): The unique effects of blatant dehumanization on attitudes and behavior towards Muslim refugees during the European ‚refugee crisis' across four countries. European Journal of Social Psychology, 48, S. 645–662.

Bruner, Jerome (2004): The Narrative Creation of Self. In: Angus, Lynne E./McLeod, John (Hrsg.), The Handbook of Narrative and Psychotherapy (S. 3–14). Thousand Oaks: Sage Publication.

Brzoska, Patrick/Voigtländer, Sven/Spallek, Jacob/Razum, Oliver (2010): Utilization and effectiveness of medical rehabilitation in foreign nationals residing in Germany. Eur J Epidemiol 25, S. 651–660.

Bundesamt für Migration und Flüchtlinge [BaMF] (Hrsg.) (2008): Healthy-Migrant-Effect, Erfassungsfehler und andere Schwierigkeiten bei der Analyse der Mortalität von Migranten: Eine Bestandsaufnahme. Working Paper 15 der Forschungsgruppe des Bundesamtes. Berlin.

Bundesministerium für Arbeit, Familie und Jugend Österreich (2020): Sexualisierte Gewalt. Was ist sexualisierte Gewalt? [Website] www.gewaltinfo.at/fachwissen/formen/sexualisiert/ [27.11.2020].

Bussmann, Kai-D. (2005): Verbot elterlicher Gewalt gegen Kinder – Auswirkungen des Rechts auf gewaltfreie Erziehung. In: Deegener, Günter/Körner, Wilhelm (Hrsg.), Kindesmisshandlung und Vernachlässigung. Ein Handbuch. Göttingen: Hogrefe, S. 243–258.

Butler, Emily A./Gross, James J. (2009): Emotion and Emotion Regulation: Integrating Individual and Social Levels of Analysis. Emotion Review 1(1), S. 86–87.

Carnein, Marie/BaykaraKrumme, Helen (2013): Einstellungen zur familialen Solidarität im Alter: Eine vergleichende Analyse mit türkischen Migranten und Deutschen. Zeitschrift für Familienforschung, 25(1), S. 29–52. nbn-resolving.org/urn:nbn:de:0168-ssoar-386557 [27.11.2020].

Ceri, Veysi/Ozlu-Erkilic, Zeliha/Özer, Ürün/Yalcin, Murat/Popow, Christian/Akkaya-Kalayci, Türkan (2016): Psychiatric symptoms and disorders among Yazidi children and adolescents immediately after forced migration following ISIS attacks. Neuropsychiatrie, 30(1), S. 145–50.

Cetorelli, Valeria/Sasson, Isaac/Shabila, Nazar/Burnham, Gilbert (2017): Mortality and kidnapping estimates for the Yazidi population in the area of Mount Sinjar, Iraq, in August 2014: A retrospective household survey. PLoS Med 14(5), e1002297.

Chawla, Tanja/Stövesand, Sabine (2011): StoP! – Stadtteile ohne Partnergewalt. Community Organizing als Methode zur Prävention häuslicher Gewalt. In: Kerner, Hans-Jürgen/Marks, Erich (Hrsg.), Internetdokumentation des Deutschen Präventionstages. Hannover. www.praeventionstag.de/nano.cms/vortraege/id/1321?sb= [08.11.2020].

Chentsova-Dutton, Yulia E./Chu, Joyce P./Tsai, Jeanne L./Rottenberg, Jonathan/Gross, James J./Gotlib, Ian H. (2007): Depression and emotional reactivity: Variation among Asian Americans of East Asian descent and European Americans. Journal of abnormal Psychology, 116, S. 776–785.

Chirkov, Valery/Ryan, Richard M./Kim, Youngmee/Kaplan, Ulas (2003): Differentiating autonomy from individualism and independence: A self-determination theory perspective on internalization of cultural orientations and well-being. Journal of Personality and Social Psychology, 84(1), S. 97–110.

Choi, Sang-Chin/Han, Gyuseog (2008): Shimcheong Psychology. A Case of an Emotional State for Cultural Psychology. International Journal for Dialogical Science, 3(1), S. 205–224.

Cochrane, Raymond/Bal, Sukhwant Singh (1987): Migration and schizophrenia: an examination of five hypothesis. Social Psychiatry, 22, S. 181–191.

Cohen, Laura J. (1994): Bibliotherapy: a valid treatment modality. Journal of Psychosocial Nursing and Mental Health Services, 32(9), S. 40–44.

Cole, Jon/Alison, Emily/Cole, Ben/Alison, Laurence (o. J.): Guidance for identifying people vulnerable to recruitment into violent extremism. preventforfeandtraining.org.uk/wp-content/uploads/2017/09/IVP_Guidance_Draft_v0.3_web_version.pdf [29.11.2020].

Curtis, Rebecca C./Miller, Kim (1986): Believing another likes or dislikes you: Behaviors making the beliefs come true. Journal of personality and social psychology, 51(2), S. 284.

Daniels, Judith (2008): Sekundäre Traumatisierung. Psychotherapeut, 53(2), S. 100–107.

Deary, Ian J./Batty, G. David (2006): Commentary: Pre-morbid IQ andlater health – the rapidly evolving field of cognitive epidemiology. International Journal of Epidemiology, 35, S. 670–672.

Dijksterhuis, Ap/Bargh, John A. (2001): The perception-behavior expressway: Automatic effects of social perception on social behavior. In: Zanna, Mark P. (Hrsg.), Advances in Experimental Social Psychology, Band 33, S. 1–40.

Dodgson, Joan E./Struthers, Roxanne (2005): Indigenous Women's Voices: Marginalization and Health. Journal of Transcultural Nursing, 16(4), S. 339–346.

D'Souza, Ryan S./Hooten, W. Michael (2020): Somatic Syndrome Disorders. StatPearls Publishing [Website]. www.ncbi.nlm.nih.gov/books/NBK532253/ [31.10.2020].

Durkheim, Émile (1912/1981): Die elementaren Formen des religiösen Lebens. Frankfurt am Main: Suhrkamp.

Eckart, Wolfgang U. (2010): Brennende Wunden für Generationen – Vor einem Jahr: Phosphor und Gewaltexzess im Gaza. Trauma & Gewalt, 4(1), S. 4–5.

Egle, Ulrich T./Nickel, Ralf/Schwab, Rainer/Hoffmann, Sven O. (2000): Die somatoforme Schmerzstörung. Deutsches Ärzteblatt, 97(21), S. A-1469–1473.

Ehret, Rebekka (2011): Diversity – Modebegriff oder eine Chance für den strukturellen Wandel? In: Keuk, Eva van/Ghaderi, Cinur/Joksimovic, Ljiljana/David, Dagmar M. (Hrsg.), Diversity. Transkulturelle Kompetenz in klinischen und sozialen Arbeitsfeldern, Stuttgart: Kohlhammer, S. 43–53.

Erdheim, Mario (1992): Das Eigene und das Fremde. Über ethnische Identität. Psychoanalyse, 46(8), S. 730–744.

Erim, Yesim/Glier, Barbara (2017): Schmerz bei Migranten aus der Türkei. In: Kröner-Herwig, Birgit/Frettlöh, Jule/Klinger, Regine/Nilges, Paul (Hrsg.), Schmerzpsychotherapie. Berlin, Heidelberg: Springer, S. 723–739.

Erim, Yesim/Senf, Wolfgang (2002): Psychotherapie mit Migranten – Interkulturelle Aspekte in der Psychotherapie. Psychotherapeut, 47, S. 336–346.

Esser, Hartmut (2018): Akkulturation. In: Kopp, Johannes/Steinbach, Anja (Hrsg.), Grundbegriffe der Soziologie. Wiesbaden: Springer VS, S. 3–6.

Fachberatungsdienst Zuwanderung, Integration und Toleranz im Land Brandenburg (o. J.): Gewalt in den Gemeinschaftsunterkünften für Asylsuchende im Land Brandenburg. Situationsanalyse. Potsdam. https://www.menschen-in-dresden.de/wp-content/uploads/2016/01/Situationsanalyse-Gewalt-in-Gemeinschaftsunterk%C3%BCnften-f%C3%BCr-Asylsuchende-im-Land-Brandenburg.pdf [15.11.2020].

Fedeli, Ugo/Alba, Natalia/Lisiero, Manola/Zambon, Francesco/Avossa, Francesco/Spolaore, Paolo (2010): Obstetric hospitalizations among Italian women, regular and irregular immigrants in North-Eastern Italy. Acta Obstetricia and Gynecoogical Scandinavia, 89, S. 1432–1437.

Fish, Jefferson M. (2010): Arranged Marriages. Billions of people live in arranged marriages. Why? www.psychologytoday.com/us/blog/looking-in-the-cultural-mirror/201004/arranged-marriages [28.11.2020].

Ford, Julian D./Courtois, Christine/Steele, Katie/van der Hart, Otto/Nijenhuis, Ellert R.S. (2005): Treatment of complex post-traumatic self-dysregulation. Journal of Traumatic Stress, 18, S. 467–477.

Friedman, Matthew/Jaranson, James (1994): The applicability of the Posttraumatic Stress Disorder concept to refugees. In: American Psychological Association (Hrsg.), Amidst peril and pain: the mental health and well-being of the world's refugees. Washington, DC: American Association. S. 207–222.

Galtung, Johan (1998): Frieden mit friedlichen Mitteln. Friede und Konflikt, Entwicklung und Kultur. Opladen: Leske und Budrich.

Gavranidou, Maria/Abdallah-Steinkopff, Barbara (2007): Brauchen Migrantinnen und Migranten eine andere Psychotherapie? Psychotherapeutenjournal, 4, S. 353–360.

Geertz, Clifford (1987/2015): Dichte Beschreibung. Beiträge zum Verstehen kultureller Systeme. 13. Auflage. Frankfurt am Main: Suhrkamp Taschenbuch.

Göbber, Julia/Pfeiffer, Wolfgang/Winkler, Michael/Kobelt, Axel/Petermann, Frank (2010): Stationäre psychosomatische Rehabilitationsbehandlung von Patienten mit türkischem Migrationshintergrund: Spezielle Herausforderungen und Ergebnisse der Behandlung. Zeitschrift für Psychiatrie, Psychologie und Psychotherapie, 58, S. 181–187.

Gollwitzer, Mario/Schmitt, Manfred (2009): Sozialpsychologie kompakt. Weinheim: Beltz.

Goltz, Jutta (2015): Die Frage der Augenhöhe. Eine Arbeitshilfe zur Kooperation mit Migrantenorganisationen und Schlüsselpersonen im Feld der Sozialen Arbeit. Stuttgart: Aktion Jugendschutz Landesarbeitsstelle Baden-Württemberg.

Greenberg, Jeff/Pyszczynski, Tom (1985): The effect of an overheard ethnic slur on evaluations of the target: How to spread a social disease. Journal of Experimental Social Psychology, 21, S. 61–72.

Greitemeyer, Tobias (2008): Sich selbst erfüllende Prophezeiungen. In: Petersen, Lars-Eric/Six, Bernd (Hrsg.), Stereotype, Vorurteile und soziale Diskriminierung. Theorien, Befunde und Interventionen. Weinheim, Basel: Beltz, S. 80–87.

Groß, Anna V. (2008): Studie: Traditionsbedingte Gewalt an Frauen im Nahen und Mittleren Osten. Terre des Femmes e.V. Online verfügbar unter www.zwangsheirat.de/images/downloads/literatur/studie-traditionsbedingte-gewalt.pdf, [02.10.2020].

Gross, James J./John, Oliver P. (2003): Individual Differences in Two Emotion Regulation Processes: Implications for Affect, Relationships, and Well-Being. Journal of Personality and Social Psychology, 85(2), S. 348–362.

Gün, Ali K. (2003): Psychiatrie, Psychotherapie, Psychosomatische Rehabilitation und Migration. In: Bundesweiter Arbeitskreis Migration und öffentliche Gesundheit: Gesunde Integration. Koordination: Beauftragte der Bundesregierung für Migration, Flüchtlinge und Integration. Berlin: Eigenverlag, S. 36–42.

Gusman, Fred D./Stewart, Judith/Young, Bruce Hiley/Riney, Sherry J./Abueg, Francis R./Blake, Dudley David (2001): A multicultural developmental approach for treating trauma. In: Marsella, Anthony J./Friedman, Matthew J./Gerrity, Ellen T./Scurfield, Raymond M. (Hrsg.), Ethnocultural aspects of posttraumatic stress disorder: Issues, research, and clinical applications. 4. Auflage. American Psychological Association, S. 439–457.

Haasen, Christian/Kleinemeier, Eva/Yagdiran, Oktay (2005): Kulturelle Aspekte bei der Diagnostik psychischer Störungen. In: Assion, Hans-Jörg (Hrsg.), Migration und seelische Gesundheit. Heidelberg: Springer, S. 145–155.

Haasen, Christian/Levit, Olga/Gelbert, Anna/Foroutan, Noushin/Norovjav, Amra/Sinaa, Mirweys, Demiralay, Cüneyt (2007): Zusammenhang zwischen psychischer Befindlichkeit und Akkulturation bei Migranten. Psychiatrische Praxis, 34, S. 339–342.

Haenel, Ferdinand (2018): Posttraumatische Belastungsstörung. In: Machleidt, Wielant/Kluge, Ulrike/Sieberer, Marcel G./Heinz, Andreas (Hrsg.), Praxis der interkulturellen Psychiatrie und Psychotherapie. 2. Auflage. München: Elsevier, S. 381–393.

Hall, Edward T. (1989): Beyond Culture. New York: Anchor Books.

Hallaq, Eyad (2003): An Epidemic of Violence. Palestine-Israel Journal of Politics, Economics & Culture, 10(4), 37–42.

Han, Petrus (2018): Theorien zur internationalen Migration. Konstanz, München: UKV/Lucius.

Hegemann, Thomas/Salman, Ramazan (Hrsg.) (2010): Handbuch Transkulturelle Psychiatrie. Köln: Psychiatrie-Verlag.

Heine, Peter/Assion, Hans-Jörg (2005): Traditionelle Medizin in islamischen Kulturen. In: Assion, Hans-Jörg (Hrsg.), Migration und seelische Gesundheit. Heidelberg: Springer, S. 29–46.

Helmus, Leslie M./Thornton, David (2015): Stability And Predictive And Incremental Accuracy Of The Individual Items Of Static-99r And Static-2002r In Predicting Sexual Recidivism: A Meta-Analysis. Criminal Justice and Behavior, 42(9), S. 917–937.

Herrington, Victoria/Roberts, Karl (2012): Risk assessment in counterterrorism. In: Kumar, Updesh/Mandal, Manas K. (Hrsg.), Countering terrorism: Psychosocial strategies. London, United Kingdom: Sage, S. 282–305.

Herrnstein, Richard J./Murray, Charles (1994): The bell curve. Intelligence and class structure in American life. New York: Free Press Paperbacks.

Hodes, Matthew/Jagdev, Daljit/Chandra, Navin/Cunniff, Anna (2008): Risk and resilience for psychological distress amongst unaccompanied asylum seeking adolescents. Journal of Child Psychology and Psychiatry, 49, S. 723–732.

Hoffmann, Elke/Romeu Gordo, Laura (2016): Lebenssituation älterer Menschen mit Migrationshintergrund. In: Statistisches Bundesamt (Destatis), Wissenschaftszentrum Berlin für Sozialforschung (WZB), Sozioökonomisches Panel (SOEP) (Hrsg.), Datenreport 2016. Ein Sozialbericht für die Bundesrepublik Deutschland, S. 64–73. Bonn: Bundeszentrale für politische Bildung/bpb. www.statistischebibliothek.de/mir/servlets/MCRFileNodeServlet/DEHeft_derivate_00021684/Datenreport2016.pdf [08.11.2020].

Hofstede, Geert (2011): Dimensionalizing Cultures: The Hofstede Model in Context. Online Readings in Psychology and Culture, 2(1).

Hofstede, Geert/Hofstede, Gert Jan/Minkov, Michael (2010): Cultures and Organizations: Software of the Mind. 3., überarb. Auflage. New York: McGraw-Hill. Übersetzung unter www.geerthofstede.nl, „our books".

Holtzman, Neil A. (2002): Genetics and social class. Journal of Epidemiology and Community Health, 56, S. 529–535.

Hough, Richard L./Canino, Glorisa, J./Abueg, Francis R./Gusman, Fred D. (1996): PTSD and Related Stress Disorder Among Hispanics. In: Marsella, Anthony J./Friedman, Matthew J./Gerrity, Ellen T./Scurfield Raymond M. (Hrsg.), Ethnocultural Aspects of Posttraumatic Stress Disorder. Issues, Research and Clinical Applications. Washington, DC: American Psychological Association, S. 301–340.

Hourani, Albert H. (2003): Die Geschichte der arabischen Völker. Frankfurt am Main: Fischer.

Ilkilic, Ilhan (2002): Der muslimische Patient. Medizinethische Aspekte des muslimischen Krankheitsverständnisses in einer wertpluralen Gesellschaft. Münster, Hamburg, London: Lit Verlag.

İlkkaracan, Pinar (1998): Women for Women's Human Rights: Exploring the Context of Women's Sexuality in Eastern Turkey. Reproductive Health Matters, 6(12), S. 66–75.

Imamoğlu, E. Olcay/Ads, Menatalla/Weisfeld, Carol (2019): What Is the Impact of Choosing One's Spouse on Marital Satisfaction of Wives and Husbands? The Case of Arranged and Self-Choice Turkish Marriages. Journal of Family Issues, 40(10), S. 1270–1298.

Jacobi, Frank/Höfler, Michael/Strehle, Jens/Mack, Simon/Gerschler, A./Scholl, L./Busch, M. A./Maske, U./Hapke, U./Gaebel, W./Maier, W./Wagner, M./Wittchen, H.-U. (2014): Psychische Störungen in der Allgemeinbevölkerung: Studie zur Gesundheit Erwachsener in Deutschland und ihr Zusatzmodul Psychische Gesundheit (DEGS1-MH). Der Nervenarzt, 85(1), S. 77–87.

Joksimovic, Ljiljana (2009): Ethnosoziokultureller Leitfaden für die interkulturelle Psychotherapie mit Migranten aus dem ehemaligen Jugoslawien. In: Erim, Yesim (Hrsg.), Klinische Interkulturelle Psychotherapie. Ein Lehr- und Praxisbuch, Stuttgart: Kohlhammer, S. 288–296.

Junne, Florian/Denkinger, Jana/Kizilhan, Jan I./Zipfel, Stefan (2019): Aus der Gewalt des „Islamischen Staates“ nach Baden-Württemberg. Evaluation des Sonderkontingents für besonders schutzbedürftige Frauen und Kinder aus dem Nordirak. Weinheim, Basel: Beltz Juventa.

Kahraman, Birsen (2008): Die kultursensible Therapiebeziehung. Störungen und Lösungsansätze am Beispiel türkischer Klienten. Gießen: Psychosozial-Verlag.

Kardels, Björn/Pérez Gonzáles, Pablo/Beine, Karl-Heinz (2001): Psychogene Anfälle: Domäne des Hoca? Psychiatrische Praxis, 28(4), S. 193–197.

Keller, Barbara (1996): Rekonstruktion von Vergangenheit: vom Umgang der „Kriegsgeneration“ mit Lebenserinnerungen. Opladen: Westdeutscher Verlag.

Keller, Johannes (2008): Stereotype als Bedrohung. In: Petersen, Lars-Eric/Six, Bernd (Hrsg.), Stereotype, Vorurteile und soziale Diskriminierung. Theorien, Befunde und Interventionen. Weinheim, Basel: Beltz, S. 88–96.

Kelly, Jovelyn T. D./Branham, Lindsay/Decker, Michele R. (2016): Abducted children and youth in Lord's Resistance Army in Northeastern Democratic Republic of the Congo (DRC): mechanisms of indoctrination and control. Conflict & Health, 10, S. 1–11.

Keuk, Eva van/Joksimovic, Ljiljana/Ghaderi, Cinur (2011): Diversity im klinischen und sozialen Alltag. In: Keuk, Eva van/Ghaderi, Cinur/Joksimovic, Ljiljana/David, Dagmar M. (Hrsg.), Diversity. Transkulturelle Kompetenz in klinischen und sozialen Arbeitsfeldern. Stuttgart: Kohlhammer, S. 83–103.

Kinzie, J. David (2001): Cross Cultural Treatment of PTSD. In: Wilson, John P./Friedman, Matthew J./Lindy, Jacob D. (Hrsg.), Treating psychological trauma and PTSD. New York: The Guilford Press.

Kira, Ibrahim A. (2010): Etiology and Treatment of Post-Cumulative Traumatic Stress Disorders in Different Cultures. Traumatology, 16(4), S. 128–141.

Kirkcaldy, Bruce D./Wittig, Ulla/Furnham, Adrian/Merbach, Martin/Siefen, Rainer G. (2006): Migration und Gesundheit: Psychosoziale Determinanten. Bundesgesundheitsblatt – Gesundheitsforschung – Gesundheitsschutz, 49, S. 873–883.

Kizilhan, Jan I. (2006): „Ehrenmorde“. Der unmögliche Versuch einer Erklärung. Berlin: Irena Regener (Friedens- und Demokratiepsychologie, 4).

Kizilhan, Jan I. (2009): Narrative Traumatherapie. Trauma & Gewalt, 3(1), S. 70–76.

Kizilhan, Jan I. (2010a): Migration, Identität und Gesundheit. Familiendynamik, 35(1): 50–59.

Kizilhan, Jan I. (2010b): Kultursensitive narrative Traumatherapie bei weiblichen Opfern sexualisierter Gewalt – Untersuchung zur Wirksamkeit bei Posttraumatischer Belastungsstörung nach Extrembelastung. Trauma & Gewalt, 4(1), S. 32–40.

Kizilhan, Jan I. (2011a): Zum psychotherapeutischen Arbeiten mit Migrantinnen und Migranten in psychosomatisch-psychiatrischen Kliniken. Psychotherapeutenjournal, 2011(1), S. 21–27.

Kizilhan, Jan I. (2011b): Überzeugungen bei sogenannten Ehrenmördern – Eine vergleichende Studie zwischen den sogenannten Ehrenmördern und anderen Straftätern mit aggressiven Handlungen. Zeitschrift Psychiatrie und Recht, 29, S. 88–94.

Kizilhan, Jan I. (2011c): Trauma und Reinigungszwang – Interaktion von Trauma, Reinigungszwang und religiöser Gebundenheit bei traumatisierten Flüchtlingen – Eine vergleichende Studie. Zeitschrift für Verhaltenstherapie und Verhaltensmedizin, 31(3), S. 307–322.

Kizilhan, Jan I. (2013a): Kultursensible Psychotherapie. Berlin: VWB.

Kizilhan, Jan I. (2013b): Salutogene Narration zur Biographie- und Identitätsarbeit in der Beratung und Psychotherapie bei Menschen mit Migrationshintergrund. Praxis Klinische Verhaltensmedizin und Rehabilitation, 90, S. 120–130.

Kizilhan, Jan I. (2015a): Migration und Stereotypisierung. Der Mensch, seine Einstellungen und das Fremde – ein Beitrag aus psychologischer Sicht. In: Gögercin, Süleyman/ Hochenbleicher-Schwarz, Anton (Hrsg.), 40 Jahre Duales Studium – Festschrift Band 2: Beiträge aus der Fakultät Sozialwesen. Berlin/Boston: De Gruyter, S. 175–189.

Kizilhan, Jan I. (2015b): Interaktion von psychischen Erkrankungen und Zwangsverheiratung bei Migrantinnen in Deutschland. Psychiatrische Praxis, 42(8), S. 430–435.

Kizilhan, Jan I. (2016): Handbuch zur Behandlung kriegstraumatisierter Frauen. Berlin: VWB Verlag.

Kizilhan, Jan I. (2017a): Behandlung traumatisierter Frauen in Deutschland – Transkulturelle Aspekte am Beispiel der 1000 Jesidinnen aus dem Nordirak. Forensische Psychiatrie, Psychologie, Kriminologie, 11(4), S. 335–341.

Kizilhan, Jan I. (2017b): Spezifische Situation in der psychotherapeutischen Begegnung. In: Maria Borcsa, Maria/Nikendei, Christoph (Hrsg.), Psychotherapie nach Flucht und Vertreibung. Thieme, S. 100–113.

Kizilhan, Jan I. (2017c): Patient form Middle East and the Impact of Culture on Psychological Pain-Treatment. Fibrom Open Access 2, S. 121.

Kizilhan, Jan I. (2018a): PTSD of Rape after ISIS („Islamic State“) captivity. Archive of Women's Mental Health, 21(5), S. 517–524.

Kizilhan, Jan I. (2018b): Überlegungen zur transgenerationalen Transmission von Traumatisierungen und Traumabehandlung. Trauma & Gewalt, 12(3), S. 202–212.

Kizilhan, Jan I. (2018c): Kulturelle Aspekte von Emotionen. PiD – Psychotherapie im Dialog. 19, S. 61–65.

Kizilhan, Jan I. (2018d): Transkulturelle Aspekte bei der Behandlung der Posttraumatischen Belastungsstörung. Trauma & Gewalt, 12(3), S. 262–270.

Kizilhan, Jan I. (2019): The Impact of Culture and Belief in So-Called Honour Killings. Journal of Forensic Investigation 7(1).

Kizilhan, Jan I. (2020): Stress on local and international psychotherapists in the crisis region of Iraq. BMC Psychiatry, 20, S. 110.

Kizilhan, Jan I./Bermejo, Isaac (2009): Migration, Kultur, Gesundheit. In: Bengel, Jürgen/Jerusalem, Matthias (Hrsg.), Handbuch der Gesundheitspsychologie und Medizinischen Psychologie. Göttingen: Hogrefe Verlag, S. 509–518.

Kizilhan, Jan I./Noll-Hussong, Michael (2017): Individual, Collective and Transgenerational Traumatization in the Yazidi. BMC Medicine, 15(198).

Kizilhan, Jan I./Noll-Hussong, Michael (2018): Posttraumatic stress disorder among former ISIS child soldiers in northern Iraq. British Journal of Psychiatry (BJP), 213(1), S. 425–429.

Kizilhan, Jan I./Othman, Mamou (2012): Terror und Trauma. Trauma & Gewalt, 6(1), S. 62–71.

Kizilhan, Jan I./Salman, Ramazan (2015): Die Psychologie des islamischen Terrors. Trauma & Gewalt, 9(4), S. 328–342.

Kizilhan, Jan I./Salman, Ramazan (2018): Häusliche Gewalt im Kontext von Flucht und Migration. Forum Kriminalprävention, 1, S. 18–20.

Kizilhan, Jan I./Utz, Kristina S./Bengel, Jürgen (2013): Transkulturelle Aspekte bei der Behandlung der Posttraumatischen Belastungsstörung. In: Feldmann, Robert, E. Jr./Siedler, Günther H. (Hrsg.), Traum(a) Migration – Aktuelle Konzepte zur Therapie traumatisierter Flüchtlinge und Folteropfer. Gießen: Psychosozial-Verlag, S. 261–279.

Klaus, Daniela/Baykara-Krumme, Helen (2016): Die Lebenssituationen von Personen in der zweiten Lebenshälfte mit und ohne Migrationshintergrund. In: Mahne, Katharina/Wolff, Julia K./Simonson, Julia/Tesch-Römer, Clemens (Hrsg.), Altern im Wandel: Zwei Jahrzehnte Deutscher Alterssurvey (DEAS), S. 359–379. Berlin: Deutsches Zentrum für Altersfragen.

Klett, Claudia (2020): Gewalt in geflüchteten Familien – Einflussfaktoren und Ansatzpunkte für eine fluchtsensible Traumaarbeit. Trauma Zeitschrift für Psychotraumatologie und ihre Anwendungen, 18(2), S. 34–46.

Klinitzke, Grit/Böhm, Maya/Brähler, Elmar/Weißflog, Gregor (2012): Ängstlichkeit, Depressivität, Somatisierung und Posttraumatische Belastungssymptome bei den Nachkommen ehemals politisch inhaftierter Personen in Ostdeutschland (1945–1989). Psychotherapie, Psychosomatik, Medizinische Psychologie, 62(1), S. 18–24.

Koch, Eckhardt (2003): Psychiatrie, Psychotherapie und Migration. In: Bundesweiter Arbeitskreis Migration und öffentliche Gesundheit, Gesunde Integration. Koordination: Beauftragte der Bundesregierung für Migration, Flüchtlinge und Integration. Berlin: Eigenverlag, S. 43–53.

Koch, Eckhardt/Kraus, Michael (2005): Andere Kulturen – anders depressiv. Ärztliche Praxis Neurologie Psychiatrie, 3, S. 12–14.

Koch, Helmut H./Kruck, Marlene (2000): „Ich werd's trotzdem weitersagen!" Prävention gegen sexuellen Missbrauch in der Schule (Klassen 1–10). Theorie, Praxisberichte, Literaturanalysen, Materialien, Band 2. Münster: Lit Verlag.

Kohls, Martin (2011): Pflegebedürftigkeit und Nachfrage nach Pflegeleistungen von Migrantinnen und Migranten im demographischen Wandel. Forschungsbericht 12. Nürnberg: Bundesamt für Migration und Flüchtlinge. https://www.bamf.de/SharedDocs/Anlagen/DE/Forschung/Forschungsberichte/fb12-pflegebeduerftigkeit-pflegeleistungen.pdf?__blob=publicationFile&v=11 [17.11.2020].

Kurt, Ronald (2017): Vorsicht zerbrechlich! Das Flüchtlingsberatungsgespräch als fragiler Kooperationsprozess. In: Ghaderi, Cinur/Eppenstein, Thomas (Hrsg.), Flüchtlinge. Multiperspektivische Zugänge. Wiesbaden: VS Verlag für Sozialwissenschaften, S. 323–346.

Lechner, Claudia/Huber, Anna (2017): Ankommen nach der Flucht. Die Sicht begleiteter und unbegleiteter junger Geflüchteter auf ihre Lebenslagen in Deutschland; DJI München (Hrsg.).

Lersner, Ulrike von/Baschin, Kirsten/Heinze, C. (2011): Bicultural Identity and mental health in adolescent migrants with a Turkish background in Germany. Vortrag gehalten auf der 12. Europäischen Konferenz der Gesellschaft für Psychotraumatologie (ECOTS), Wien, Österreich.

Lersner, Ulrike von/Baschin, Kirsten/Wormeck, Imke/Moskö, Mike O. (2016): Leitlinien für Trainings inter-/transkultureller Kompetenz in der Aus-, Fort- und Weiterbildung von Psychotherapeuten. Psychotherapie Psychosomatik Medizinische Psychologie, 66(02), S. 67–73.

Lersner, Ulrike von/Kizilhan, Jan Ilhan (2017): Kultursensitive Psychotherapie. Göttingen: Hogrefe Verlag.

Lewek, Mirjam/Naber, Adam (2017): Kindheit im Wartezustand. Studie zur Situation von Kindern und Jugendlichen in Flüchtlingsunterkünften in Deutschland. Deutsches Komitee für UNICEF e.V. (Hrsg.). www.unicef.de/blob/137024/ecc6a2cfed-1abe041d261b489d2ae6cf/kindheit-im-wartezustand-unicef-fluechtlingskinderstudie-2017-data.pdf [15.11.2020].

Lia, Brynjar/Skjølberg, Katja H.-W. (2004): Warum es zu Terrorismus kommt – Ein Überblick über Theorien und Hypothesen zu den Ursachen des Terrorismus. Journal für Konflikt- und Gewaltforschung, 6(1), S. 121–163.

Lucius-Hoene, Gabriele/Deppermann, Arnulf (2013): Rekonstruktion narrativer Identität. Ein Arbeitsbuch zur Analyse narrativer Interviews. Wiesbaden: VS Verlag für Sozialwissenschaften.

Lusk, Mark W./Terrazas, Sam (2015): Secondary trauma among caregivers who work with Mexican and Central American refugees. Hispanic Journal of Behavioral Sciences, 37(2), S. 257–273.

Machleidt, Wielant/Calliess, Iris Tatjana (2011): Transkulturelle Aspekte psychiatrischer Erkrankungen. In: Möller, Hans-Jürgen/Laux, Gerd/Kapfhammer, Hans-Peter (Hrsg.), Psychiatrie, Psychosomatik, Psychotherapie. 4. Auflage. Berlin: Springer Medizin, S. 397–427.

Machleidt, Wielant/Heinz, Andreas (2018): Dynamische Modelle der Migration. In: Machleidt, Wielant/Kluge, Ulrike/Sieberer, Marcel G./Heinz, Andreas (Hrsg.), Praxis der interkulturellen Psychiatrie und Psychotherapie. 2. Auflage. München: Elsevier, S. 31–41.

Machleidt, Wielant/Kluge, Ulrike/Sieberer, Marcel G./Heinz, Andreas (2018): Praxis der Interkulturellen Psychiatrie und Psychotherapie. Migration und psychische Gesundheit. 2. Auflage. München: Elsevier.

Machleidt, Wielant/Salman, Ramazan (2003): Mit Hilfe transkultureller Psychiatrie Ethnozentrizität überwinden. Kerbe-Forum für Sozialpsychiatrie, 4, S. 4–8.

Mackenbach, Johan P. (2005): Genetics and health inequalities: hypotheses and controversies. Journal of Epidemiology and Community Health, 59, S. 268–273.

Macrae, C. Neil/Bodenhausen, Galen V. (2000): Social cognition: Thinking categorically about others. Annual Review of Psychology, 51(1), S. 93–120.

Maier, Claudia (2008): Migration und rehabilitative Versorgung in Deutschland: Ein Vergleich der Inanspruchnahme von Leistungen der medizinischen Rehabilitation und eines Indikators für Rehabilitationserfolg zwischen Rehabilitanden türkischer und nicht-türkischer Abstammung. Universität Bielefeld. www.uni-bielefeld.de/gesundhw/zfv/maier.pdf [21.11.2020].

Manson, Spero/Beals, Janette/O'Nell, Theresa/Piasecki, Joan/Bechtold, Donald/Keane, Ellen/Jones, Monica (1996): Wounded spirits, ailing hearts: PTSD and related disorders among American Indians. In: Marsella, Anthony J./Friedman, Matthew J./Gerrity, Ellen T./Scurfield Raymond M. (Hrsg.), Ethnocultural Aspects of Posttraumatic Stress Disorder. Issues, Research and Clinical Applications. Washington, DC: American Psychological Association, S. 255–283.

Maschewsky-Schneider, Ulrike/Hellbernd, Hildegard/Brzank, Petra/Wieners, Karin (2004): Häusliche Gewalt gegen Frauen: Gesundheitliche Versorgung. Das S.I.G.N.A.L.-Interventionsprogramm. Handbuch für die Praxis, Wissenschaftlicher Bericht, Berlin.

McSweeney, Brendan (2002): Hofstede's Model of National Cultural Differences and their Consequences: A Triumph of Faith – a Failure of Analysis. Human Relations, 55(1), S. 89–118.

Mecheril, Paul (2010): Die Kulturalisierung der Psyche. Über die Konstruktion von Fremdheit und die Konsequenzen für die psychosoziale Arbeit in der Migrationsgesellschaft. migrazine.at; www.migrazine.at/artikel/die-kulturalisierung-der-psyche [10.11.20].

Medico International (2019): Auf der Flucht. Fluchtursachen in Zahlen. www.medico.de/auf-der-flucht-16522/ [29.11.2020].

Meiser, Thorsten (2008): Illusorische Korrelationen. In: Petersen, Lars-Eric/Six, Bernd (Hrsg.), Stereotype, Vorurteile und soziale Diskriminierung. Weinheim: Beltz, S. 53–61.

Metzing, Maria/Schacht, Diana/Scherz, Antonia (2020): Psychische und körperliche Gesundheit von Geflüchteten im Vergleich zu anderen Bevölkerungsgruppen. DIW Wochenbericht Nr. 5, S. 64–72.

Mielck, Andreas/Rogowski, W. (2007): Die Bedeutung der Genetik beim Thema „Soziale Ungleichheit und Gesundheit“. Bundesgesundheitsblatt – Gesundheitsforschung – Gesundheitsschutz, 50, S. 181–191.

Möller-Leimkühler, Anne Maria (2004): Stigmatisierung psychisch Kranker aus der Perspektive sozialpsychologischer Stereotypenforschung. Fortschritte der Neurologie Psychiatrie, 72(1), S. 36–44.

Morschitzky, Hans (2007): Somatoforme Störungen. Diagnostik, Konzepte und Therapie bei Körpersymptomen ohne Organbefund. 2. Auflage. Wien, New York; Springer.

Mösko, Mike/Härter, Martin/Bermejo Bragado, Isaac (2018): Epidemiologie psychischer Störungen bei MigrantInnen. In: Machleidt, Wielant/Kluge, Ulrike/Sieberer, Marcel G./Heinz, Andreas (Hrsg.), Praxis der Interkulturellen Psychiatrie und Psychotherapie. Migration und psychische Gesundheit. 2. Auflage. München: Elsevier, S. 229–237.

Mösko, Mike/Schneider, Jens/Koch, Eckhard/Schulz, Holger (2008): Beeinflusst der türkische Migrationshintergrund das Behandlungsergebnis? Ergebnisse einer prospektiven Versorgungsstudie in der stationären Rehabilitation von Patienten mit psychischen/psychosomatischen Störungen. Psychother Psych Med, 58, S. 176–182.

Moskowitz, Gordon B. (2005): Social Cognition: Understanding Self and Others. New York, London: The Guilford Press.

Mummendey, Amélie/Klink, Andreas/Mielke, Rosemarie/Wenzel, Michael/Blanz, Mathias (1999): Socio-structural characteristics of intergroup relations and identity management strategies: Results from a field study in East Germany. European Journal of Social Psychology, 29(2-3), S. 259–285.

Nagel, Tilman (2001): Das islamische Recht. Westhofen: WVA-Verlag.

Nasiroglu, Serhat/Ceri, Veysi (2016): Posttraumatic stress and depression in Yazidi refugees. Neuropsychiatric Disease and Treatment, 12, S. 2941–2948.

Ndetei, David M./Singh, A. (1982): A study of delusions in Kenyan schizophrenic patients diagnosed using a set of research diagnostic criteria. Acta Psychiatrica Scandinavia, 66(3), S. 208–215.

Neuner, Frank (2008): Stabilisierung vor Konfrontation in der Traumatherapie - Grundregel oder Mythos? Verhaltenstherapie, 18(2), S. 109–118.

Oestereich, Cornelia (2004): Interkulturelles Denken in der Psychiatrie. In: Radice von Wogau, Janine/Eimmermacher, Hanna/Lanfranchi, Andrea (Hrsg.), Therapie und Beratung von Migranten - Systemisch-interkulturell denken und handeln. Weinheim: Beltz, S. 161–174.

Okken, PetraKarin/Spallek, Jacob/Razum, Oliver (2008): Pflege türkischer Migranten. In: Bauer, Ullrich/Büscher, Andreas (Hrsg.), Soziale Ungleichheit und Pflege. Wiesbaden: VS Verlag für Sozialwissenschaften, S. 396–422.

Özbek, Tülay (2006): Autonomieentwicklung und Identität im transkulturellen Alltag. In: Wohlfart, Ernestine/Zaumseil, Manfred (Hrsg.), Transkulturelle Psychiatrie - Interkulturelle Psychotherapie. Interdisziplinäre Theorie und Praxis. Heidelberg: Springer, S. 95–109.

Özbek, Tülay/Wohlfart, Ernestine (2006): Der transkulturelle Übergangsraum - ein Theorem und seine Funktion in der transkulturellen Psychotherapie am ZIPP. In: Wohlfart, Ernestine/Zaumseil, Manfred (Hrsg.), Transkulturelle Psychiatrie - Interkulturelle Psychotherapie. Interdisziplinäre Theorie und Praxis, Heidelberg: Springer, S. 169–176.

Pagotto, Luiz Felipe/Mendlowicz, Mauro Vitor/Coutinho, Evandro Silva Freire/Figueira, Ivan/Luz, Mariana Pirez/Araujo, Alexandre Xavier/Berger, William (2015): The impact of posttraumatic symptoms and comorbid mental disorders on the health-related quality of life in treatment-seeking PTSD patients. Comprehensive Psychiatry, 58, S. 68–73.

Peacock, Amy/Leung, Janni/Larney, Sarah/Colledge, Samantha/Hickman, Matthew/Rehm, Jürgen/Giovino, Gary A./West, Robert/Hall, Wayne/Griffiths, Paul/Ali, Robert/Gowing, Linda/Marsden, John/Ferrari, Alize J./Grebely, Jason/Farrell, Michael/Degenhard, Louisa (2018): Global statistics on alcohol, tobacco and illicit drug use: 2017 status report. Addiction, 113, S. 1905–1926.

Pearce, Neil/Foliaki, Sunia/Sporle, Andrew/Cunningham, Chris (2004): Genetics, race, ethnicity, and health. BMJ 328, S. 1070–1072.

Penka, Simone/Gutwinski, Stefan/Heinz, Andreas (2018): Abhängigkeit und Sucht. In: Machleidt, Wielant/Kluge, Ulrike/Sieberer, Marcel G./Heinz, Andreas (Hrsg.), Praxis der interkulturellen Psychiatrie und Psychotherapie. 2. Auflage. München: Elsevier, S. 439–450.

Pennebaker, James W. (2004): Writing to Heal: A Guided Journal for Recovering from Trauma and Emotional Upheaval. Oakland, CA: New Harbinger Press.

Petersen, Lars-Eric/Blank, Hartmut (2008): Das Paradigma der minimalen Gruppen. In: Petersen, Lars-Eric/Six, Bernd (Hrsg.), Stereotype, Vorurteile und soziale Diskriminierung. Theorien, Befunde und Interventionen. Weinheim, Basel: Beltz, S. 200–213.

Petersen, Lars-Eric/Six, Bernd (Hrsg.) (2008): Stereotype, Vorurteile und soziale Diskriminierung. Theorien, Befunde und Interventionen. Weinheim, Basel: Beltz.

Pettigrew, Thomas F./Tropp, Linda R. (2006): A Meta-Analytic Test of Intergroup Contact Theory. Journal of Personality and Social Psychology, 90(5), S. 751–783.

Plafky, Christina S. (2018): Familien mit Fluchterfahrung im Kontext Sozialer Arbeit. In: Blank, Beate/Gogercin, Suleyman/Sauer, Karin E./Schramkowski, Barbara (Hrsg.), Soziale Arbeit in der Migrationsgesellschaft. Wiesbaden: Springer, S. 539–550.

Pöter, Jan/Wazlawik, Martin (2018): Pädagogische Einrichtungen sicher(er) machen. Risikobedingungen sexualisierter Gewalt und Konsequenzen für die Gestaltung von Prävention. In: Deutsche Gesellschaft für Prävention und Intervention bei Kindesvernachlässigung:

Interdisziplinäre Fachzeitschrift für Prävention und Intervention: Kindesmisshandlung und -vernachlässigung. Düsseldorf, S. 34–45.

Poundja, Joaquin/Fikretoglu, Deniz/Brunet, Alain (2006): The co-occurence of posttraumatic stress disorder symptoms and pain: is depression a mediator? Journal of Traumatic Stress, 19, S. 747–751.

Püttker, Katja/Thomsen, Tamara/Bockmann, Ann-Katrin (2015): Sekundäre Traumatisierung bei Traumatherapeutinnen. Zeitschrift für Klinische Psychologie und Psychotherapie, 44, S. 254–265.

Qouta, Samir/Punamäki, Raija-Leena/El-Sarraj Eyad (2003): Prevalence and Determinants of PTSD among Palestinian Children Exposed to Military Violence. European Child & Adolescent Psychiatry, 12(6), S. 265–272.

Radice von Wogau, Janine (2004): Systemische Theorie in der interkulturellen Beratung und Therapie. In: Radice von Wogau, Janine/Eimmermacher, Hanna/Lanfranchi, Andrea (Hrsg.), Therapie und Beratung von Migranten – Systemisch-interkulturell denken und handeln. Weinheim: Beltz, S. 45–64.

RAND Europe (2013): Limitations to the terrorism literature. SAFIRE: Results and Findings of the FP7 Project.

Razum, Oliver (2009): Migration, Mortalität und der Healthy-migrant-Effekt. In: Richter, Matthias/Hurrelmann, Klaus (Hrsg.), Gesundheitliche Ungleichheit. VS Verlag für Sozialwissenschaften, S. 267–282.

Razum, Oliver/Zeeb, Hajo/Meesmann, Uta/Schenk, Liane/Bredehorst, Maren/Brozska, Patrick/Dercks, Tanja/Glodny, Susanne/Menkhaus, Björn/Salman, Ramazan/Saß, Anke-Christine/Ulrich, Ralf (2008): Migration und Gesundheit. Schwerpunktbericht der Gesundheitsberichterstattung des Bundes. Berlin: Robert KochInstitut.

Reddemann, Luise (2019): Psychodynamisch Imaginative Traumatherapie. PITT. Das Manual. Stuttgart: Klett-Cotta.

Reddemann, Luise (2020): Geflüchtete würdeorientiert begleiten. Ethische und psychosoziale Annäherungen. Göttingen: Vandenhoeck & Ruprecht.

Reddemann, Luise/Dehner-Rau, Cornelia (2006): Trauma. Folgen erkennen überwinden und an ihnen wachsen. Stuttgart: Trias.

Retzlaff, Rüdiger (2019): Spiel-Räume: Lehrbuch der systemischen Therapie mit Kindern und Jugendlichen. Stuttgart: Klett-Cotta.

Robert Koch-Institut [RKI] (2015): Gesundheit in Deutschland. Berlin. www.rki.de/gesundheitsbericht [16.11.2020].

Rosenberg, Marshall B. (2012): Gewaltfreie Kommunikation: Eine Sprache des Lebens. Paderborn: Junfermann.

Salman, Ramazan (2015): Gesundheit mit Migranten für Migranten – die MiMi Präventionstechnologie als interkulturelles Health-Literacy-Programm. Public Health Forum, 23(2), S. 109–112.

Sarma, Kiran M. (2017): Risk Assessment and the Prevention of Radicalization from Nonviolence Into Terrorism. American Psychologist, 72(3), S. 278–288.

Sarrazin, Thilo (2010): Deutschland schafft sich ab: Wie wir unser Land aufs Spiel setzen. München: Deutsche Verlags Anstalt.

Sarrazin, Thilo (2018): Feindliche übernahme: Wie der Islam den Fortschritt behindert und die Gesellschaft bedroht. München: FinanzBuch.

Save the Children Deutschland e. V. (Hrsg.) (2019): Krieg gegen Kinder. Was getan werden muss, um Kinder in bewaffneten Konflikten zu schützen. Berlin. www.frnrw.de/fileadmin/frnrw/media/Kinder/StC_War_on_Children_2019_deutsch.pdf [29.11.2020].

Scharf, Miri (2007): Long-term effects of trauma: psychosocial functioning of the second and third generation of Holocaust survivors. Development and Psychopathology, 19(2), S. 603–22.

Schauer, Maggie/Neuner, Frank/Elbert, Thomas (2011): Narrative Exposure Therapy: a short-term intervention for traumatic stress disorders after war, terror, or torture. Göttingen: Hogrefe.

Schellhammer, Barbara (2013): „Dichtes Verstehen" als Schritt zu einer begegnenden Bibliothekskultur. Zeitschrift für Bibliothekskultur, 3, S. 90–94.

Schröttle, Monika/Müller, Ursula (2004): I. Teilpopulationen – Erhebung bei Flüchtlingsfrauen. Lebenssituation, Sicherheit und Gesundheit von Frauen in Deutschland. In: Müller, Ursula/Schröttle, Monika (Hrsg.), Lebenssituation, Sicherheit und Gesundheit von Frauen in Deutschland. Eine repräsentative Untersuchung zu Gewalt gegen Frauen in Deutschland. Bundesministerium für Familie, Senioren, Frauen und Jugend.

Selvini Palazzoli, Mara/Boscolo, Luigi/Cecchin, Gianfranco/Prata, Giuliana (1981): Hypothetisieren, Zirkularität, Neutralität: drei Richtlinien für den Leiter der Sitzung. Familiendynamik, 6, S. 123–139.

Sherman, Jeffrey W./Frost, Leigh A. (2000): On the Encoding of Stereotype-Relevant Information Under Cognitive Load. Personality and Social Psychology Bulletin, 26(1), S. 26–34.

Shih, Margaret/Pittinsky, Todd L./Ambady, Nalini (1999): Stereotype susceptibility: Identity salience and shifts in quantitative performance. Psychological Science, 10(1), S. 80–83.

Sigusch, Volkmar (2011): Sexueller Kindesmissbrauch: Zum Stand von Forschung und Therapie. Deutsches Ärzteblatt, 108(37), S. A 1898–1902.

Slewa-Younan, Shameran/Uribe Guajardo, Maria G./Heriseanu, Andreea/Hasan, Tasnim (2014): A Systematic Review of Post-traumatic Stress Disorder and Depression Amongst Iraqi Refugees Located in Western Countries. Journal of Immigrant and Minority Health/ Center for Minority Public Health, 17(4), S. 1231–1239.

Sluzki, Carlos E. (2001): Psychologische Phasen der Migration und ihre Auswirkungen. In: Hegemann, Thomas/Salman, Ramazan (Hrsg.), Transkulturelle Psychiatrie – Konzepte für die Arbeit mit Menschen aus anderen Kulturen. Bonn: Psychiatrie Verlag, S. 101–115.

Spuling, Svenja M./Wurm, Susanne/Wolff, Julia K./Wünsche, Jenna (2017): Heißt krank zu sein sich auch krank zu fühlen? Subjektive Gesundheit und ihr Zusammenhang mit anderen Gesundheitsdimensionen. In: Mahne, Katharina/Wolff, Julia K./Simonson, Julia/ Tesch-Römer, Clemens (Hrsg.), Altern im Wandel. Zwei Jahrzehnte Deutscher Alterssurvey (DEAS). Wiesbaden: Springer VS, S. 157–170.

Statistisches Bundesamt – Destatis (2019): Bevölkerung und Erwerbstätigkeit. Bevölkerung mit Migrationshintergrund – Ergebnisse des Mikrozensus 2018, Fachserie 1 Reihe 2.2. www.destatis.de/DE/Themen/Gesellschaft-Umwelt/Bevoelkerung/Migration-Integration/Publikationen/Downloads-Migration/migrationshintergrund-2010220187004.pdf?__blob=publicationFile [03.12.2020].

Statistisches Bundesamt – Destatis (2020a): Bevölkerung und Erwerbstätigkeit. Bevölkerung mit Migrationshintergrund – Ergebnisse des Mikrozensus 2019, Fachserie 1 Reihe 2.2. www.destatis.de/DE/Themen/Gesellschaft-Umwelt/Bevoelkerung/Migration-Integration/Publikationen/_publikationen-innen-migrationshintergrund.html?nn=206104 [27.11.2020].

Statistisches Bundesamt – Destatis (2020b): Anzahl der Ausländer in Deutschland nach Herkunftsland von 2017 bis 2019. de.statista.com/statistik/daten/studie/1221/umfrage/anzahl-der-auslaender-in-deutschland-nach-herkunftsland/ [29.11.2020].

Steel, Zachary/Chey, Tien/Silove, Derrik/Marnane, Claire/Bryant, Richard A./Ommeren, Mark van (2009): Association of torture and other potentially traumatic events with mental health outcomes among populations exposed to mass conflict and displacement: a systematic review and meta-analysis. Jama, 302(5), S. 537–549.

Stickings, Jeremy/Abaida, Magdulein/Nikolaishvili, Maia/Bakrania, Shivit/Fisher, Annette (2019): Identifying Groups Vulnerable to Violent Extremism and Reducing Risks of Radicalisation. London: Department for International Development.

Straßburger, Gaby (2007): Zwangsheirat und arrangierte Ehe – zur Schwierigkeit der Abgrenzung. In: Bundesministerium für Familie, Senioren, Frauen und Jugend (Hrsg.), Zwangsverheiratung in Deutschland. Forschungsreihe Band 1, Forschungsband 1. Baden-Baden: Nomos, S. 68–82.

Strobl, Rainer/Lobermeier, Olaf (2007): Zwangsverheiratung: Risikofaktoren und Ansatzpunkte zur Intervention. In: Bundesministerium für Familie, Senioren, Frauen und Jugend (Hrsg.), Zwangsverheiratung in Deutschland. Forschungsreihe Band 1, Forschungsband 1. Baden-Baden: Nomos, S. 23–67.

Ströhle, Andreas/Gensichen, Jochen/Domschke, Katharina (2018): Diagnostik und Therapie von Angsterkrankungen. Deutsches Ärzteblatt, 155(37), S. 611–620.

Sue, Derals W./Sue, David/Neville, Helen A./Smith, Laura L. (2019): Counseling the culturally diverse. Hoboken, NJ: John Wiley & Sons Inc.

Tajfel, Henri (1974): Social Identity and Intergroup Behavior. Social Science Information, 13(2), S. 65–93.

Tajfel, Henri (1982): Gruppenkonflikt und Vorurteil: Entstehung und Funktion sozialer Stereotypen. Bern, Stuttgart, Wien: Hans Huber.

Tajfel, Henri/Turner, John (1979): An integrative theory of intergroup conflict. In: Austin, William G./Worchel, Stephen (Hrsg.), The social psychology of intergroup relations. Monterey, CA: Brooks/Cole, S. 33–48.

Tekin, Atilla/Karadag, Hekim/Süleymanoglu, Metin/Tekin, Merve/Kayran, Yusuf/Gökay, Alpak/Sar, Vedat (2016): Prevalence and gender differences in symptomatology of posttraumatic stress disorder and depression among Iraqi Yazidis displaced into Turkey. European Journal of Psychotraumatology, 7, S. 28556.

Teubert, Anja (2018): Schutz von Kindern und Jugendlichen vor sexualisierter Gewalt in pädagogischen Kontexten. In: Polutta, Andreas (Hrsg.), Kooperative Organisationsentwicklung in Hochschule und Sozialwesen? Gleichstellungspolitik und Professionalisierung in geteilter Verantwortung. Springer VS. Wiesbaden, S. 199–212.

Teubert, Anja/Sauer, Karin E. (2018): Prävention sexualisierter Gewalt im Kontext Flucht. Handlungsempfehlungen für die Migrationsgesellschaft. In: Blank, Beate/Gögercin, Süleyman/Sauer, Karin E./Schramkowski, Barbara (Hrsg.), Soziale Arbeit in der Migrationsgesellschaft. Springer VS. Wiesbaden, S. 399–408.

Tonkin, Elizabeth (1995): Narrating our Past. The Social Construction of Oral History. Cambridge: Cambridge Unversity Press.

Toprak, Ahmet (2007): Das schwache Geschlecht – die türkischen Männer. Zwangsheirat, häusliche Gewalt, Doppelmoral der Ehre. 2. Auflage. Freiburg: Lambertus.

Toprak, Mehmet A./Lorenzen Silke (2000): Sucht. In: Haasen, Christian/Yagdiran, Oktay (Hrsg.), Beurteilung psychischer Störungen in einer multikulturellen Gesellschaft. Freiburg i. Brsg.: Lambertus, S. 145–163.

Tschuschke, Volker (2001): Gruppenpsychotherapie – Entwicklungslinien, Diversifikation, Praxis und Möglichkeiten. Psychotherapie im Dialog, 2(1), S. 3–15.

UNHCR (2019): Statistiken. www.unhcr.org/dach/de/services/statistiken [05.11.2020].

UNICEF (2020a): Child marriage is a violation of human rights, but is all too common. data.unicef.org/topic/child-protection/child-marriage/ [28.11.2020].

UNICEF (2020b): Alltägliche Gewalt gegen Kinder: Zahlen und Fakten. Information. www.uniklinik-ulm.de/fileadmin/default/05_Uber-uns/2020-06-27_Faktenblatt_Gewalt_gegen_Kinder.pdf [28.11.2020].

Uslucan, Haci-Halil (2008): „Man muss zu Gewalt greifen, weil man nur so beachtet wird." Antidemokratische Einstellungen deutscher und türkischer Jugendlicher: Gewaltakzeptanz und autoritäre Haltungen. Zeitschrift für Sozialpädagogik, 1, S. 74–99.

Uslucan, Haci-Halil (2014): Risiken erkennen – Risiken minimieren – Stärken fördern. In: Marks, Erich/Steffen, Wiebke (Hrsg.), Mehr Prävention – weniger Opfer. Ausgewählte Beiträge des 18. Deutschen Präventionstages am 22. und 23. April 2013 in Bielefeld. Mönchengladbach: Forum Verlag Godesberg, S. 311–324.

Velho, Astride (2018): Trauma als Konzept der Diagnose, Verdeckung und Skandalisierung in der Sozialen Arbeit im Kontext Flucht – rassismuskritische und menschenrechtliche Perspektiven. In: Prasad, Nivedita (Hrsg.), Soziale Arbeit mit Geflüchteten. Rassismuskritisch, professionell, menschenrechtsorientiert. Opladen, Toronto: Verlag Barbara Budrich (UTB Soziale Arbeit, 4851), S. 97–117.

Vogel, Claudia (2012): Generationenbeziehungen der (Spät)Aussiedler. In: Baykara-Krumme, Helen/Motel-Klingebiel, Andreas/Schimany, Peter (Hrsg.), Viele Welten des Alterns. Ältere Migranten im alternden Deutschland. Wiesbaden: Springer VS, S. 289–313.

Walter, Joachim/Adam, Hubertus (2000): Entwicklungspsychopathologie familiärer Prozesse im transkulturellen Kontext. In: Haasen, Christian/Yagdiran, Oktay (Hrsg.), Beurteilung psychischer Störungen in einer multikulturellen Gesellschaft. Freiburg: Lambertus, S. 183–208.

Walter, Joachim/Adam, Hubertus (2003): Der kulturelle Kontext und seine Berücksichtigung bei Migranten- und Flüchtlingsfamilien. In: Cierpka, M. (Hrsg.), Handbuch der Familiendiagnostik. Berlin u.a.: Springer, S. 251–268.

Welsch, Wolfgang (1994): Transkulturalität. Die veränderte Verfassung heutiger Kulturen. In: VIA REGIA – Blätter für internationale kulturelle Kommunikation, herausgegeben vom Europäischen Kultur- und Informationszentrum in Thüringen. www.via-regia.org/bibliothek/pdf/heft20/welsch_transkulti.pdf [02.12.2020].

Wenzler, Pia/Kizilhan, Jan I. (2020): Alkoholabhängigkeit und Migration. Transkulturelle Konzepte und Ansätze. Lengerich: Pabst.

Werth, Lioba/Seibt, Beate/Mayer, Jennifer (2020): Sozialpsychologie – Der Mensch in sozialen Beziehungen. Interpersonale und Intergruppenprozesse. Berlin: Springer.

Westenmeyer, Joseph (1987): Cultural factors in clinical assessment. Journal of Consulting and Clinical Psychology, 55(4), S. 471–478.

Westphal, Manuela/Motzek-Öz, Sina/Aden, Samia (2019): Transnational Doing family im Kontext von Fluchtmigration. Konturen eines Forschungsansatzes. In: Behrensen, Birgit/Westphal, Manuela (Hrsg.), Fluchtmigrationsforschung im Aufbruch. Methodologische und methodische Reflexionen. Wiesbaden: Springer VS, S. 251–272.

Wittchen, Hans-Ulrich/Jacobi, Frank/Klose, Michael/Ryl, Livia (2010): Depressive Erkrankungen. Gesundheitsberichterstattung des Bundes, Heft 51. Robert Koch-Institut (Hrsg.), Berlin.

World Health Organisation [WHO] (2017): Depression and Other Common Mental Disorders. Global Health Estimates. apps.who.int/iris/bitstream/handle/10665/254610/WHO-MSD-MER-2017.2-eng.pdf;jsessionid=BE36FCF576265890CF1DEB02A0729082?sequence=1 [28.11.2020].

World Health Organization [WHO] (2020): Depression. Fact sheet [30.01.2020]. www.who.int/news-room/fact-sheets/detail/depression [28.11.2020].

Yalom, Irvin D. (2007): Theorie und Praxis der Gruppenpsychotherapie. Ein Lehrbuch. Stuttgart: Klett-Cotta.

Yang, Min/Wong, Stephen C.P./Coid, Jeremy (2010): The Efficacy of Violence Prediction: A Meta-Analytic Comparison of Nine Risk Assessment Tools. Psychological Bulletin, 136(5), S. 740–767.

Zeeb, Hajo/Razum, Oliver (2006): Epidemiologische Studien in der Migrationsforschung. Bundesgesundheitsblatt – Gesundheitsforschung – Gesundheitsschutz, 49(9), S. 845–852.

Zhong, Chen-Bo/Liljenquist, Katie (2006): Washing away your sins: threatened morality and physical clean sin. Sience 313, S. 1451–1452.

Zick, Andreas/Küpper, Beate (2008): Rassismus. In: Petersen, Lars-Eric/Six, Bernd (Hrsg.), Stereotype, Vorurteile und soziale Diskriminierung: Theorien, Befunde und Interventionen. Weinheim: Beltz, S. 111–120.

Zick, Andreas/Küpper, Beate (2011): Vorurteile und Toleranz von Vielfalt – von den Fallen alltäglicher Wahrnehmung. In: Keuk, Eva van/Ghaderi, Cinur/Joksimovic, Ljiljana/David, Dagmar M. (Hrsg.), Diversity. Transkulturelle Kompetenz in klinischen und sozialen Arbeitsfeldern, Stuttgart: Kohlhammer, S. 54–65.

Zur Nieden, Felix/Sommer, Bettina (2016): Life Expectancy in Germany Based on the 2011 Census: Was the Healthy Migrant Effect Merely an Artefact? Comparative Population Studies, 41(2), S. 145–174.